처음 시작하는 Flash CS5
따라하면서 마스터하기

김효정 지음

❖ 부록CD 웹하드운용(www.webhard.co.kr)에서 다운로드 받으세요

ID : guminmedia
pass : gumin

www.kuhminsa.co.kr

| 머리말 |

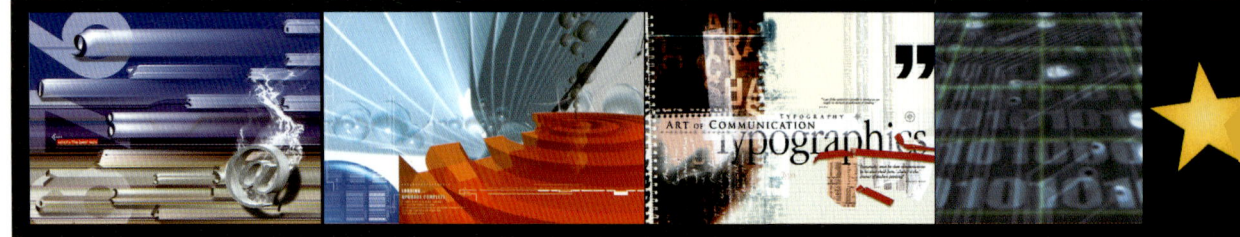

　매년 플래시를 강의하면서 고민하는 것은 같습니다.
　어떻게 하면 쉽게 가르칠까? 어떻게 하면 기본기를 확실히 알 수 있도록 할까?

　제가 근무하는 학교에는 플래시나 웹에 대한 사전지식이 전혀 없는 사람부터 다른 교육기관에서 어느 정도의 교육을 받고 오는 사람까지 다양한 계층이 입학을 합니다. 거기에 고등학교를 갓 졸업한 학생에서 대학교를 졸업하고 사회경력이 있는 사람까지 학력이나 연령층도 다양합니다. 이렇게 편차가 심한 다양한 환경의 사람들에게 저는 플래시라는 신기하고 재미있는 과목을 강의해야만 합니다.

　플래시는 결과물이 역동적이고 화려해서 보는 사람마다 흥미로워하고 배우고 싶어 하는 프로그램 중의 하나입니다. 하지만, 진도가 나가면 나갈수록 힘들어하고 어려워하는 프로그램이기도 합니다.
　왜 힘들까요? 저는 기본 개념을 제대로 잡지 못해서라고 생각합니다.

　가장 기본적인 프레임, 타임라인, 레이어, 심벌, 그리고 애니메이션 기법들에 대한 정확한 이해만 있다면 두려울 게 뭐가 있겠습니까? 이 책은 플래시를 처음 접하는 사람, 또는 플래시를 사용하여 결과물을 만들 수는 있지만 소스를 보면 복잡하고 부족한 부분이 많은 분들에게 기본기를 익히게 하기 위한 목적을 가지고 있습니다. 그래서 장황한 설명보다는 직접 실습을 따라해 보고 거기에 필요한 개념을 익혀볼 수 있도록 하였습니다.

　프로그램은 계속 버전업되고, 웹분야는 빠르게 변화하고 있습니다. 변화에 빠르게 대응하기 위해 항상 공부해야하는 분야가 바로 웹분야이고, 플래시 또한 많은 변화를 거듭하고 있습니다. 그렇기에 기본개념이 중요한 것입니다. 기본개념만 확실히 알고 있다면 스스로 공부할 수 있고 빠른 변화에 대처할 수 있기 때문입니다.

　　책의 후반부에는 액션스크립트3.0에 대한 내용을 실었습니다. 이제는 액션스크립트도 프로그램 언어 수준이 되었습니다. 프로그램 언어 또한 너무나 생소한 부분일 수 있지만, 플래시가 액션스크립트를 제외하고는 말할 수 없을 정도로 변화하였기에, 깊지는 않지만, 실습파일을 따라하면서 기본개념을 익혀보시기 바랍니다.

　　여러 해 동안, 교단에서 학생들에게 플래시를 가르치면서 꼭 책으로 한 번 내고 싶다는 생각을 했습니다. 부끄럽지만 드디어 저의 작은 꿈이 이루어지는 것 같아 오늘 밤은 잠을 설쳐야 할 것 같습니다.

　　감사해야할 사람들이 너무 많습니다. 먼저, 제게 이런 기회를 주신 구민사에 감사한 마음을 전합니다. 그리고, 책을 써 보지 않겠냐고 제안하고 소개해 주신 나중식 교수님, 사진 제공을 부탁했을 때 흔쾌히 허락해 주신 오상학 교수님, 또 이미지, 캐릭터 등을 제공해 준 정우열, 김태윤, 최지영씨에게 감사한 마음을 전합니다. 그 외 제 곁에서 항상 든든한 조언을 해주시고 응원해 주시는 여러 교수님들께 감사합니다.

　　마지막으로 항상 곁에서 응원해주고 안식처가 되어주는 우리 가족들에게 이 책을 바칩니다.

| 차례 |

01 시작하면서

1-1 플래시 프로그램 살펴보기 ·················· 10

02 애니메이션 기초

2-1 프레임 바이 프레임 애니메이션 ·················· 24
　　정리　프레임의 종류　　　　　　　　　　30

2-2 모션 트윈을 이용한 애니메이션 ·················· 31
　　정리　모션트윈에서 오브젝트를 자동으로 심벌화 하는 기능　38
　　　　　CS4 이전 버전 방식의 모션 트윈(클래식 트윈)　39
　　　　　셰이프의 특성　　　　　　　　　　40

2-3 스테이지와 워크 에리어를 이용한 애니메이션 ·················· 42

2-4 텍스트 애니메이션 ·················· 46
　　정리　Break Apart　　　　　　　　　　59

2-5 셰이프 트윈을 이용한 애니메이션 ·················· 61
　　정리　오브젝트 정렬(Align 패널)　　　　66

03 애니메이션의 활용

3-1 조명 효과(마스크 레이어와 모션 트윈 이용) ·················· 70
　　정리　레이어 속성　　　　　　　　　　75

3-2 서서히 나타나는 글자(마스크 레이어와 셰이프 트윈 이용) ·················· 79
　　정리　타임라인의 프레임 선택, 이동, 복사　86
　　　　　선택된 프레임 이동하기　　　　　　87
　　　　　선택된 프레임 복사하기　　　　　　87

3-3	떨어지는 나뭇잎(클래식 모션 가이드 이용)	88
정리	Classic Tween의 속성 패널 옵션	100
3-4	역기구학(IK) 애니메이션	106
정리	PROPERTIES – JOINT ROTATION	113
	Bone Tool	114

04 심벌의 이해

4-1	심벌의 종류	116
정리	심벌의 특성(재사용)	125
4-2	그래픽 심벌과 무비클립 심벌의 차이점	128
4-3	블라인드 효과(무비클립의 상속성)	136
정리	플래시 스테이지 좌표	146
4-4	블라인드 효과(stop액션을 이용한 타임라인 제어)	149
정리	stop();	160

05 Action Script 3.0

5-1	Display Object의 기본 속성	164
정리	인스턴스(Instance)	170
	DisplayObject 기본 속성 정리	174
5-2	클래스 생성과 인스턴스를 스테이지에 배치하기	175
5-3	마우스 이벤트와 버튼을 이용한 무비클립 제어하기	184

5-4 startDrag() / stopDrag() 메서드 ················· 187

| 정리 | startDrag() / stopDrag() | 189 |

5-5 hitTestObject() / hitTestPoint() 메서드 ················· 190

정리	hitTestObject() / hitTestPoint()	192
	hitTestPoint() : 사라지는 동전	192
	if문	193

5-6 Math Class의 메서드 ················· 197

| 정리 | for문 | 200 |
| | Math Class | 201 |

5-7 다이나믹 텍스트 필드와 ENTER_FRAME 이벤트 ················· 202

| 정리 | Event.ENTER_FRAME 이벤트 | 207 |
| | TextField | 209 |

5-8 TextField Class의 기본 속성과 TextFormat 객체 ················· 210

| 정리 | TextField Class | 217 |
| | TextFormat Class | 218 |

5-9 다이나믹 텍스트 필드와 대괄호 연산자 이용하여 동적인 객체명 사용하기 ·· 219

| 정리 | 대괄호 연산자(같은 이름에 일련번호가 붙은 인스턴스 네임 또는 변수명을 사용 할 때) | 224 |

5-10 Grphics Class의 메서드 ················· 225

| 정리 | Graphics Class | 237 |
| | DisplayObject의 경로 | 240 |

5-11 배열(Array)와 charAt 메서드 ················· 242

| 정리 | Array(배열) | 247 |
| | charAt() 메서드 | 249 |

5-12	import된 사운드 재생을 위한 클래스	250
	정리 사운드 재생을 위한 Class	255

5-13	외부 사운드 파일 재생과 load() 메서드	256

5-14	Array Class와 Loader Class를 이용한 외부파일 재생	258
	정리 Loader Class	269

06 Document Class

6-1	도큐먼트 클래스와 switch문 사용법	272
	정리 switch문	281

용어 정리 284
- 변수(Variable)
- 배열(Array)
- 데이터 타입
- 연산자
- 함수(function)
- 객체(object)
- 클래스(class)
- 메서드(method)
- 패키지(package)

PART 01
시작하면서

1-1 플래시 프로그램 살펴보기

Practice
1-1 플래시 프로그램 살펴보기

플래시는 움직임을 만드는 프로그램입니다. 플래시의 시간적인 요소에 대해 설명하기 위해 예를 들어 보겠습니다. 먼저, 내가 손을 들어 올린다고 생각해 봅시다. 손이 위로 올라가는 움직임에는 우선 손의 위치 이동이 있습니다. 그리고 꼭 함께 존재해야하는 것이 시간입니다. 우리들은 시간 속에 살아가고 있으며 시간이 존재하기에 우리가 존재하고 있는 것입니다. 꼭 위치 이동이 없다하더라도 가만히 있는 상태가 유지된다면 시간이 존재한다는 것입니다. 이렇게 먼저 운을 띄우는 것은 플래시 프로그램의 기본 요소들을 설명하기 위함입니다. 움직임을 만들기 위해선 가장 기본적인 요소가 타임라인의 프레임과 레이어입니다. 프레임은 움직임의 상태들을 가지고 있으며 시간을 조절할 수 있는 요소이며, 레이어는 동시에 여러 오브젝트들이 여러 방향으로 움직일 때 사용하는 것입니다. 아래의 그림을 보며 기본 요소들과 화면 인터페이스를 살펴보도록 하겠습니다. 프로그램은 플래시 CS5를 기준으로 설명하겠습니다.

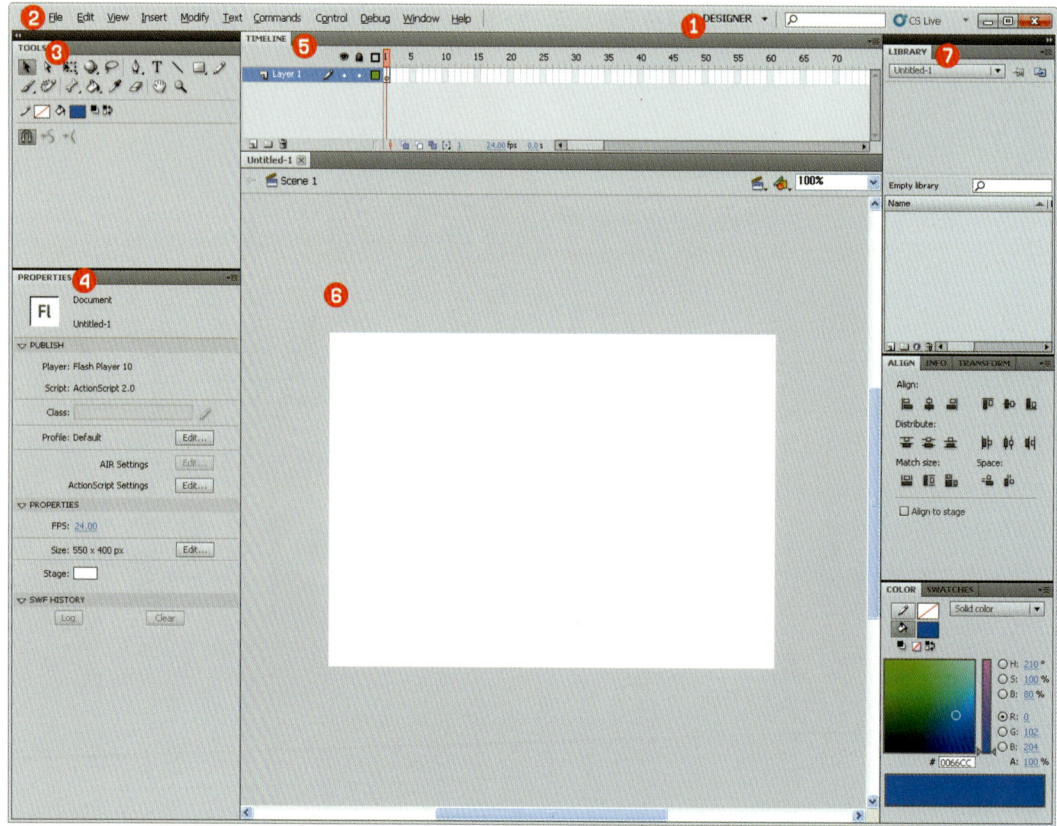

❶ **화면구성** 작업화면을 변경할 수 있습니다. 초기화면 구성은 Essentials 이며, 이 책에서는 Designer 모드로 진행하겠습니다.

Animator : 타임라인을 이용한 애니메이션 제작 환경에 편리하도록 구성되어 있습니다.
Classic : CS4 이전 버전과 비슷한 작업환경으로 구성되어 있습니다.

Debug : 무비의 실행 과정을 단계별로 보면서 문제점을 찾아 수정하기에 편리하도록 구성되어 있습니다.
Designer : 디자인 작업에 편리하도록 구성되어 있습니다.
Developer : 액션스크립트 개발자에게 편리하도록 구성되어 있습니다.
Essentials : 플래시 CS5를 처음 실행시켰을 때 보이는 화면입니다.
Small Screen : 구성 요소들을 최소화시킨 작업환경입니다.
Reset '현재 화면구성' : 현재 사용하고 있는 화면구성의 초기 상태로 되돌아갑니다. 패널을 추가하거나 제거한 경우 원상복구가 됩니다.
New Workspace : 사용자가 편리한 작업환경으로 구성하여 저장할 수 있습니다. 필요한 경우 불러서 사용할 수 있습니다.
Manage Workspace : 사용자 작업환경으로 저장된 화면구성의 이름을 변경하거나 삭제할 수 있습니다.

❷ **메뉴바** 플래시에서 제공되는 모든 명령들을 풀다운 방식으로 제공합니다.

❸ **도구 상자** 플래시 무비 제작에 필요한 도구들이 모여 있습니다. 도구 하단에 있는 삼각형은 비슷한 역할을 하는 도구 모음이 더 있다는 뜻으로 누르면 관련된 도구들이 나타납니다. 도구 상자는 Tool영역, View영역, Color영역, 그리고 옵션영역으로 구분되며, 도구영역에서 선택된 도구의 종류에 따라 옵션 영역과 속성 속성 패널이 바뀝니다.

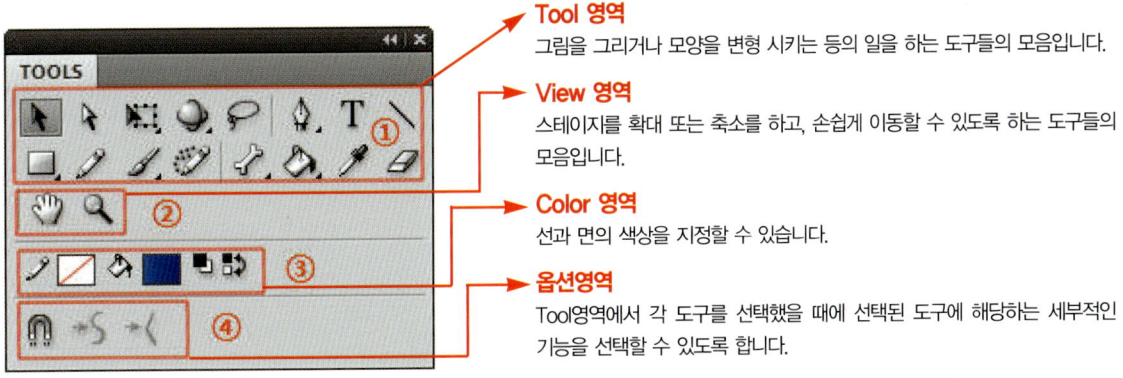

Tool 영역
그림을 그리거나 모양을 변형 시키는 등의 일을 하는 도구들의 모음입니다.

View 영역
스테이지를 확대 또는 축소를 하고, 손쉽게 이동할 수 있도록 하는 도구들의 모음입니다.

Color 영역
선과 면의 색상을 지정할 수 있습니다.

옵션영역
Tool영역에서 각 도구를 선택했을 때에 선택된 도구에 해당하는 세부적인 기능을 선택할 수 있도록 합니다.

다음은 각 도구(Tool 영역)에 대한 설명입니다.

선택도구 | Selection Tool

오브젝트를 선택, 이동하거나 셰이프의 외곽선을 변형할 수 있습니다.

🔲 부분 선택 도구 | Subselection Tool

오브젝트의 앵커포인트를 선택하거나 탄젠트 핸들러를 조정하여 곡선의 정도를 변형할 수 있습니다.

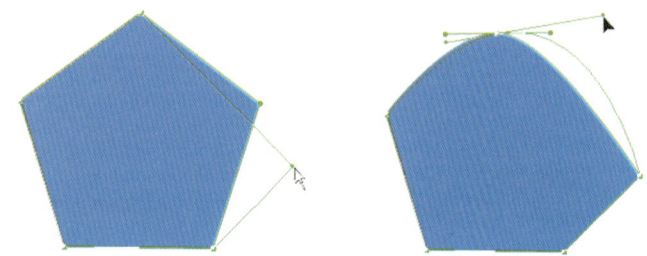

🔲 자유 변형 도구 | Free Transform Tool

오브젝트의 모양을 조절점을 이용하여 자유롭게 변형할 수 있습니다.

① Rotate and Skew
오브젝트를 회전하거나 기울기를 조절합니다.

② Scale
오브젝트의 크기를 조절합니다.

③ Distort
오브젝트를 왜곡합니다.(셰이프만 가능)

④ Envelope
오브젝트를 둘러싼 조절점을 이용하여 형태를 변형합니다.(셰이프만 가능)

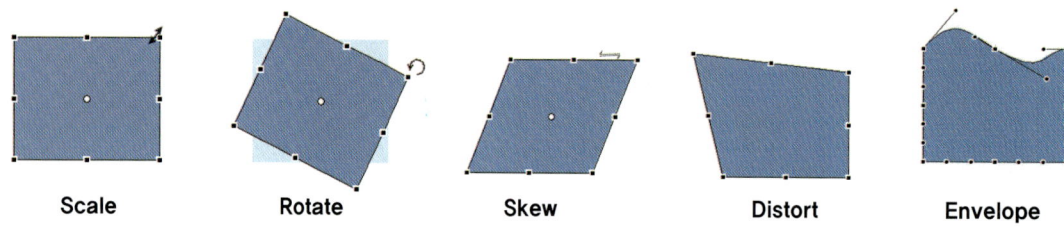

그라디언트 변형 도구 | Gradient Transform Tool

그라디언트의 범위, 방향, 각도를 변형합니다.

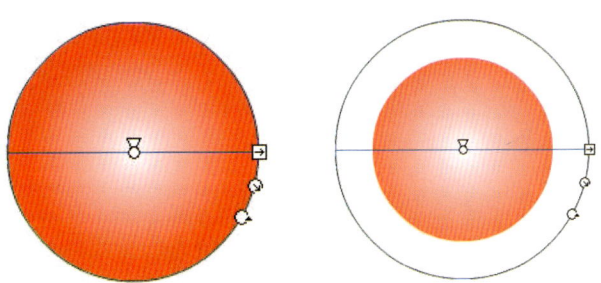

회전 도구 | 3D Rotate Tool

무비클립을 3차원적으로 회전하여 애니메이션을 만들 때 사용합니다. x, y, z축을 기준으로 회전이 가능합니다.

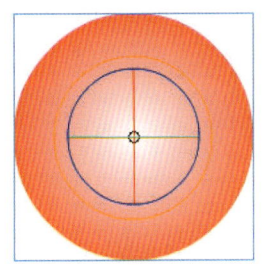 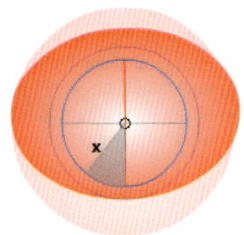 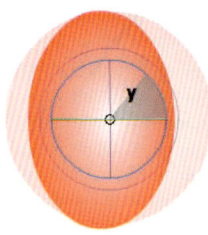 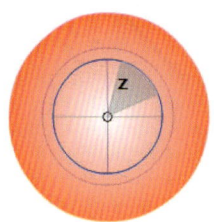

3D 평행 이동 도구 | 3D Translation tool

3D 공간에서 x,y,z 방향으로 공간 이동이 가능합니다.

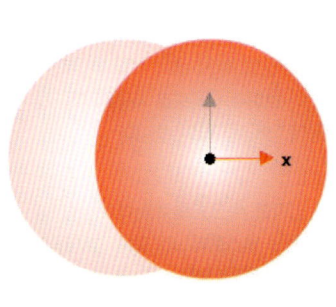 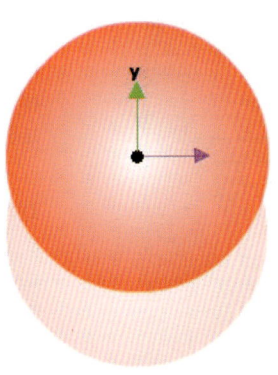 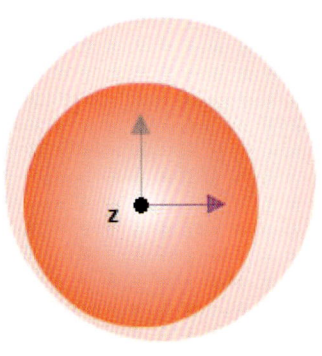

올가미 도구 | Lasso Tool

마우스로 드래그하여 불규칙적인 영역을 선택합니다.

앵커포인트를 연결해 직선과 곡선을 자유롭게 그릴 수 있습니다.

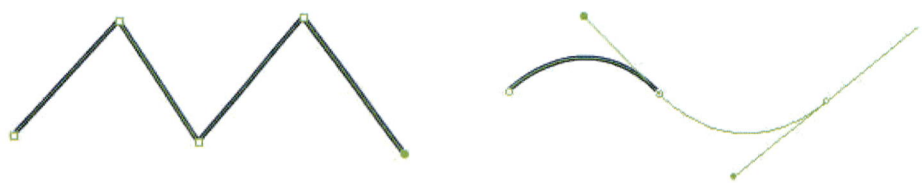

텍스트 도구 | Text Tool

화면상에 보이는 텍스트를 입력하는 것 뿐만 아니라 액션스크립트를 이용하여 텍스트를 입력하거나 입력 받을 수도 있습니다. CS5에서는 TLF(Test Layout Framwork) 텍스트와 Classic 텍스트로 구분하며, TLF는 다양한 서식이 있는 텍스트 레이아웃 기능과 텍스트 특성에 대한 세밀한 제어기능을 지원하며 ActionScript 3.0이상에서 사용할 수 있습니다.

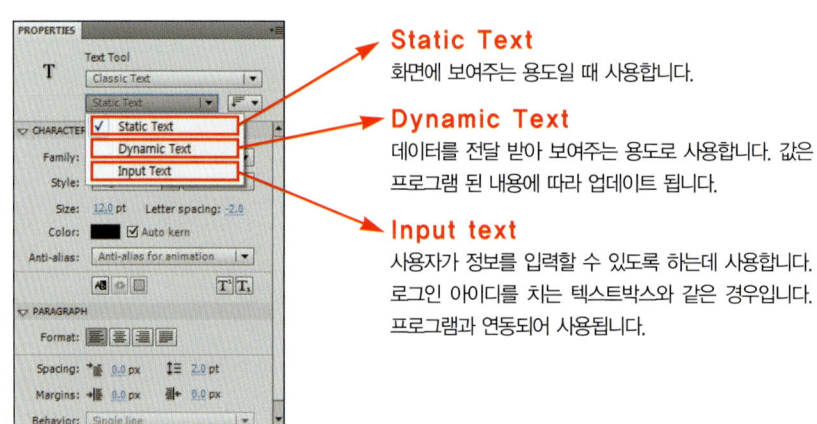

Static Text
화면에 보여주는 용도일 때 사용합니다.

Dynamic Text
데이터를 전달 받아 보여주는 용도로 사용합니다. 값은 프로그램 된 내용에 따라 업데이트 됩니다.

Input text
사용자가 정보를 입력할 수 있도록 하는데 사용합니다. 로그인 아이디를 치는 텍스트박스와 같은 경우입니다. 프로그램과 연동되어 사용됩니다.

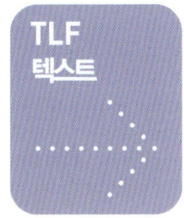

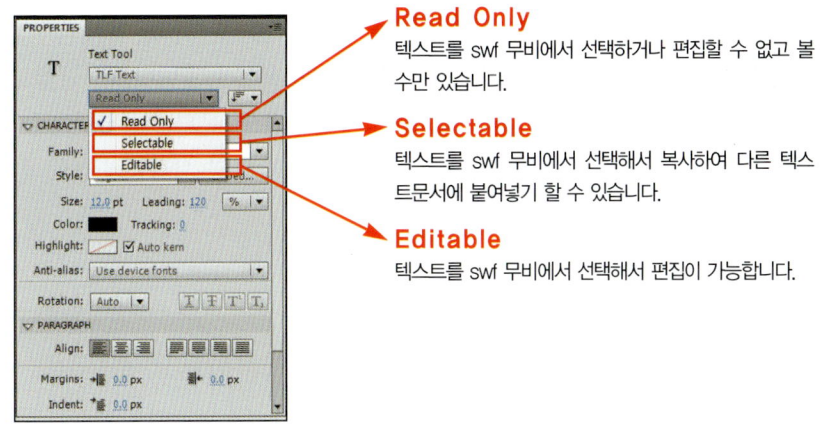

Read Only
텍스트를 swf 무비에서 선택하거나 편집할 수 없고 볼 수만 있습니다.

Selectable
텍스트를 swf 무비에서 선택해서 복사하여 다른 텍스트문서에 붙여넣기 할 수 있습니다.

Editable
텍스트를 swf 무비에서 선택해서 편집이 가능합니다.

선 도구 | Line Tool

선을 그릴 때 사용합니다.

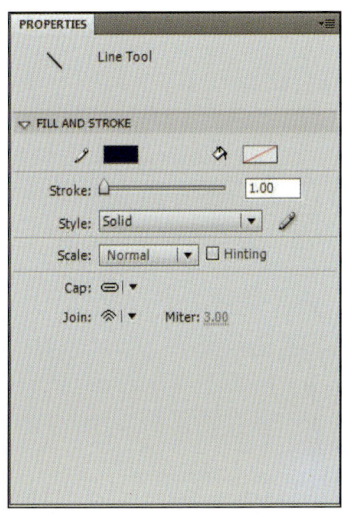

선의 색상, 두께, 스타일을 변경하여 다양한 형태의 선을 그릴 수 있습니다.

사각형 도구 | Rectangle Tool

사각형을 그릴 때 사용합니다. 마우스를 드래그 한 상태에서 방향키(↑)를 누르면 꼭지점이 사각형의 안쪽으로 둥글게 들어갑니다. 반대로 방향키(↓)를 누르면 꼭지점이 바깥으로 둥글게 만들어집니다. 이렇게 마우스를 누른 상태에서 방향키를 사용하면 꼭지점이 둥근 사각형의 둥근 정도를 바로 조절하며 그릴 수 있습니다.

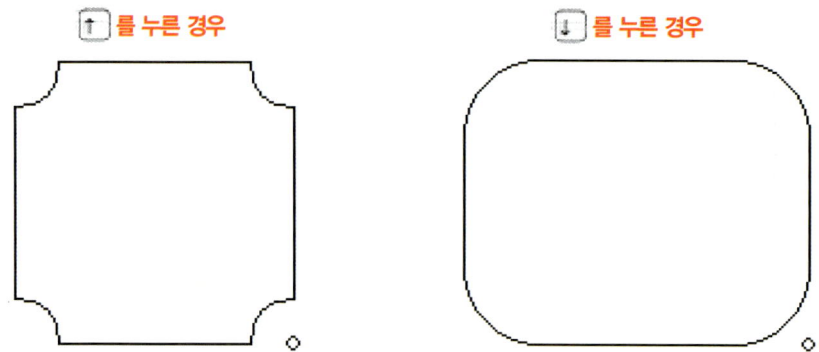

사각형 도구에 속해 있는 다른 도구를 이용하여 원형이나 다각형, 그리고 다양한 모양의 도형을 그릴 수 있습니다.

연필 도구 | Pencil Tool

연필로 그림을 그리는 것처럼 선을 그릴 때 사용합니다.
옵션의 선택사항에 따라 선이 그려질 때 부드러운 정도가 조절됩니다.

↳ (Straighten) : 그려진 선을 직선에 가깝게 딱딱한 분위기로 바꿉니다.

S (Smooth) : 그려진 선을 부드럽게 처리합니다.

(Ink) : 연필 도구로 그린 상태를 가장 자연스럽게 처리합니다.

그렸을 때 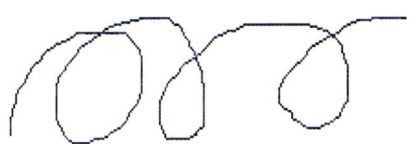   Ink

브러시 도구 | Brush Tool

붓으로 그림을 그리는 것처럼 자유롭게 그릴 때 사용합니다.
브러시 모드에 따라 다른 도형에 채워지는 위치가 달라집니다.

(Paint Normal) : 선과 면의 구분없이 어디에나 다 칠해집니다.

(Paint Fills) : 도형의 면에만 색이 채워집니다. 즉 선을 제외한 부분에 색이 칠해집니다.

(Paint Behind) : 도형의 뒤쪽에 색이 칠해집니다. 즉, 도형 외의 영역에만 색이 칠해집니다.

(Paint Selection) : 도형의 선택된 영역 면에만 칠해집니다.

 (Paint Inside) : 그리기 시작한 부분이 도형의 내부인 경우만 도형의 면 부분에 색이 칠해집니다.

다음 그림은 그리기 시작한 시점이 도형의 바깥입니다.

다음 그림은 그리기 시작한 시점이 도형의 내부입니다.

스프레이 브러시 도구 | Spray Brush Tool

같은 모양을 무작위로 불규칙하게 배치하고자 할 때 사용합니다. 무비클립이나 그래픽 심벌을 사용할 수도 있습니다.

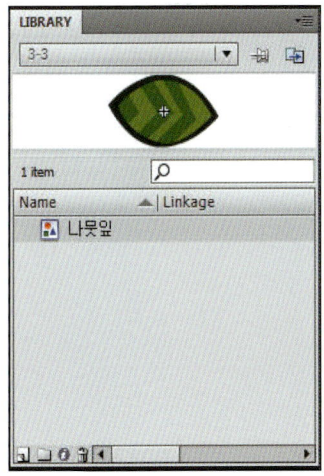

장식 도구 | Deco Tool

패턴 형태의 애니메이션을 만들 때 사용합니다. 다음과 같은 다양한 Drawing Effect가 제공됩니다.

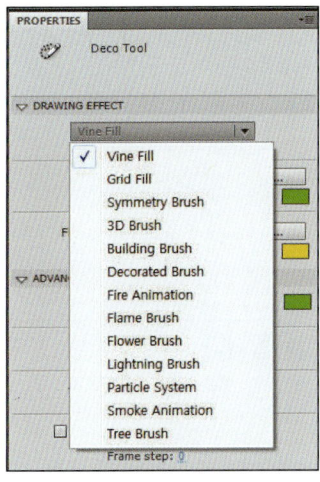

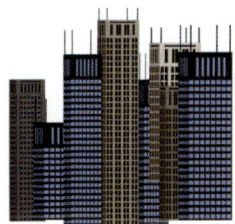

🦴 뼈 도구 | Bone Tool

셰이프 또는 심벌에 IK뼈를 추가합니다. 자세한 설명은 3-4을 참고하시기 바랍니다.

🪣 페인트통 도구 | Paint Bucket Tool

도형의 면 색상을 변경할 때 사용합니다.

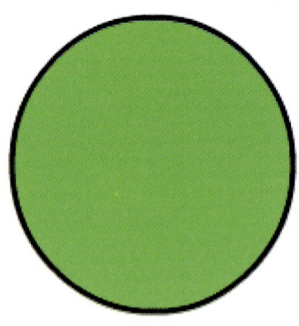 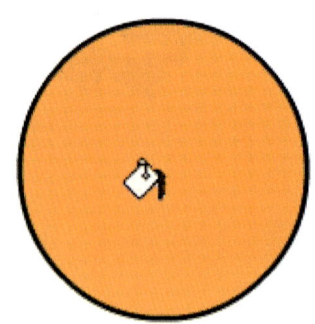

옵션에 따라 도형의 테두리에 틈이 있는 정도에 따라 채워지기가 달라집니다.
- ⭕ (Dont't Close Gaps) : 도형에 틈이 없을 때만 색이 채워집니다.
- ⭕ (Close Small Gaps) : 도형에 아주 작은 틈이 있는 경우는 무시하고 색을 채웁니다.
- ⭕ (Close Medium Gaps) : 도형에 조금 큰 틈이 있는 경우, 무시하고 색을 채웁니다.
- ⭕ (Close Large Gaps) : 도형에 큰 틈이 있어도 무시하고 색을 채웁니다.

🍶 잉크병 도구 | Ink Bottle Tool

도형의 테두리를 생성하거나 테두리의 색상, 굵기, 종류, 스타일을 변경할 때 사용합니다.

스포이드 도구 | Eyedroppoer Tool

색상 정보를 추출합니다. 선의 색상 정보를 추출하면, 잉크병 도구로 변하여 선의 색상에만 적용이 되고, 면의 색상 정보를 추출하면, 페인트통 도구로 변하여 면의 색상에만 적용이 됩니다.

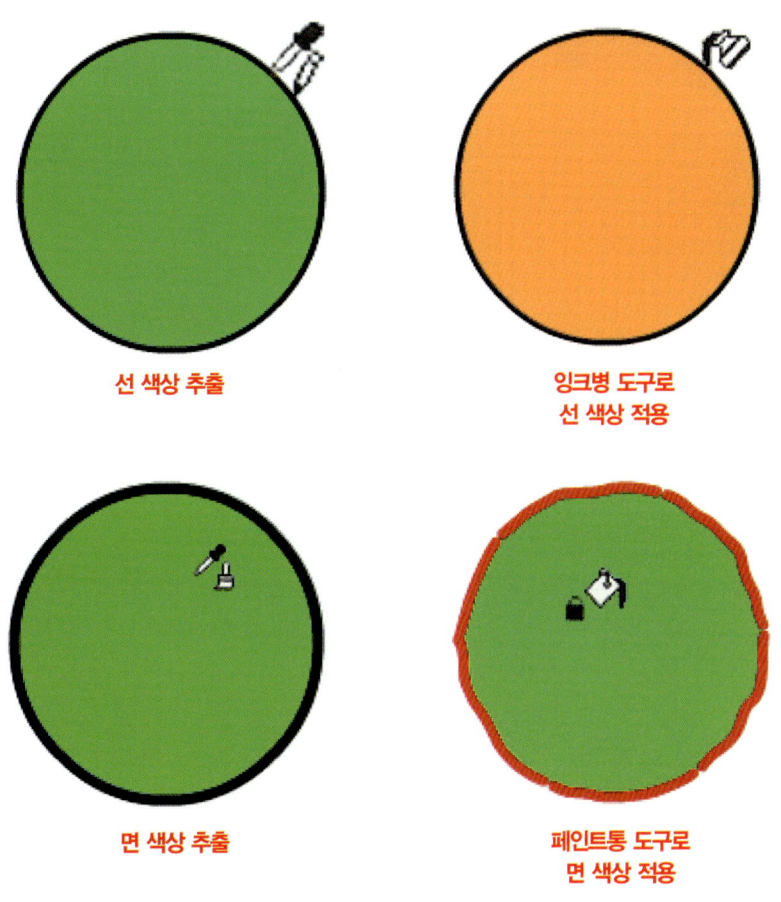

지우개 도구 | Eraser Tool

지우고자 하는 도형을 드래그하면 지워집니다. 옵션에 따라 지워지는 대상이 달라집니다.
- (Erase Normal) : 선과 면 구분없이 모두 지워집니다.
- (Erase Fills) : 면 영역의 색만 지웁니다.
- (Erase Lines) : 선 영역의 색만 지웁니다.
- (Erase Selected Fills) : 선택영역의 면 색상만 지웁니다.
- (Erase Inside) : 선의 안 쪽 영역에서 시작되어 드래그 된 면 부분만 지웁니다.

❹ **속성(Properties) 패널** 도구를 선택하거나 스테이지에 있는 요소를 선택, 또는 타임라인의 프레임을 선택하면 선택된 요소의 속성이나 옵션을 설정할 수 있습니다.

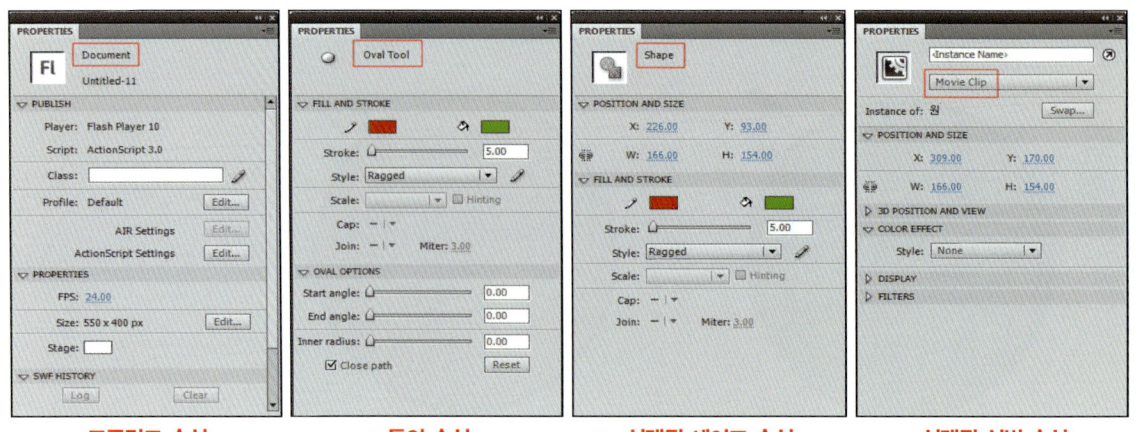

도큐먼트 속성   툴의 속성   선택된 셰이프 속성   선택된 심벌 속성

❺ **타임라인** 애니메이션을 만드는데 가장 핵심적인 역할을 하는 부분이라 할 수 있습니다. 작은 사각형은 프레임이라 하며 움직임을 만드는데 있어 한 순간(동작)에 해당합니다. 이러한 순간들이 모여 연결된 움직임을 만들어냅니다. 즉, 움직임에는 시간이 꼭 관여해야한다는 것을 의미하며, 이러한 시간을 통제할 수 있는 곳이 타임라인입니다.

❻ **스테이지(Stage) & 워크에리어(Work Area)** 화면의 흰색 부분을 스테이지라 하며 무비를 실행시키면 보이는 부분으로 무비의 크기라 할 수 있습니다. 스테이지 주변의 회색부분은 워크에리어라 하며 스테이지의 연장선이라 생각하면 됩니다. 무비를 실행시켰을 때 보이지는 않지만 움직임의 연장선으로 자연스러운 무비 연출에 필요합니다.

❼ **패널 영역** 패널들이 모여있는 공간으로 패널들을 드래그해 추가하거나 제거가 가능하며 패널 영역의 윗부분을 더블클릭하여 확대/축소 할 수 있습니다.

PART 02
애니메이션 기초

2-1 프레임 바이 프레임 애니메이션
2-2 모션 트윈을 이용한 애니메이션
2-3 스테이지와 워크 에리어를 이용한 애니메이션
2-4 텍스트 애니메이션
2-5 셰이프 트윈을 이용한 애니메이션

Practice 2-1

프레임 바이 프레임 애니메이션

실습파일 2-1.fla

1 타임라인의 레이어와 프레임의 역할을 알 수 있다.
2 키프레임과 프레임에 대해 알 수 있다.
3 도형툴과 Color 패널의 사용법을 익히고 그라디언트를 수정할 수 있다.

1 실습파일 2-1.fla를 연 후, 툴박스에서 원형도구(Oval Tool)를 선택하고 Shift 를 누르고 드래그하여 원을 그립니다.

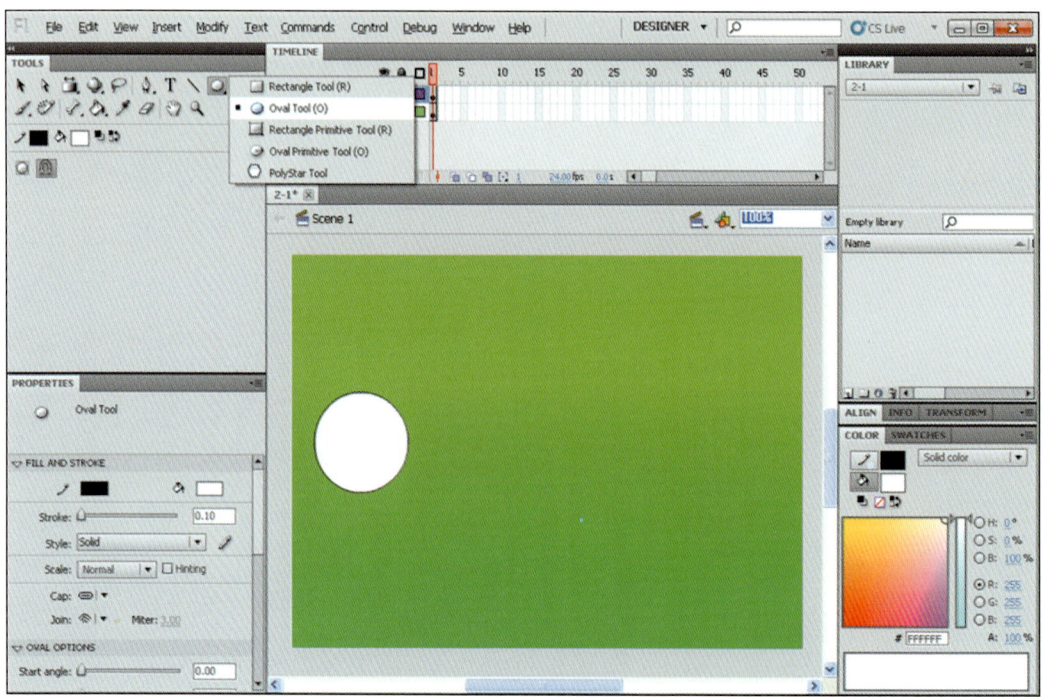

❷ 선택도구(Select Tool)를 선택하여 원의 내부를 클릭한 후, Color 패널에서 원형그라디언트(Radial gradient)를 선택하면 임의의 색으로 원의 내부에 그라디언트가 채워집니다.

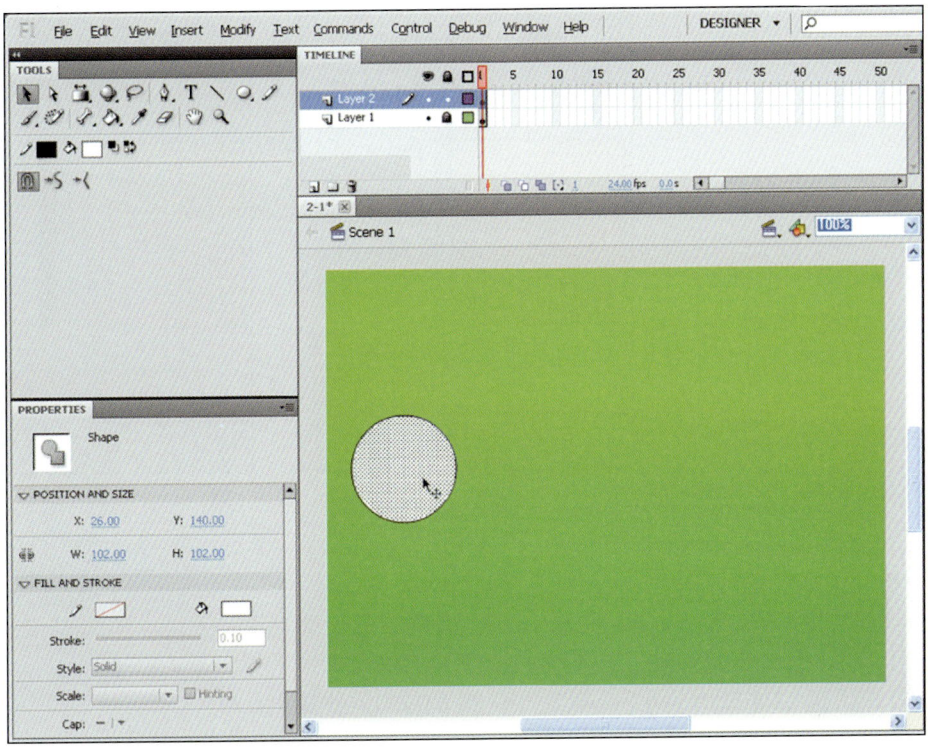

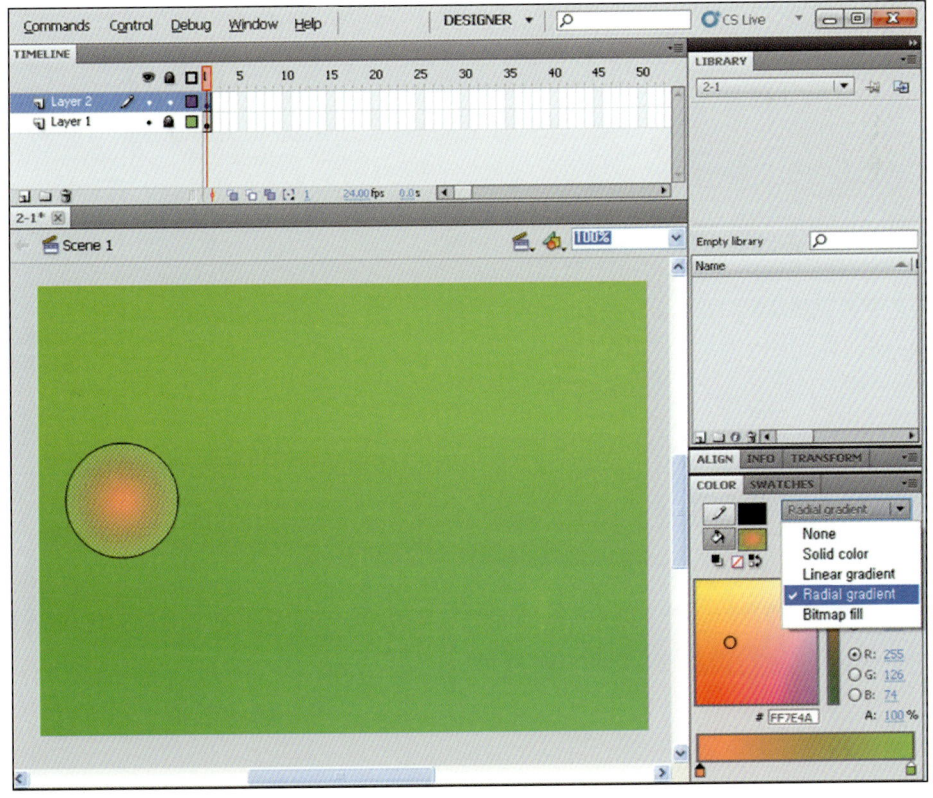

Color 패널에서 그라디언트 조절점의 색을 그림과 같이 설정하여 원의 색을 변경합니다.

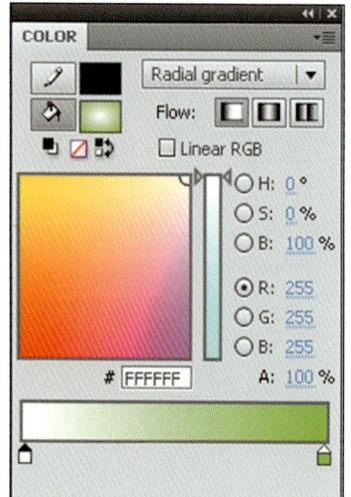 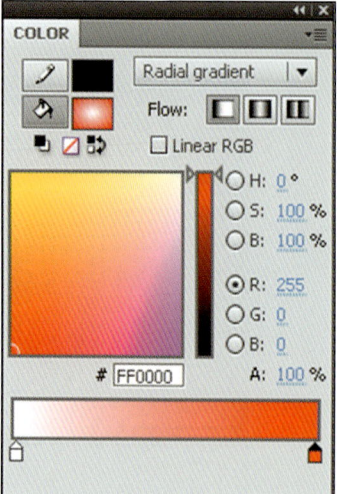

③ 그라디언트 변형도구(Gradient Transform Tool)를 선택하고 원을 클릭하면 조절점이 생깁니다. 조절점을 이용하여 그라디언트의 퍼지는 정도, 방향 등을 변경할 수 있습니다.
중심의 조절점을 드래그하여 원의 왼쪽 위로 이동하여 하이라이트를 표현합니다.

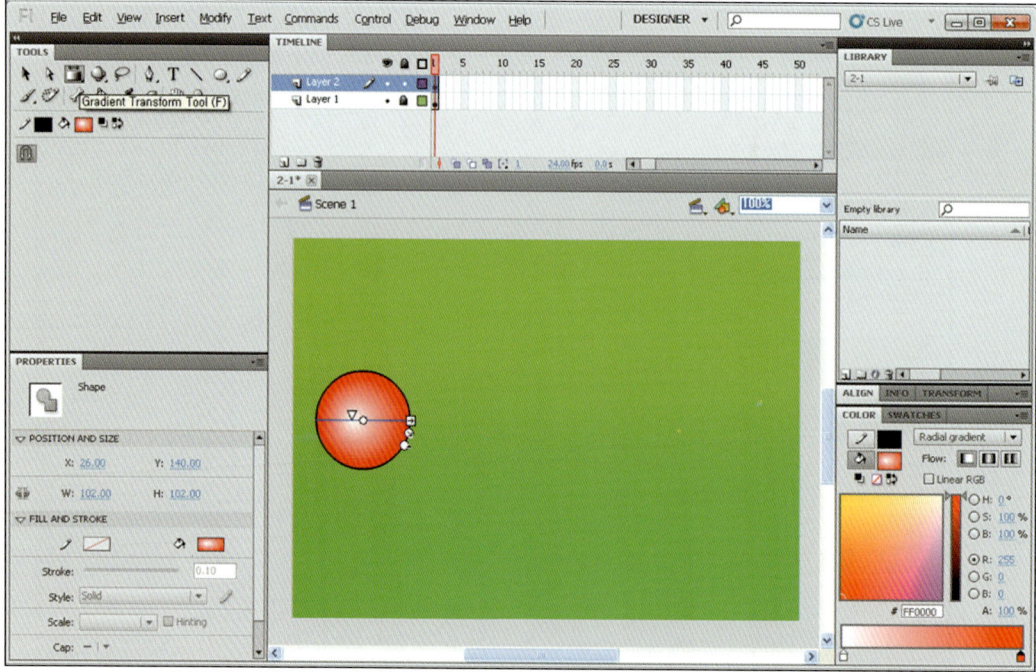

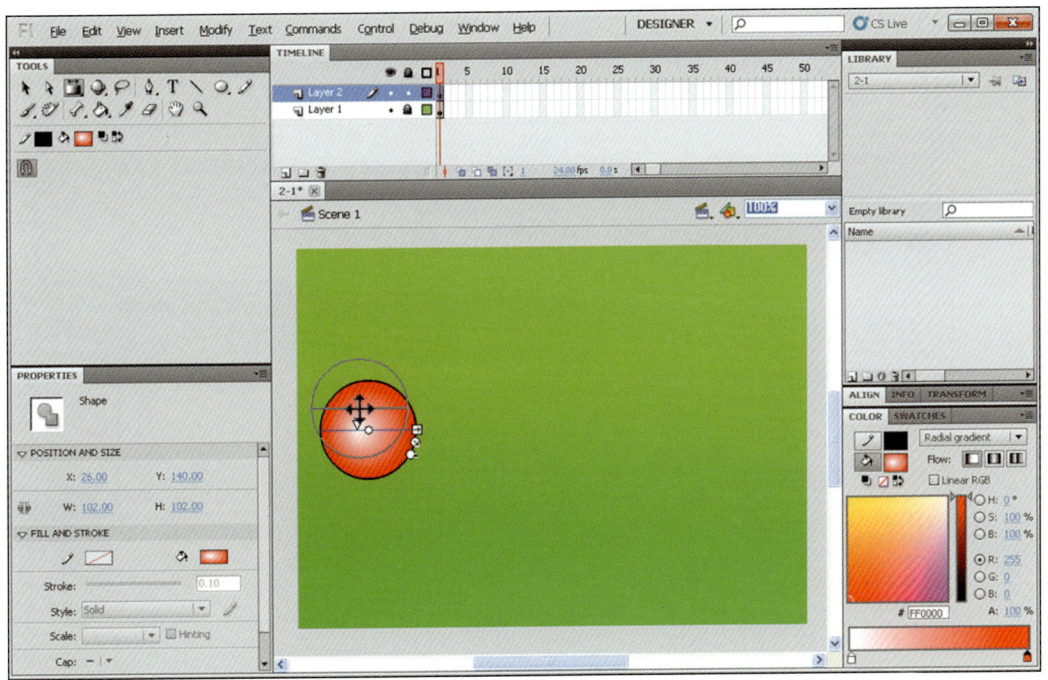

④ 타임라인 패널 Layer2의 2프레임을 클릭한 후, 단축키 F6 (키프레임 삽입)을 누릅니다.
2프레임에 검은색 원이 표시되면 스테이지의 원이 선택된 상태이며 선택도구(Select Tool)를 이용하여 원의 위치를 오른쪽으로 조금 옮깁니다.

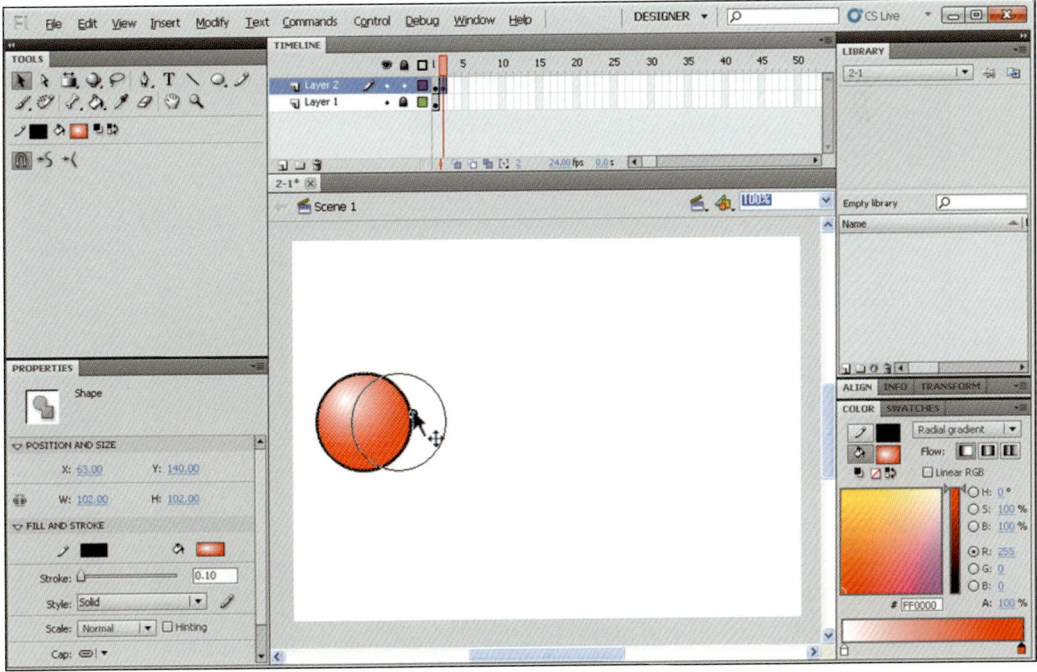

5 타임라인 패널 Layer2의 3프레임을 클릭한 후, 단축키 F6 (키프레임 삽입)을 눌러 원의 위치를 오른쪽으로 옮깁니다. 이렇게 다음 프레임을 선택하고 F6 을 누른 후, 원의 위치를 옮기는 작업을 반복합니다.

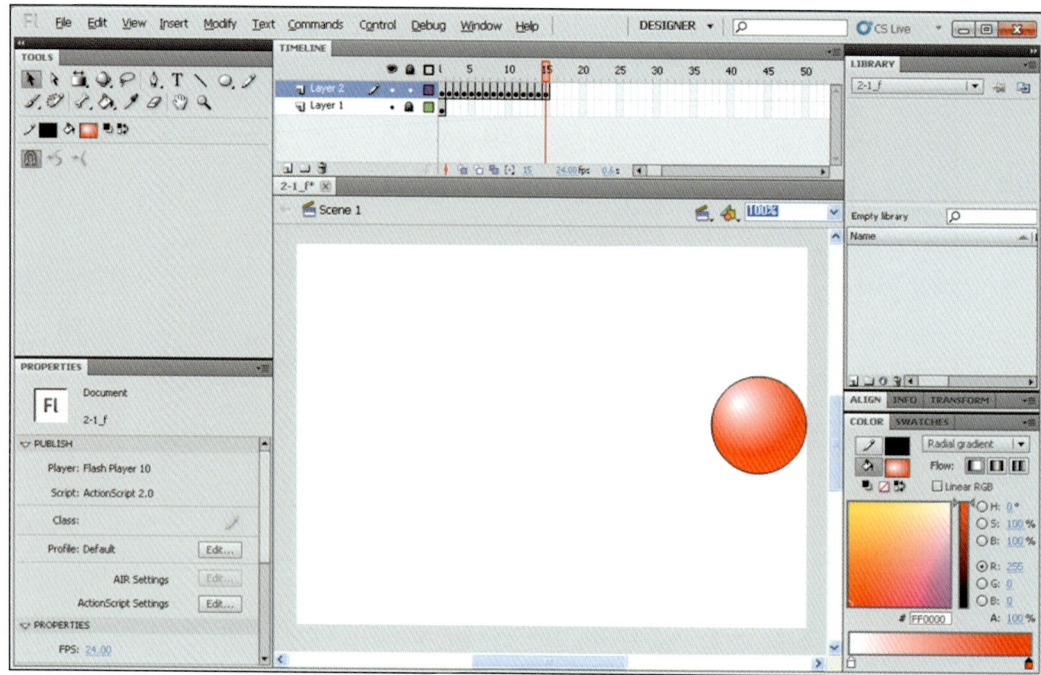

그런데, 처음에 있었던 배경이 보이지 않는 것을 발견할 수 있습니다. 이는 배경이 있는 Layer1에 프레임이 추가되지 않았기 때문입니다. Layer1의 15프레임을 클릭한 후, 단축키 F5 (프레임 삽입)를 누르면 배경이 나타납니다.

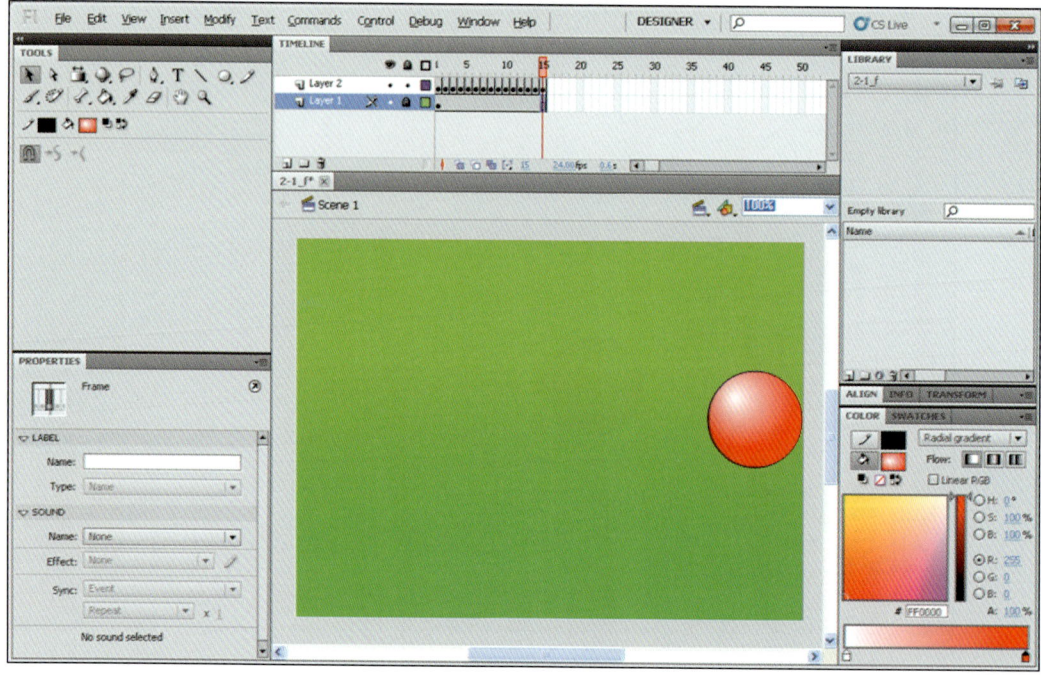

⑥ Enter 키를 누르면, 프레임 순서대로 플레이헤드(타임라인의 빨간색 바)가 움직이면서 스테이지의 빨간원이 오른쪽으로 움직이는 것을 확인할 수 있습니다.

Crtl + Enter 를 누르면, 새 창에 테스트 무비가 되며, swf 파일이 만들어집니다.

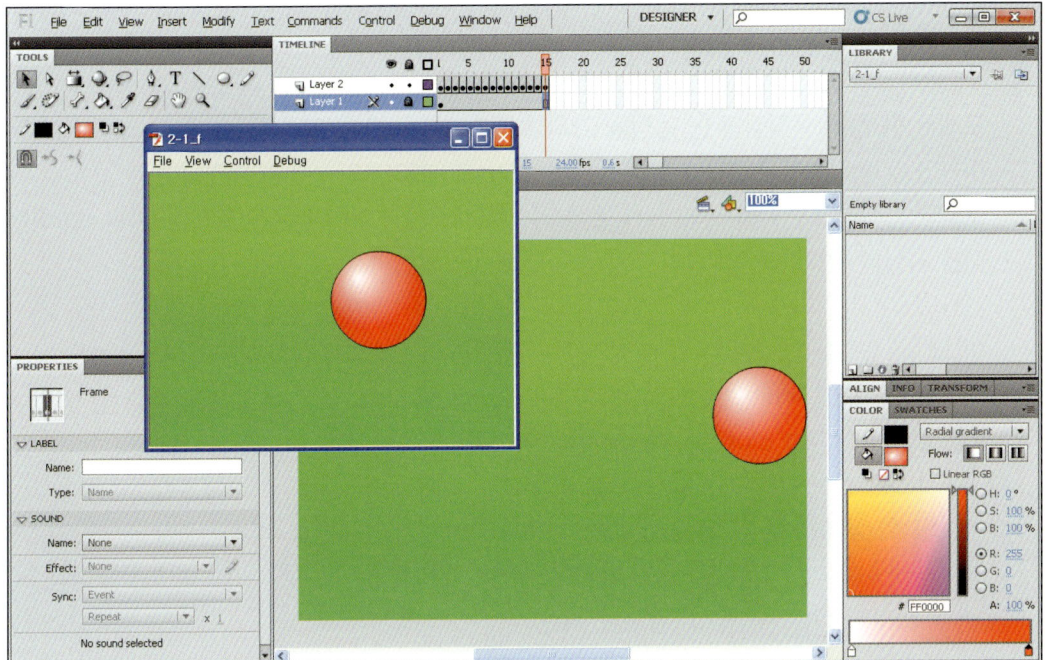

정 리 하 기

프레임의 종류

앞에서 각 프레임마다 원의 위치를 달리하여 움직임을 만들어 보았습니다.
실습을 통해 프레임의 역할을 이해했나요?

프레임 한 장은 움직임의 한 동작을 가지고 있습니다. 이러한 프레임들이 모여 빠른 속도로 돌아가면 그 동작들이 연결되어 보이게 되는 것이 애니메이션의 원리인 것입니다.
조금씩 움직임이 변화될 때마다 F6 을 눌러 키프레임을 추가한 것은 키프레임이 하나의 어떤 상태를 가질 수 있기 때문입니다.

이 때, F6 (키프레임 삽입)은 앞 프레임을 복제하여 키프레임이 삽입되는 것이며 프레임에 검은 원으로 표시되고, F7 (빈키프레임 삽입)은 하나의 상태를 가질 수 있는 키프레임이지만 앞의 프레임을 복제하지 않고 비어있는 키프레임을 삽입하는 것이며 흰색 원으로 표시됩니다.

F5 (프레임 삽입)는 앞의 프레임에 있는 상태를 연장시키는 역할을 하며 마지막 프레임에 사각형이 표시됩니다. 실습에서 무비가 끝날 때까지 배경을 보이게 하기 위해 F5 를 눌러 프레임을 삽입했습니다.

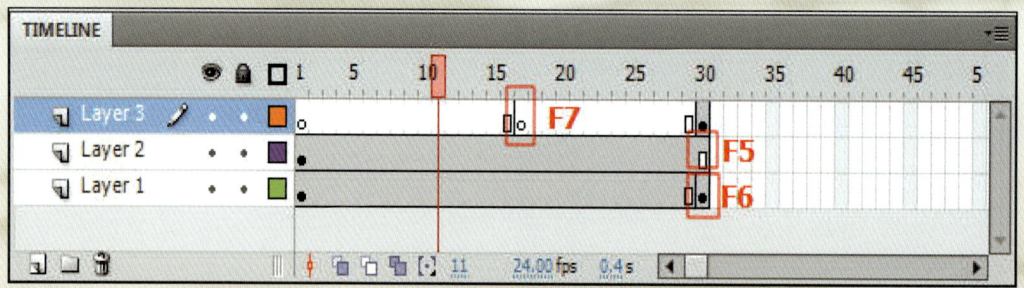

Practice 2-2 모션트윈을 이용한 애니메이션

실습파일 2-2.fla

1 모션 트윈을 적용하여 애니메이션을 만들 수 있다.
2 동선을 나타내는 조절선을 자유롭게 편집하여 움직임을 만들 수 있다.
3 CS4이전의 모션 트윈에 대해 알고 Classic Tween을 사용할 수 있다.
4 셰이프(Shape)의 특성을 알 수 있다.

앞에서 한 프레임씩 추가하여 움직임을 만들었습니다. 하지만 앞의 예제와 같이 한 방향으로 일정하게 움직이거나 크기의 변화, 회전을 하는 경우, 처음과 끝의 상태만 키프레임에 넣어주면 중간 과정을 자동으로 만들어 애니메이션을 만들 수 있습니다. 이러한 방법을 모션 트윈(Motion Tween)이라 합니다.

① 실습파일 2-2.fla를 연 후, 툴박스에서 선택도구(Select Tool)를 선택하고 스테이지의 오브젝트 주변을 넓게 드래그 하여 선택합니다.

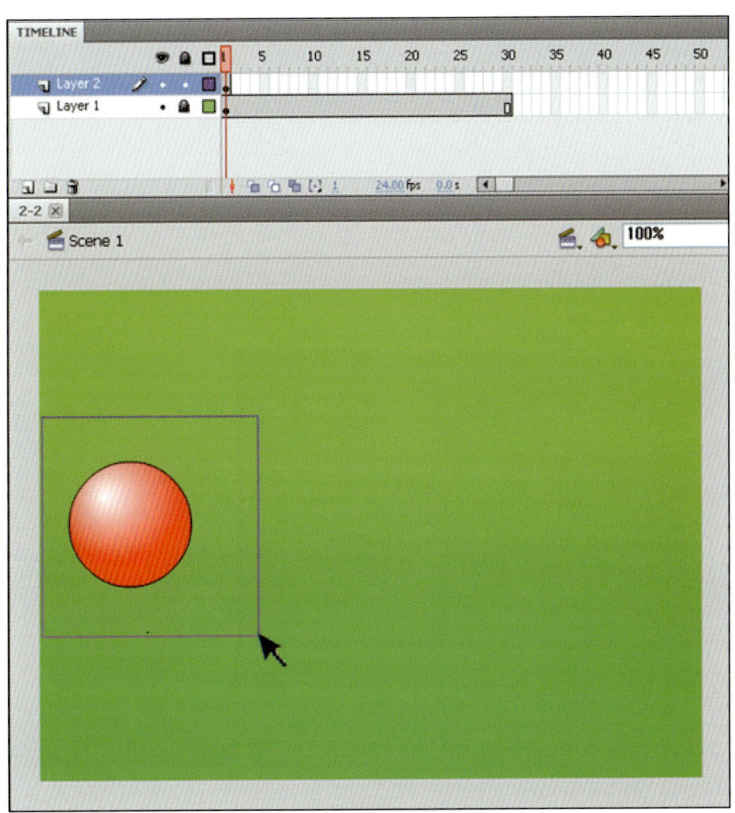

PART 02 애니메이션 기초

선택된 오브젝트에 흰색의 점들이 보입니다. 이는 그려진 셰이프의 분해된 속성을 나타냅니다.
셰이프의 속성에 대해서는 [정리하기]를 참고해 주십시오.

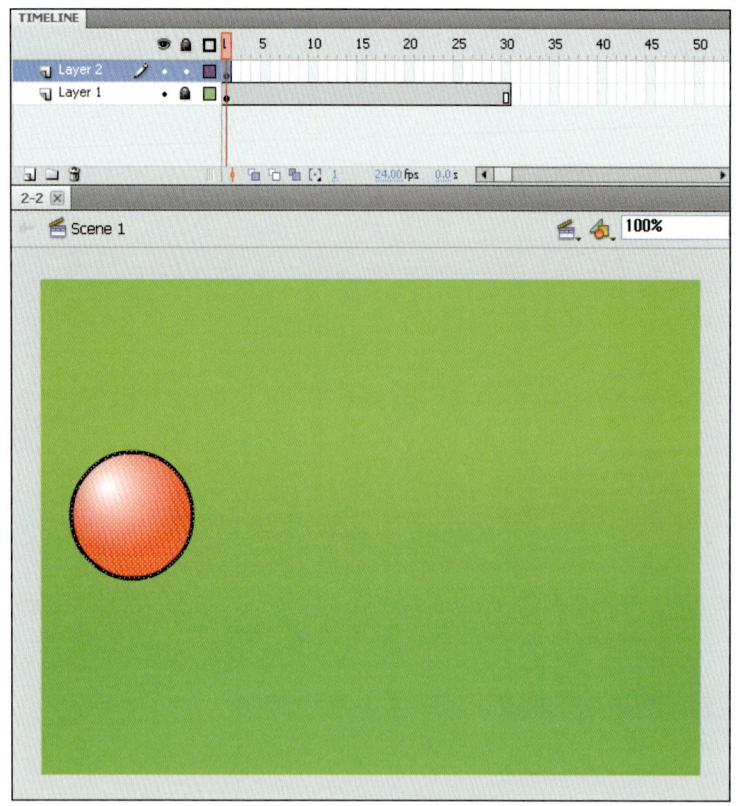

② 단축키 F8 을 눌러 그림과 같이 설정합니다.

선택된 오브젝트는 그래픽 심벌로 라이브러리에 등록되었음을 확인할 수 있습니다.
스테이지의 오브젝트는 위와는 다르게 하나의 파란선으로 선택된 것을 볼 수 있습니다. 이는 오브젝트가 분해된 속성에서 심벌화함으로써 단단한 하나의 오브젝트가 되었음을 의미합니다.

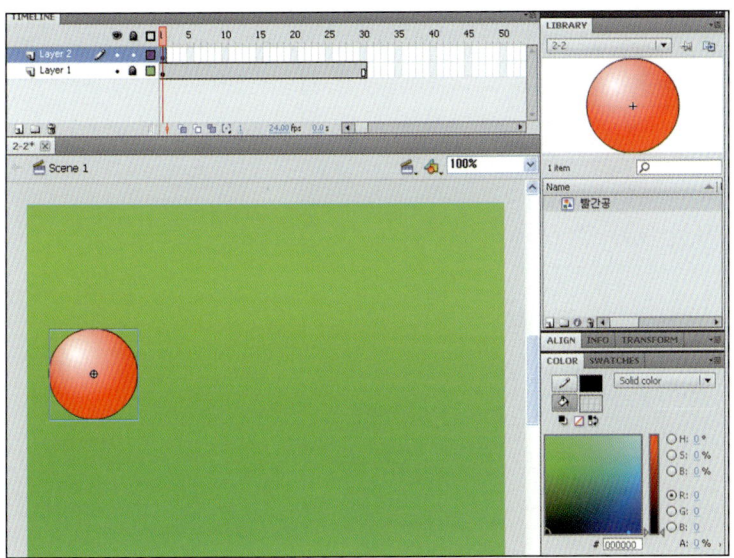

③ 스테이지 위의 오브젝트에서 마우스 오른쪽 버튼을 클릭하면 나타나는 팝업메뉴에서 [Create Motion Tween]을 선택하면 24프레임까지 프레임이 연장됩니다. 이는 초당 보여질 프레임 수(FPS)만큼 모션 트윈이 적용되기 때문입니다. 현재 실습파일의 FPS는 24입니다.

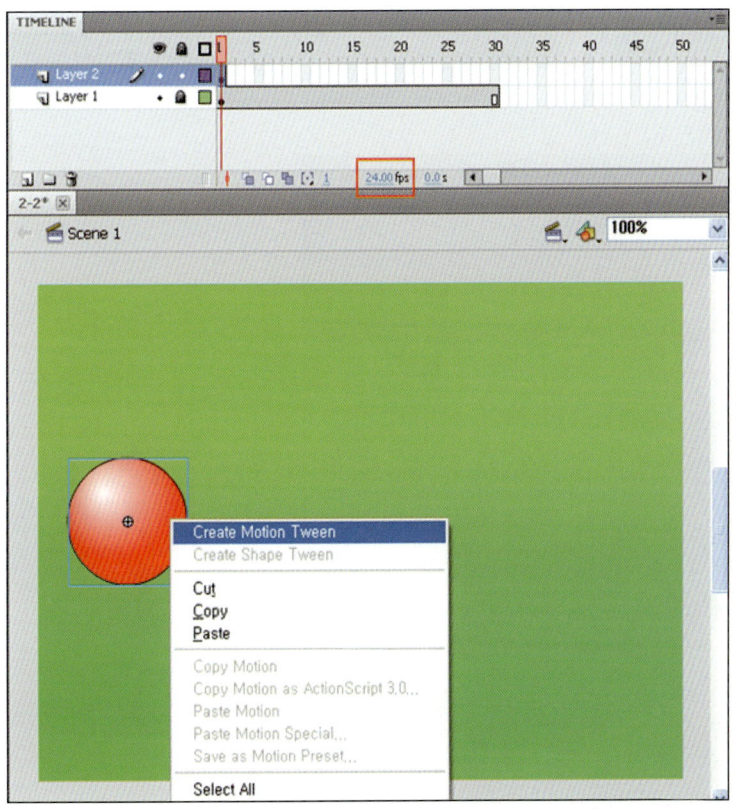

4 스테이지의 오브젝트를 오른쪽 끝으로 위치를 옮기면 경로선이 생깁니다. 경로선의 시작과 끝은 큰원, 중간은 작은 원들이 생깁니다. 큰 원은 1프레임과 24프레임을 의미하고 키프레임입니다. 중간의 작은 원들은 각각의 프레임 개수만큼 생깁니다.

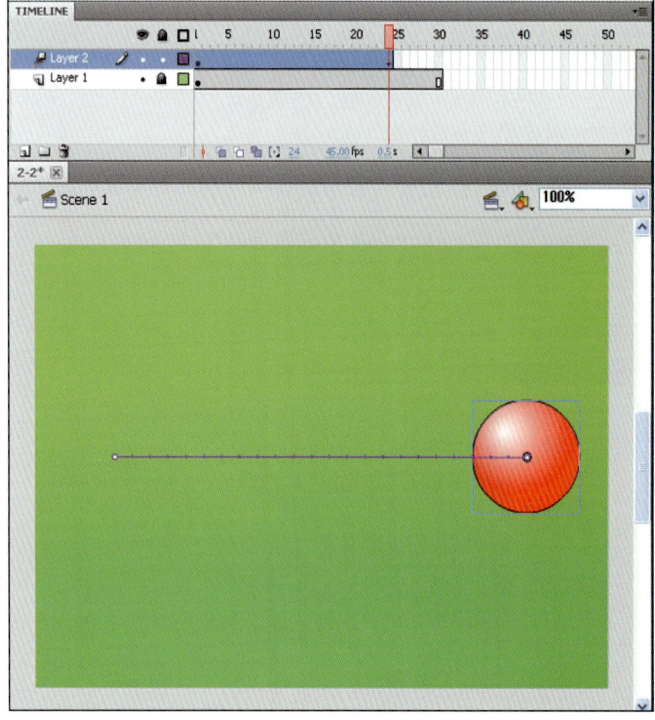

5 마지막 프레임의 가장자리에 커서를 이동시키면 양쪽 방향으로 조절할 수 있는 모양의 화살표가 나타납니다. 이를 드래그하여 프레임영역을 길게 연장시키면 애니메이션의 속도를 느리게 조절할 수 있습니다. 배경이 있는 Layer1은 Layer2의 프레임에 맞춰 F5 를 눌러 프레임을 연장합니다.

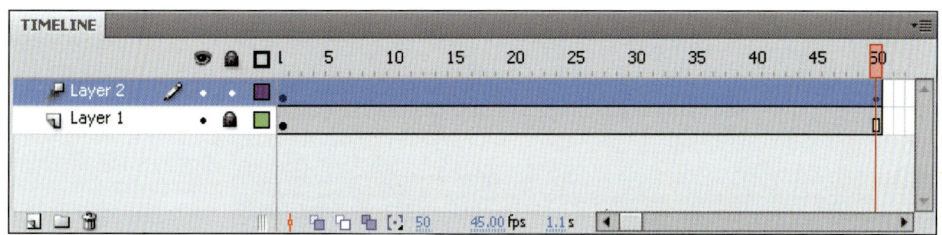

CS4이전의 사용자에게는 모션트윈의 변화에 많이 놀랐을 겁니다. 가장 큰 변화는 애니메이션의 움직임의 경로가 자동으로 생기고 조절할 수 있는 조절점이 생긴다는 것입니다. 조절점을 이용하여 오브젝트의 동선을 자유롭게 조정할 수 있어 초보자도 쉽게 사용할 수 있습니다. 이 때 움직임의 시작과 끝은 동일한 오브젝트가 존재해야 하며, 오브젝트는 반드시 심벌이어야 함은 CS4이전 버전과 변함이 없습니다.

6 직선방향으로 움직이는 오브젝트를 다른 동선으로 만들기 위해 선택도구(Select Tool)를 이용하여 안내선 위로 마우스를 이동하면 직선을 곡선으로 바꿀 수 있습니다.

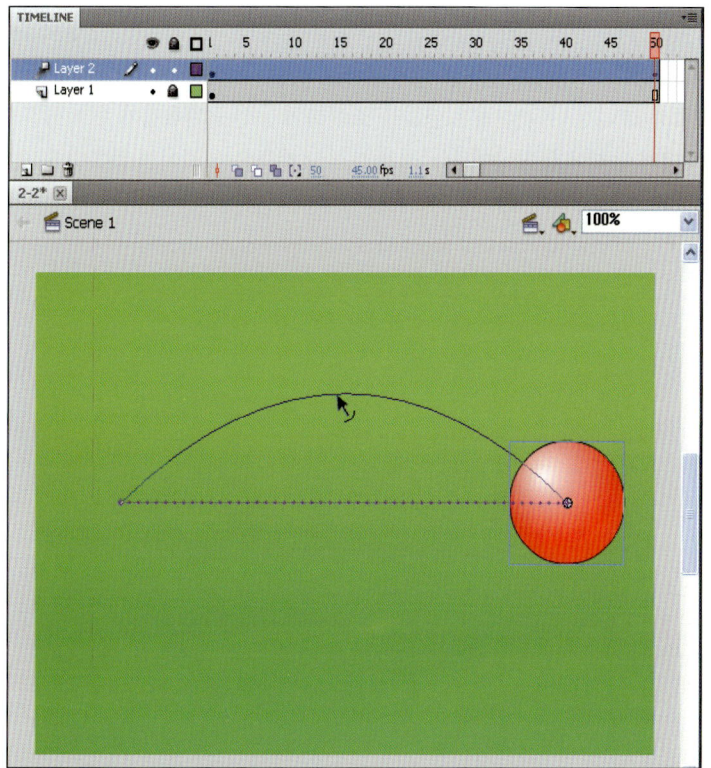

오브젝트를 좀 더 변화있게 움직이기 위해 동선의 중간에 키프레임을 추가하려고 한다면, 타임라인의 플레이 헤드를 15프레임에 가져다 놓고 스테이지의 오브젝트를 원하는 위치로 이동합니다. 그림에서는 아래로 이동하였습니다.

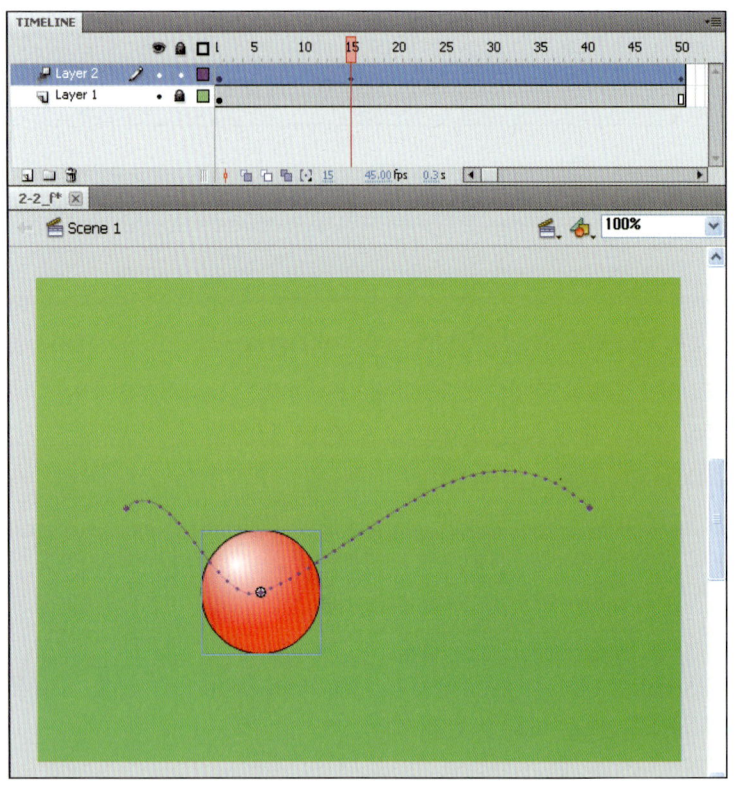

동선을 좀 더 세밀하게 조절하려면 도구상자(Tool Box)의 부분선택도구(Subselection Tool)를 이용하여 각 조절점을 선택하면 탄젠트 핸들러가 나타납니다. 핸들을 조절하여 동선을 자유롭게 변화시킬 수 있습니다. 한쪽 핸들을 움직이면 두개가 동시에 움직이며, Alt 키를 누르고 핸들을 움직이면 한쪽만 움직여 그림과 같이 조절을 합니다.

오브젝트의 앵커포인트를 선택하거나 탄젠트핸들러를 조정하여 곡선의 정도를 변형한 후 테스트무비 `Crtl + Enter`를 하여 결과를 확인합니다.

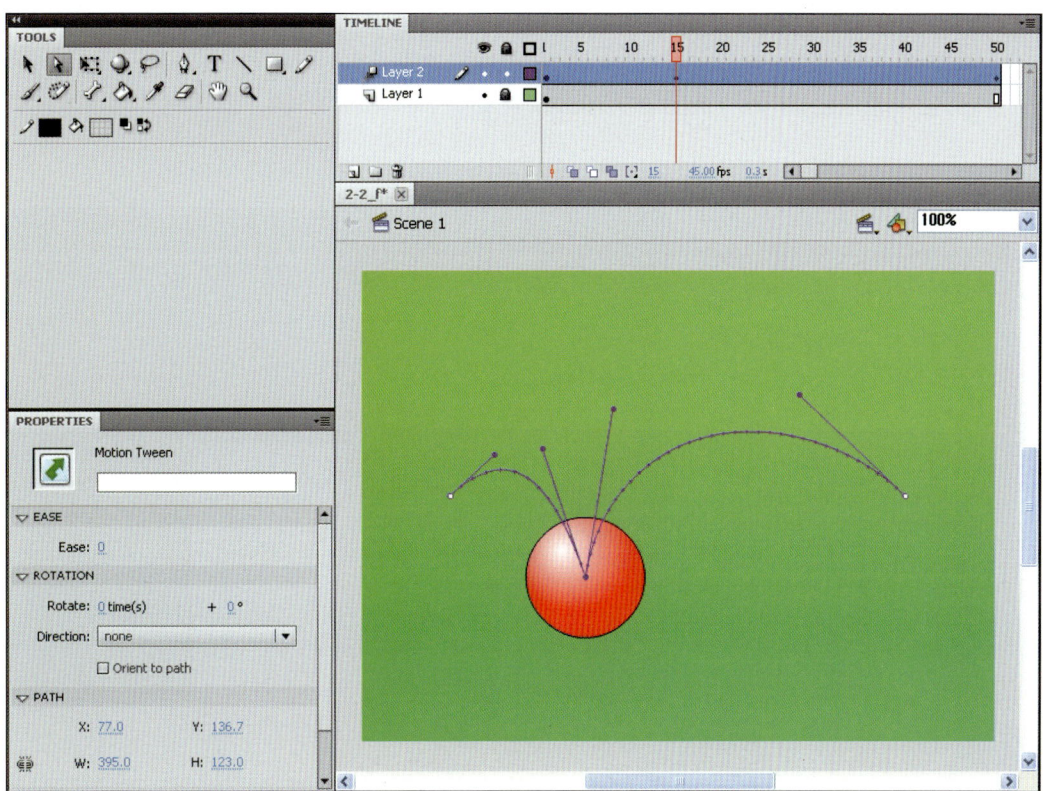

> > > 정 리 하 기

모션트윈에서 오브젝트를 자동으로 심벌화 하는 기능

모션트윈을 적용하고자 하는 오브젝트는 심벌이어야 합니다. 만약 심벌화하지 않고 셰이프 상태에서 모션트윈을 적용한다면 자동으로 심벌화하여 줍니다.

1 오브젝트가 셰이프인 상태로 심벌화하지 않은 원을 선택한 후, 그림과 같이 [Create Motion Tween]을 적용합니다.

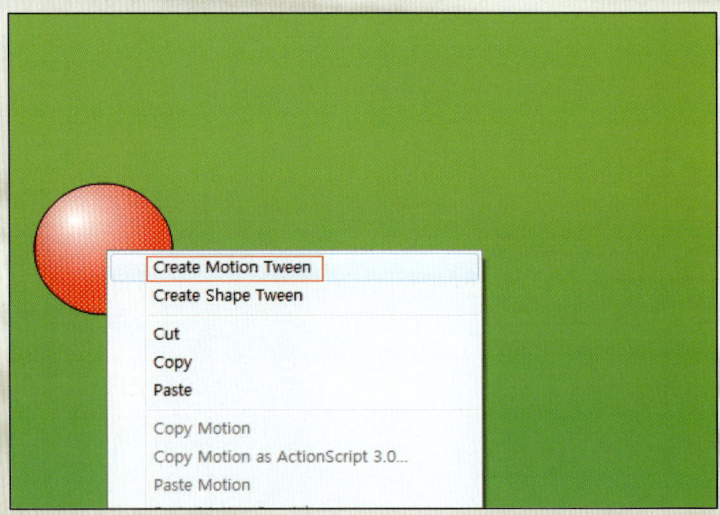

2 오브젝트를 심벌화하고 모션트윈을 생성하겠느냐고 묻는 창이 뜨면 [OK]를 누릅니다.

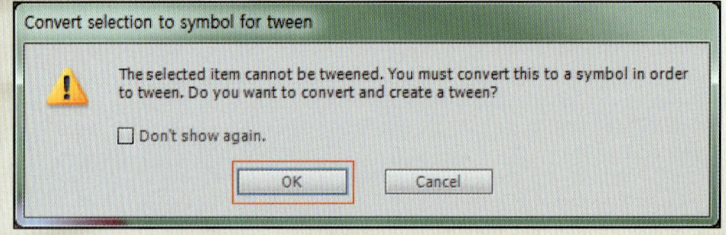

3 라이브러리에 무비클립이 생성된 것을 확인할 수 있습니다.

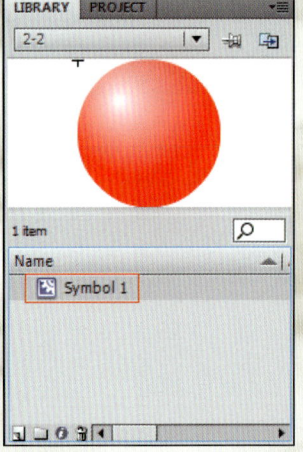

> > > 정 리 하 기

CS4 이전 버전 방식의 모션 트윈(클래식 트윈)

1 실습예제 2-2의 ①②와 같이 오브젝트를 심벌화 한 후 다음의 설명을 따라 합니다.

50프레임에서 F6 을 눌러 키프레임을 삽입합니다. 그리고 타임라인의 프레임 위에서 마우스 오른쪽 버튼을 누르면 나타나는 팝업메뉴의 [Create Classic Tween]을 선택합니다.

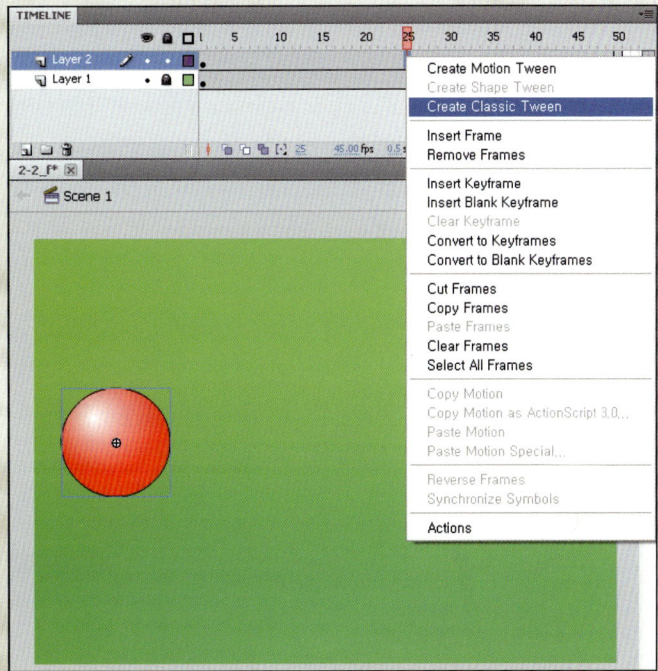

2 프레임에 실선의 화살표가 생기면 모션 트윈이 적용된 것입니다. 50프레임을 선택하고 스테이지의 오브젝트를 옮깁니다. 동선을 나타내는 조절선은 나타나지 않습니다.

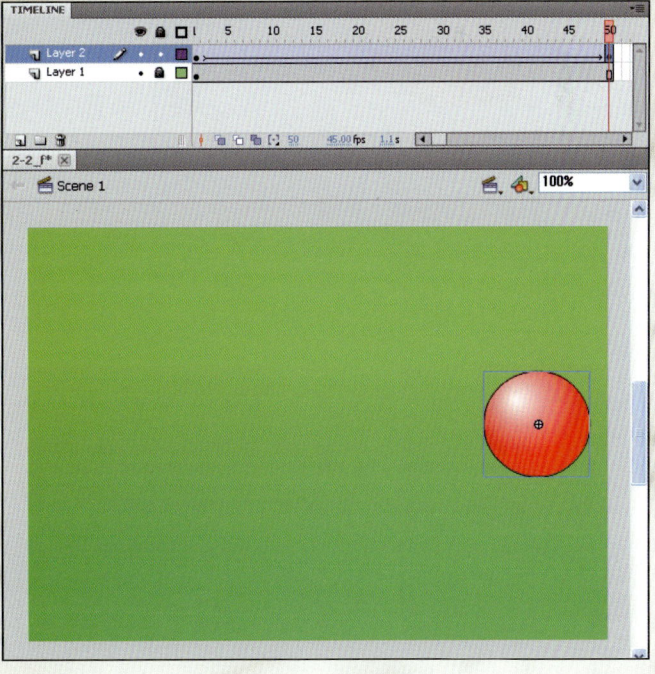

PART 02 애니메이션 기초 **39**

정리하기

셰이프의 특성

셰이프란 플래시에서 제공하는 드로잉 도구를 이용하여 그림을 그릴 경우, 기본적으로 그려진 개체는 분해된 상태입니다.

분해된 상태를 모래성에 비유해 보겠습니다. 모래성은 모래를 쌓아 다듬어 성의 형태를 고스란히 보여주고 있습니다. 하지만 누가 툭 쳐버리면 산산이 부서져 버리는 것이 모래성입니다. 이와 같이 플래시에서 그려진 도형들은 하나의 개체처럼 보이지만 실제로는 모래알처럼 흩어진 상태입니다. 이를 셰이프(Shape)라고 하며 선택도구를 이용하여 개체를 선택할 때 특성을 잘 알고 선택하여야 합니다.

선택도구(Select Tool)를 이용해 그림의 한 부분을 클릭하면 작은 하얀점들이 생김으로 선택된 영역을 표시합니다. 옆으로 드래그해보면 그림의 일부분만 선택된 것을 알 수 있습니다. 이로써 선택도구(Select Tool)를 이용해 일정 부분을 클릭했을 때는 그 부분과 연결된 동일한 색상을 선택한다는 것을 알 수 있습니다.

이번에는 선택도구(Select Tool)를 이용해 드래그하여 봅니다. 그림 전체가 선택되는 것이 아니라 드래그 한 영역만큼만 잘라져서 선택되는 것을 알 수 있습니다.

이와 같이 한 덩어리가 아닌 상태로 언제든 흩어질 수 있는 성질을 분해된 상태라고 표현합니다.

이번엔 쉽게 부서질 수 있는 모래성에 강력한 접착제를 뿌려 단단하게 만들었다고 생각해봅시다. 완전한 한 덩어리가 된 모래성과 같이 오브젝트의 성질을 하나의 덩어리로 묶을 수 있습니다. 이를 위해 그룹화 `Crtl+G` 또는 심벌화 `F8` 의 방법을 사용합니다.

그룹화, 또는 심벌화가 된 상태는 선택되었을 때 파란색 선이 선택된 오브젝트 주변에 생김을 확인 할 수 있습니다.

그룹화   그래픽심벌

Practice 2-3 스테이지와 워크에리어를 이용한 애니메이션

실습파일 2-3.fla

1 모션 트윈을 적용하여 애니메이션을 만들 수 있다.
2 스테이지와 워크에리어에 대해 알고 적절히 활용할 수 있다.

1 실습파일 2-3.fla를 연 후, 선택툴을 이용하여 물고기를 선택하고 F8 을 눌러 name을 fish로 입력한 후 그래픽 심벌로 등록합니다.

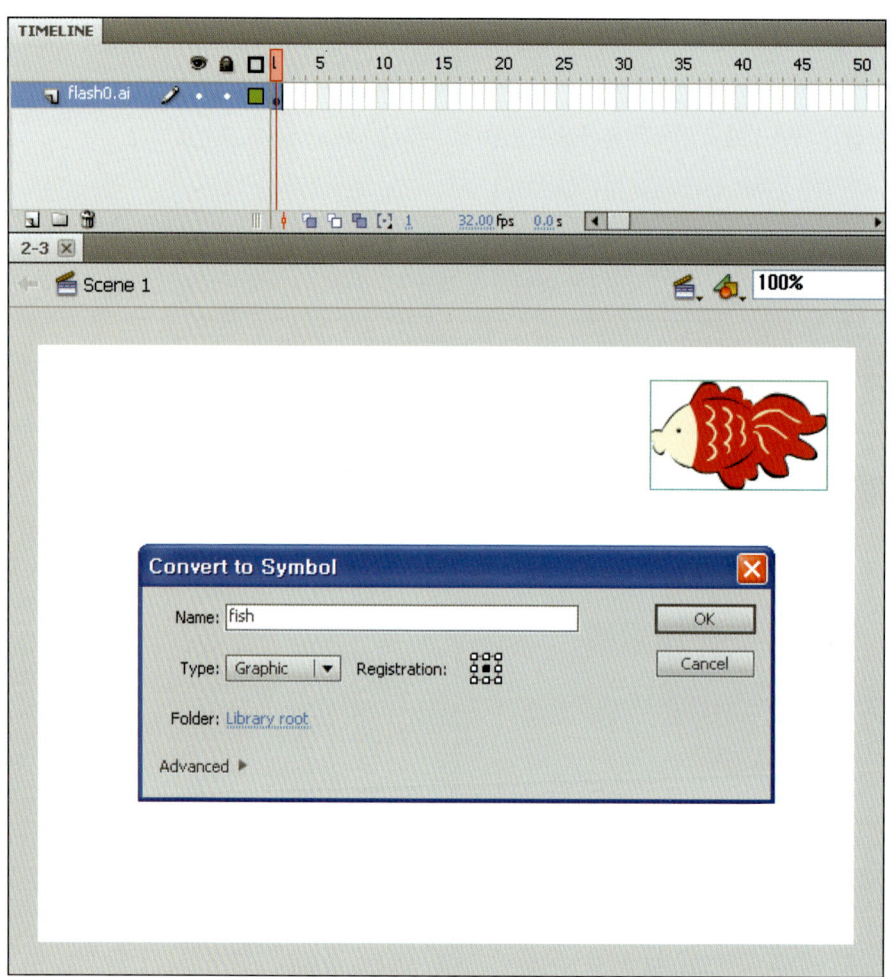

❷ fish 심벌 위에서 오른쪽 버튼을 눌러 나타나는 팝업메뉴에서 [Create Motion Tween]을 선택합니다.

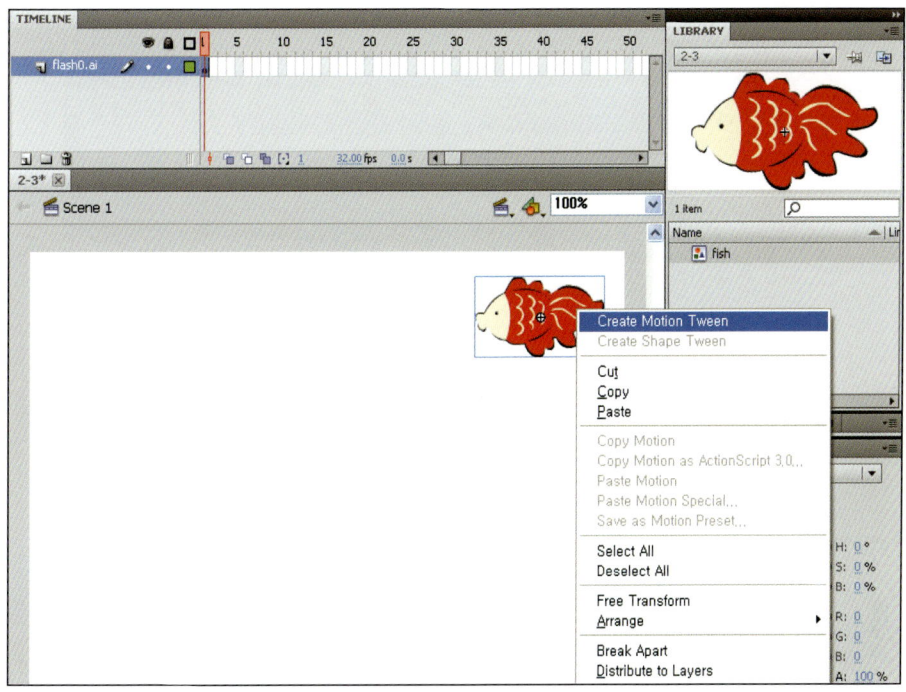

❸ fish 심벌을 왼쪽 아래 회색영역(워크에리어)까지 이동하고 자유 변형도구(Free Transform Tool)를 이용하여 크기를 크게 합니다.

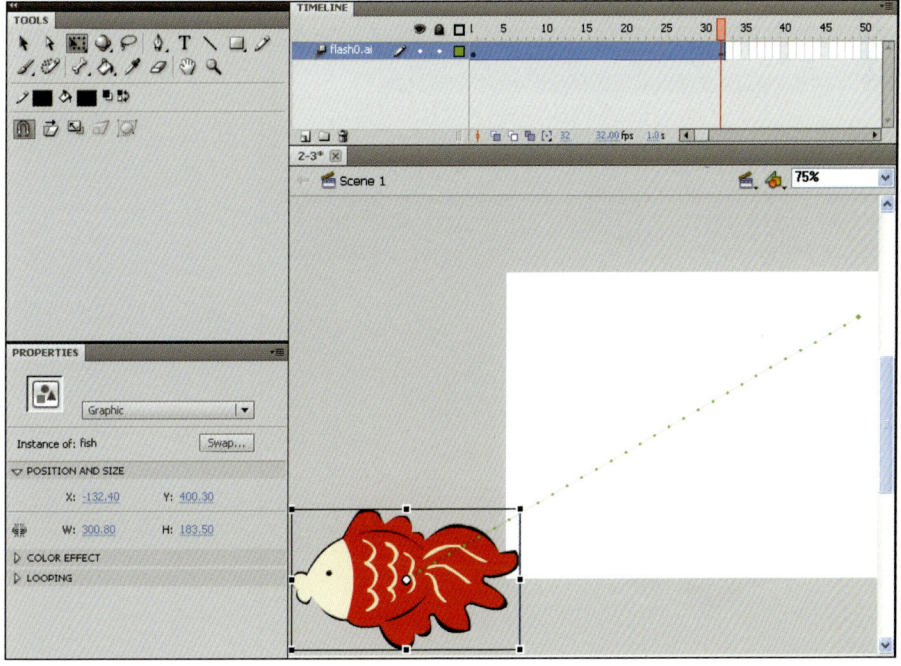

PART 02 애니메이션 기초 **43**

④ 플레이헤드를 원하는 위치로 이동 후 스테이지의 심벌을 옮겨 해당프레임에 키프레임이 추가되도록 합니다.(실습 2-2 참고) 부분선택도구(Sub Select Tool)를 이용해 각 키프레임에 해당하는 조절점을 선택한 후 핸들을 이용해 동선의 모양을 만듭니다.

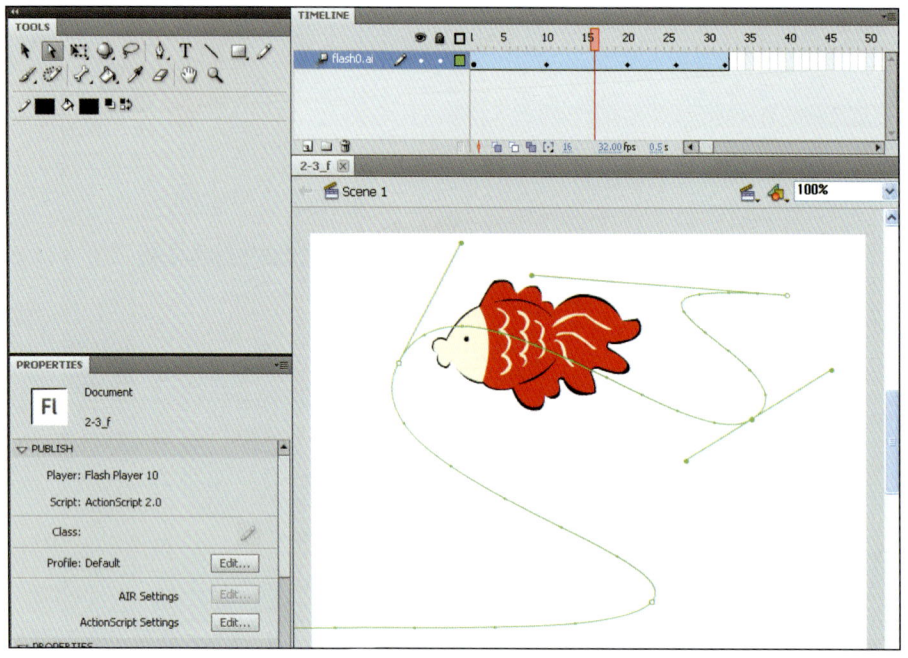

⑤ Crtl + Enter 를 눌러 Test Movie를 하면 물고기의 속도가 빠르다는 것을 느낄 수 있습니다. 속도를 늦추기 위해 그림과 같이 프레임의 마지막을 드래그하여 프레임수를 늘입니다.

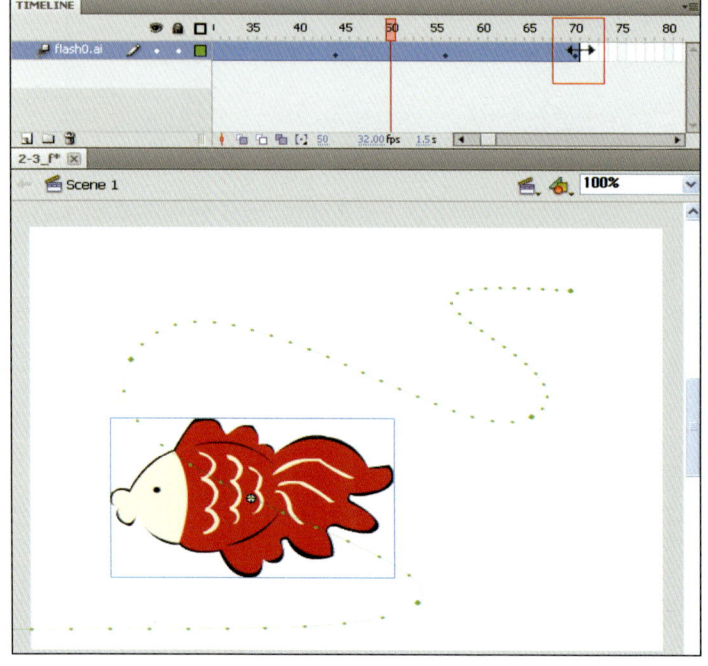

또한, 테스트 무비를 하면 무비창 안에서 무비가 시작되므로 갑자기 fish 심벌이 나타나 부자연스러움을 느낄 수 있습니다. ③에서 심벌을 워크에리어(Work Area)로 옮겼듯이 플레이헤드를 1프레임으로 가져간 후 선택도구(Select Tool)를 이용하여 심벌을 오른쪽의 워크에리어로 이동합니다.

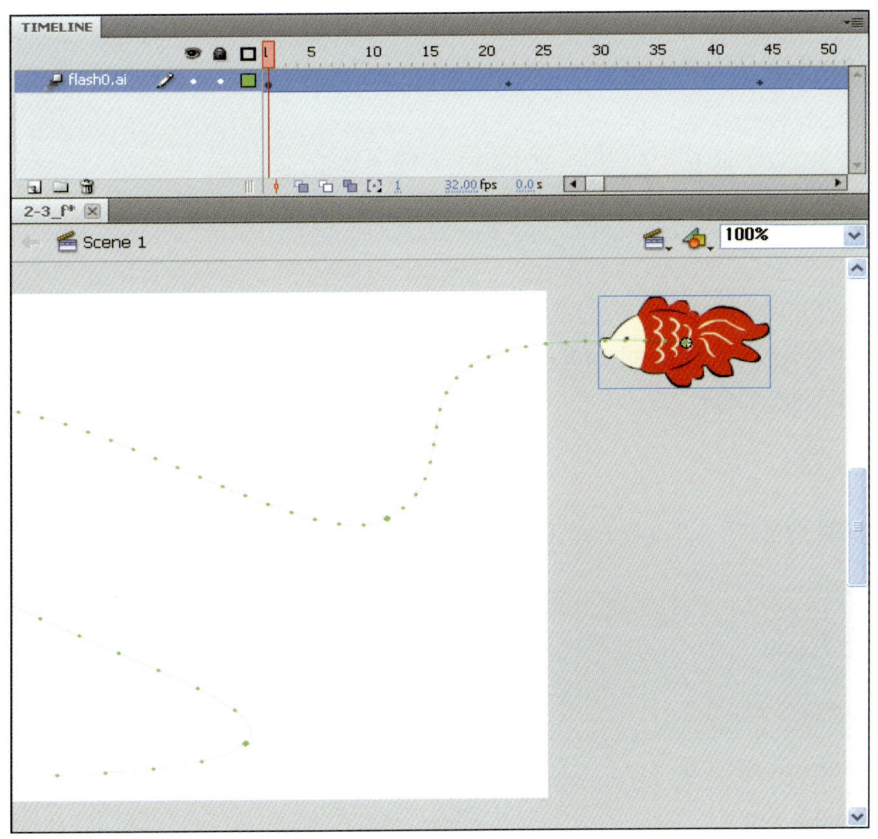

테스트 무비 Crtl + Enter 를 하면 창의 바깥에서 물고기가 서서히 들어와 다른 쪽의 창밖으로 사라지는 것을 알 수 있습니다. 이렇듯 워크에리어는 무비의 보이지 않는 부분으로 동선의 연장선이라 할 수 있습니다.

Practice 2-4

텍스트 애니메이션

실습파일 2-4.jpg

1 텍스트 애니메이션을 구현할 수 있다.
2 텍스트의 특성을 알고 레이어로 분리하여 클래식 모션트윈을 적용할 수 있다.
3 알파값을 주어 애니메이션에 변화를 줄 수 있다.

텍스트 애니메이션은 인터넷에서 배너 광고 등을 통해 흔히 볼 수 있습니다. 이러한 애니메이션들이 어떻게 제작되는지에 대해 예제를 통하여 익혀보겠습니다. 이번 예제는 주어진 파일을 열지 않고 새 파일을 만들어 무비의 크기를 설정하고 저장하기까지 하겠습니다.

 플래시 CS5를 실행시켜 ActionScript3.0을 선택하여 새로운 작업창을 엽니다.

❷ 스테이지의 크기는 속성(PROPERTIES) 패널의 size 설정부분에서 Edit를 눌러 다음 그림과 같이 가로 : 550px, 세로 : 250px로 설정합니다.

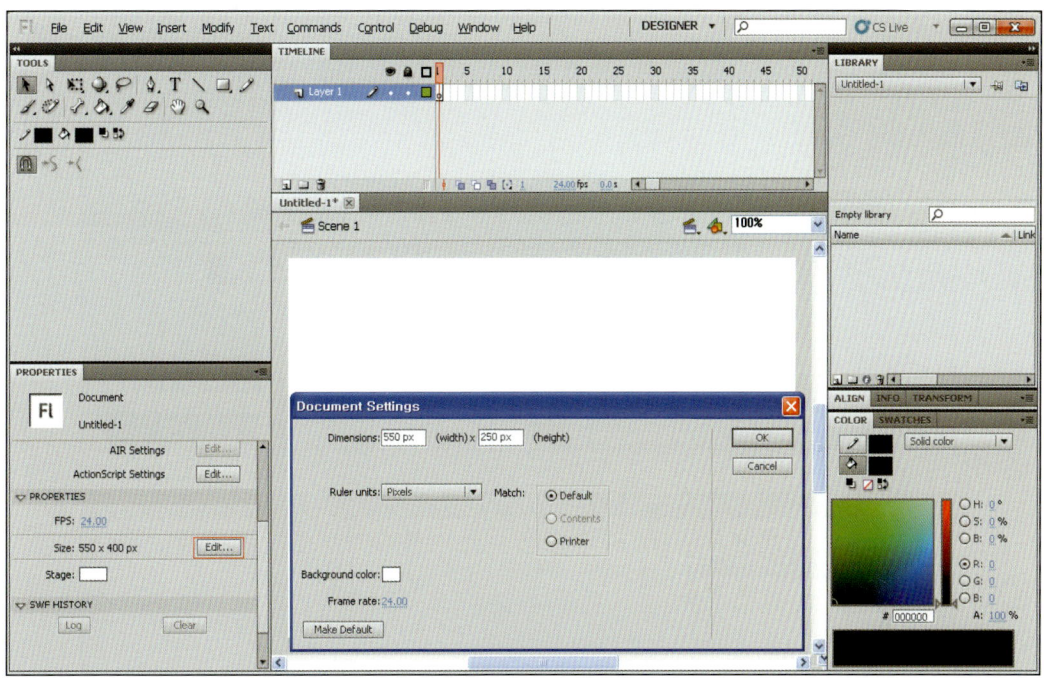

❸ 메뉴에서 [File-Import-Import to Stage...]를 선택하고 배경으로 사용할 비트맵 이미지(2-4.jpg)를 가져옵니다. 배경 레이어는 자물쇠 아이콘 아래를 클릭하여 움직이지 않도록 한 후, 새로운 레이어를 추가합니다.

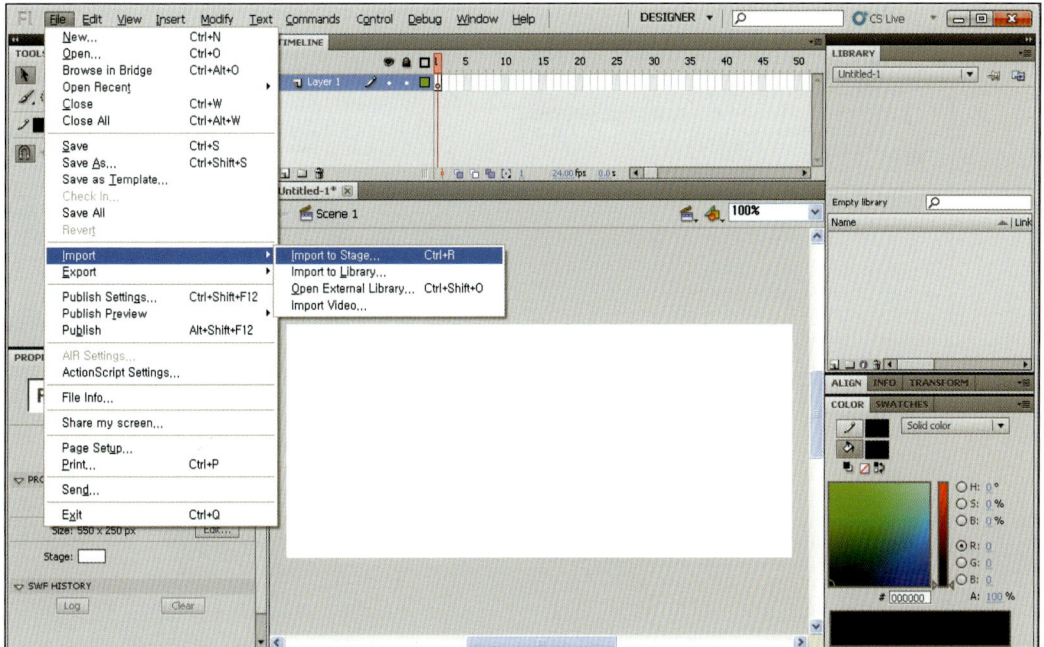

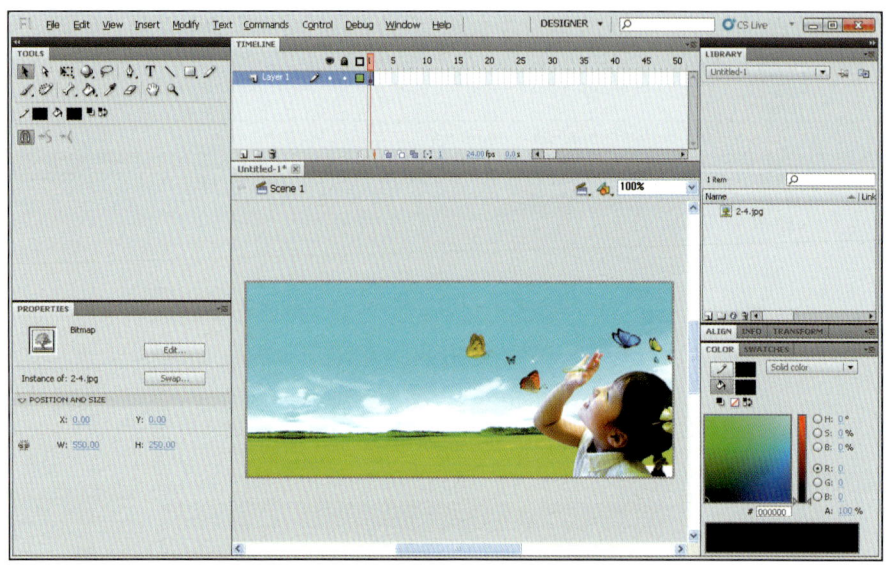

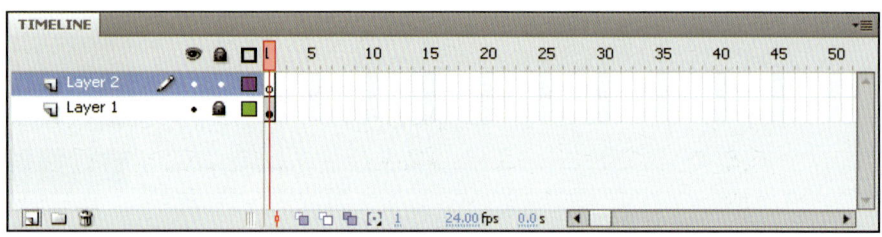

④ 툴박스의 텍스트도구(Text Tool)를 선택한 후, 애니메이션을 만들 글자(HOPE)를 입력하고 글꼴은 'Lucida Sans Unicode', 크기는 '56', 자간은 '9', 색상은 흰색으로 설정합니다.

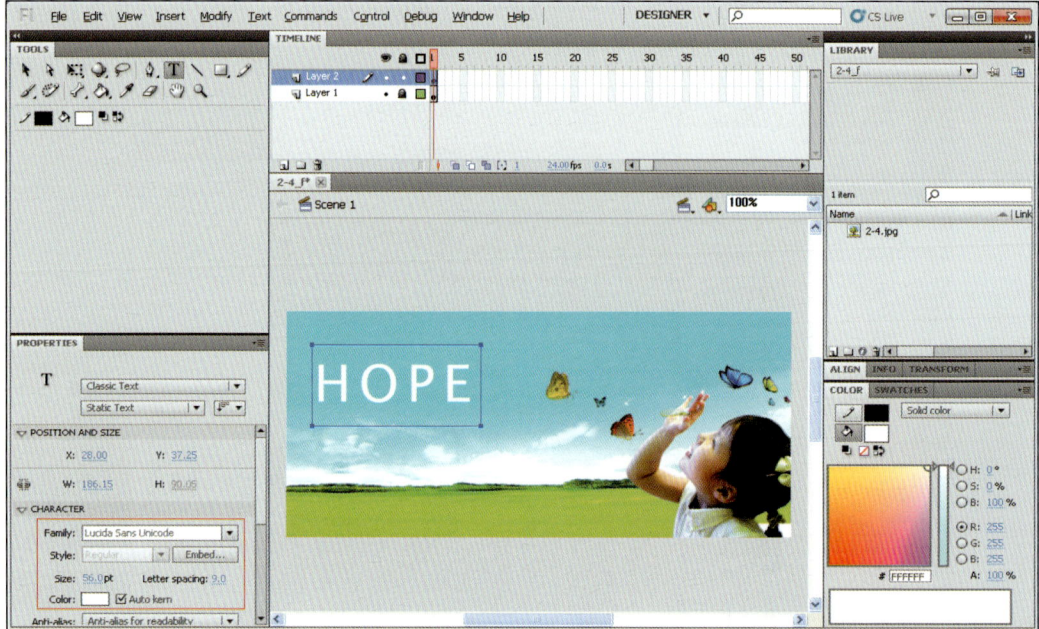

❺ 선택툴을 이용하여 텍스트를 선택한 후, 메뉴의 [Modify-Break Apart](단축키 Crtl+B)를 선택하여 텍스트를 한 글자씩 분리합니다.

❻ 메뉴의 [Modify-Timeline-Distribute to Layers](단축키 Crtl+Shift+D)를 누르면 분리된 글자가 한 글자씩 각각의 레이어로 흩어집니다.

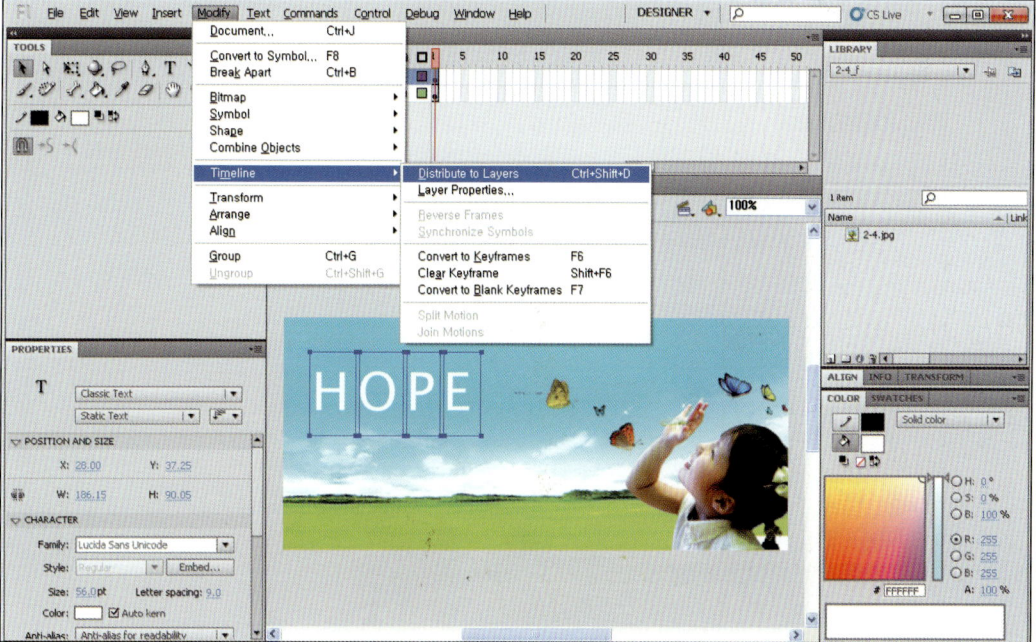

이 때, 글자의 이름으로 레이어 이름이 정해지며 모든 글자를 선택한 경우 빈 레이어가 생깁니다. 빈 레이어는 삭제합니다.

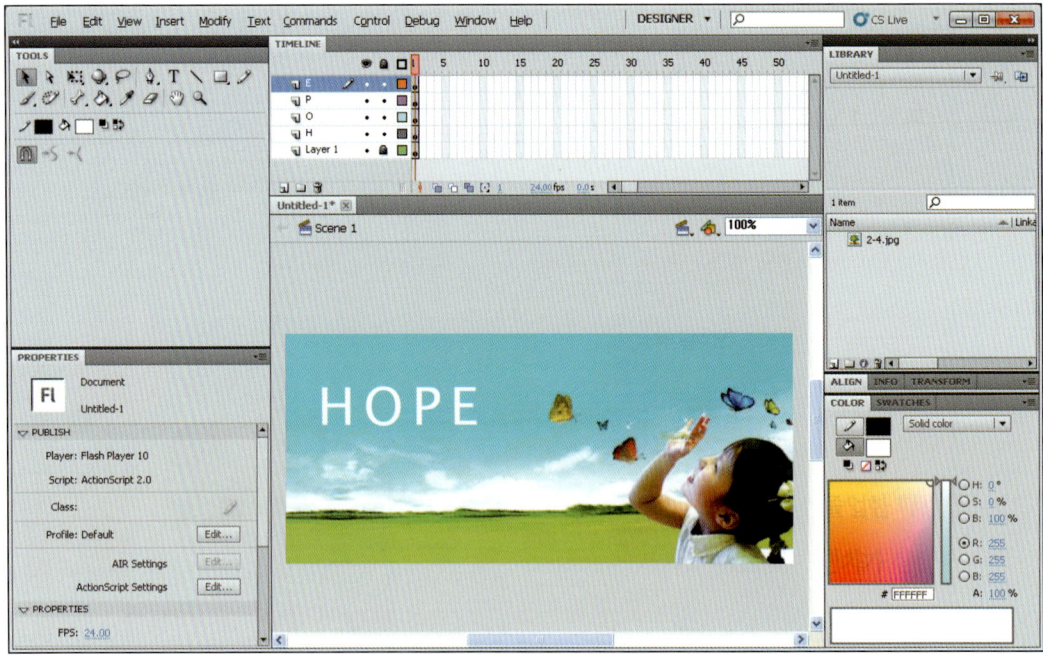

 선택도구(Select Tool)를 이용하여 한 글자씩 선택하여 각각의 글자를 심벌로 등록합니다. 먼저, 'H'를 선택하고 F8 을 누르면 그림과 같은 창이 뜹니다. Name을 'H'로 입력하고 그래픽심벌로 등록합니다.

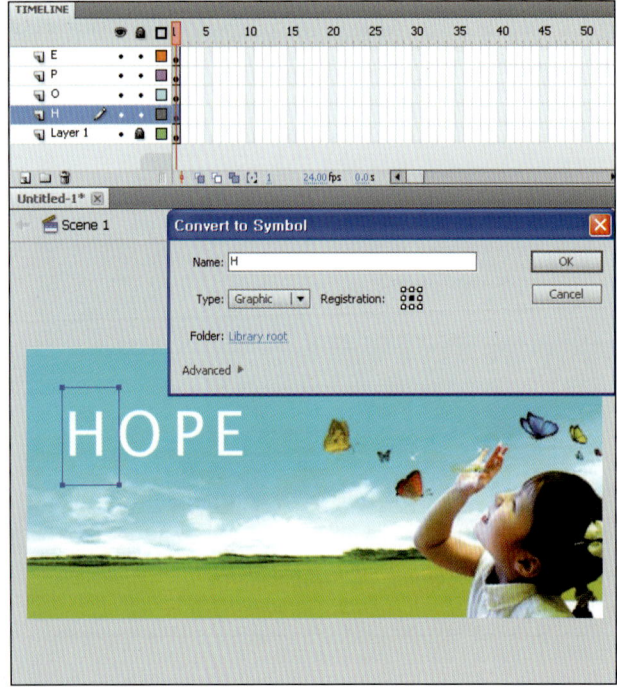

⑧ 나머지 글자들도 위와 같은 방법으로 심벌로 등록하면 라이브러리 패널에 등록되었음을 확인할 수 있습니다.

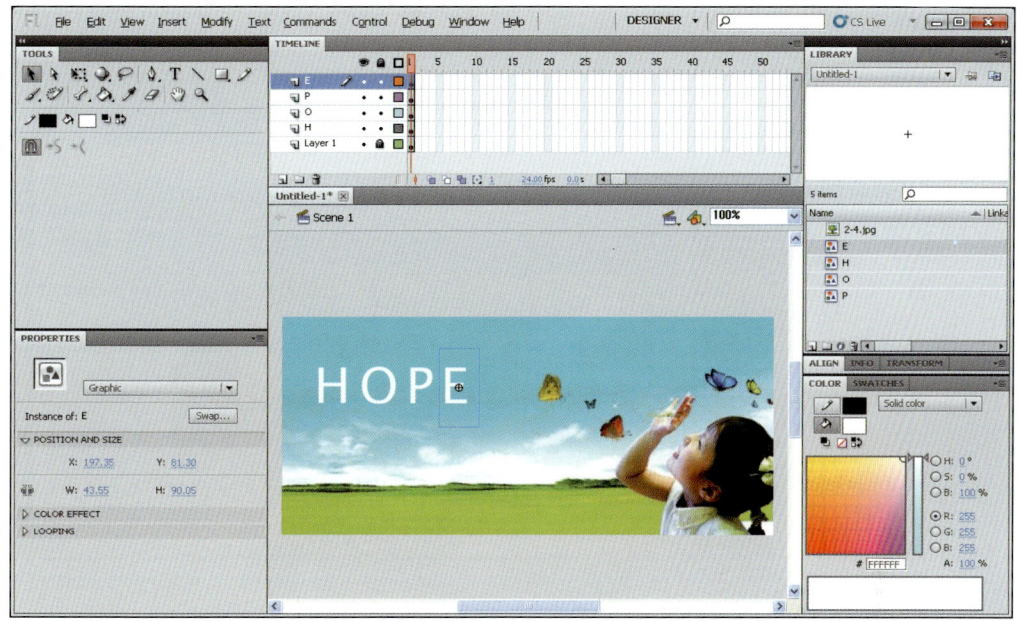

⑨ Layer1의 40프레임을 클릭하고 F5 를 눌러 프레임을 삽입합니다. 'HOPE' 글자가 있는 레이어의 15프레임을 세로로 드래그하여 선택한 후, Ctrl키를 누르고 20프레임을 세로로 선택, 40프레임도 같은 방법으로 세로로 드래그하여 선택하고 F6 을 누르면 한 번에 키프레임이 삽입됩니다.

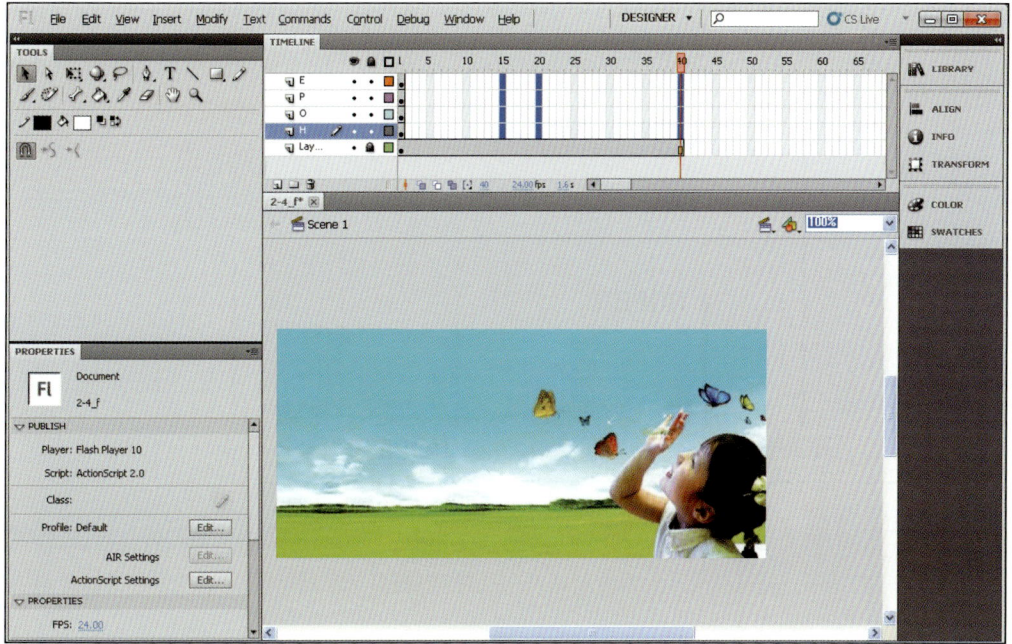

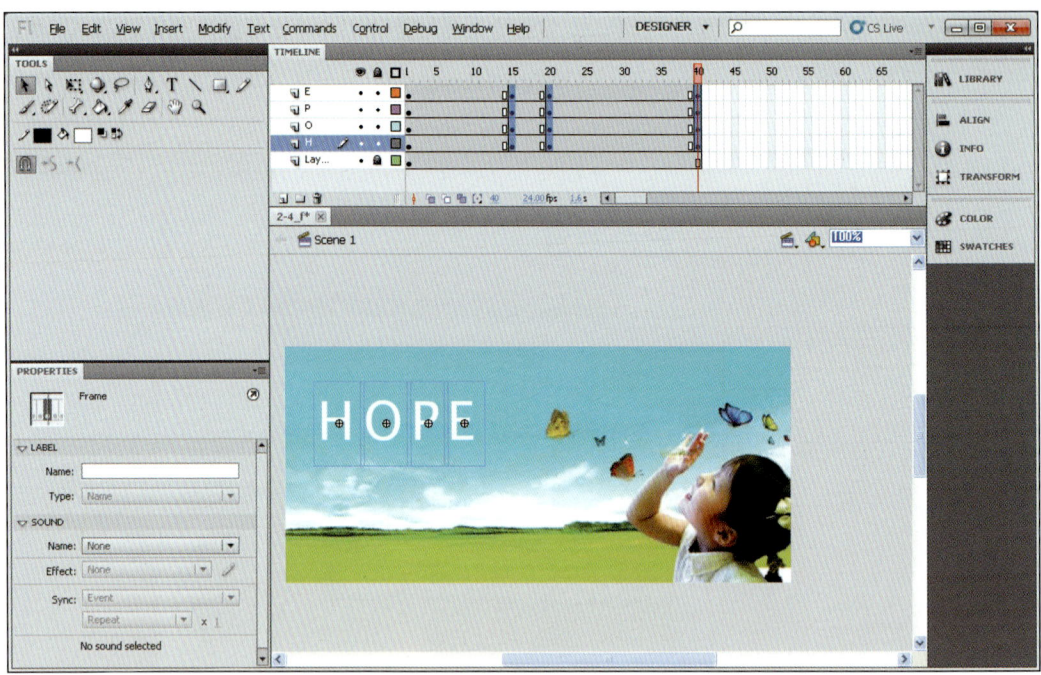

키 프레임을 각 글자마다 3개를 더 삽입하는 것은 미리 애니메이션을 어떻게 만들 것인가를 계획한 후 움직임의 전환점이 되는 곳에 키프레임을 삽입한다 생각하고 미리 예측해야 합니다.

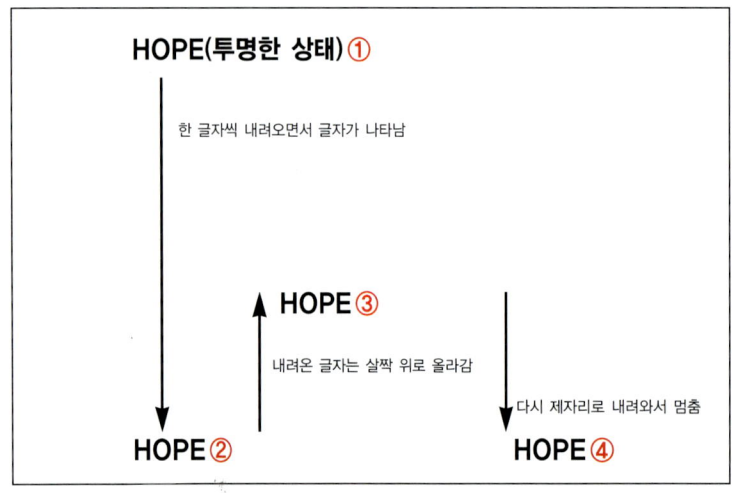

위의 그림과 같이 만들고자 하는 애니메이션은 4가지의 상태로 구분할 수 있습니다. 그러므로 키프레임은 4개가 필요하며, 처음 1프레임은 기본 상태가 있으므로 3개의 키프레임을 더 추가하여 작업을 하면 됩니다.

⑩ 플레이헤드를 1프레임으로 가져다놓고 선택툴을 이용해 스테이지의 글자 전체를 드래그하여 선택한 후, 위치를 스테이지의 위쪽으로 옮깁니다.

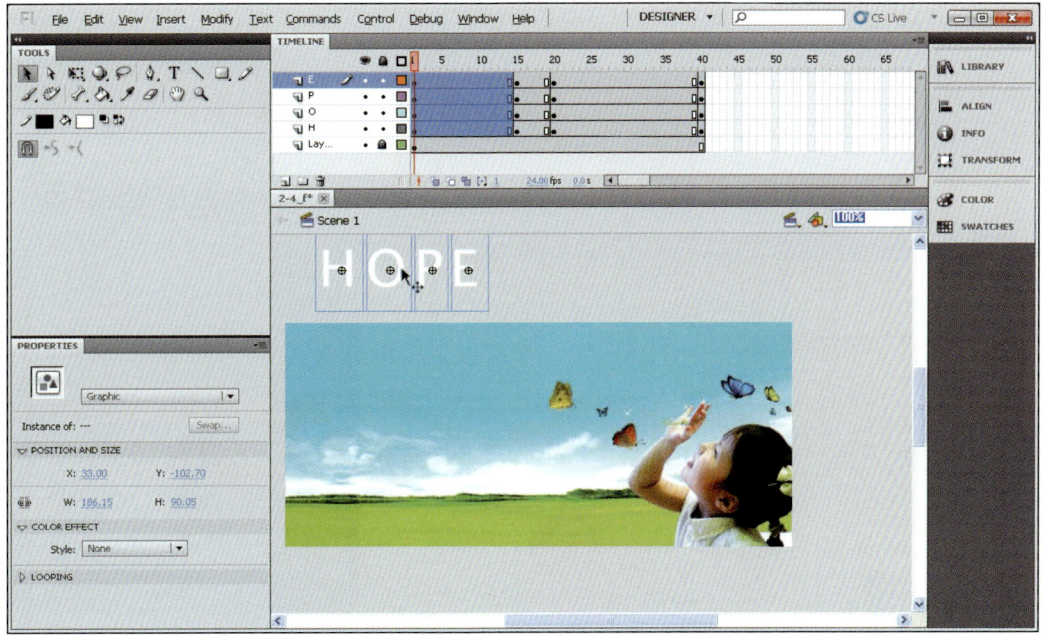

⑪ [Windows-Align](단축키 Crtl+K)을 눌러 Align패널을 열고 그림과 같이 설정하면 글자들이 한자리로 모입니다.

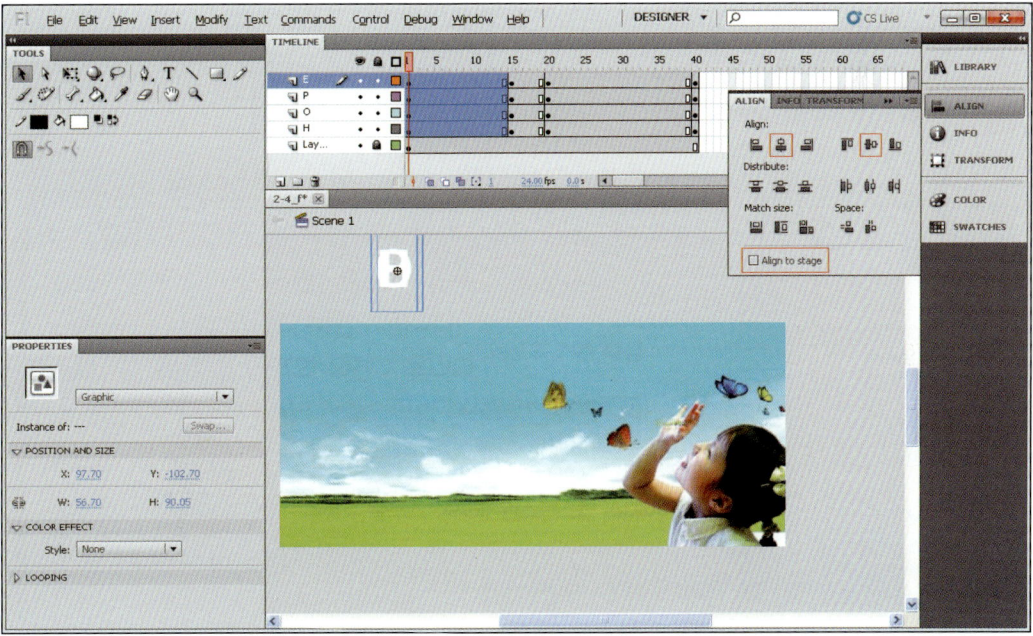

PROPERTIES 패널의 COLOR EFFECT의 Style을 alpha로 선택하고 값을 '0'으로 설정하면 글자가 투명해집니다.

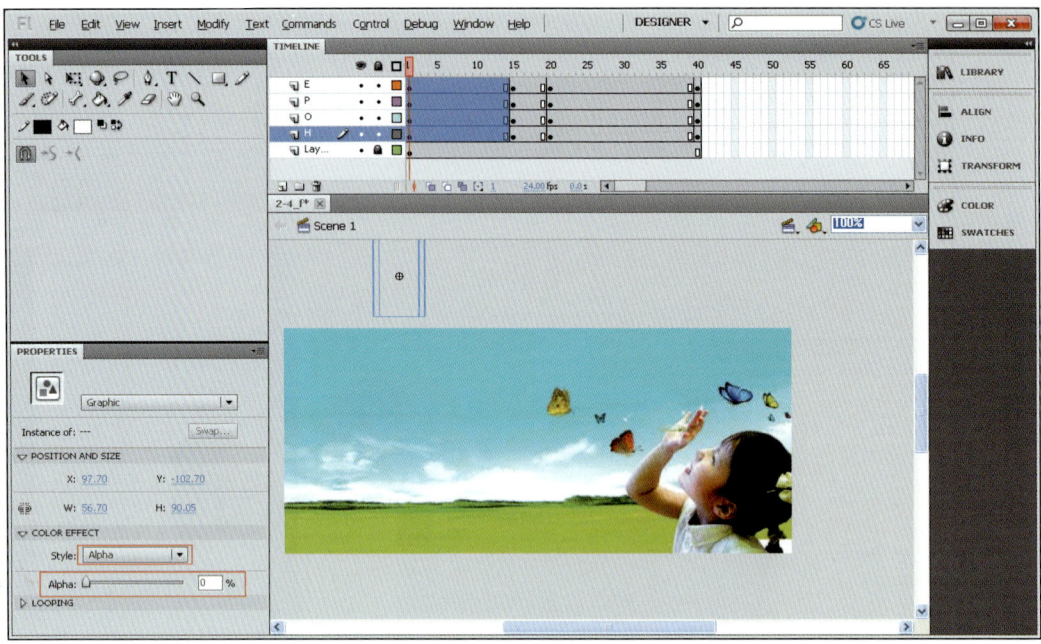

 플레이 헤드를 20프레임으로 옮기고 선택툴을 이용하여 글자 전체를 선택하고 속성(PROPERTIES) 패널의 POSITION AND SIZE에서 Y값을 25로 변경하여 글자의 위치를 위쪽으로 이동시킵니다.

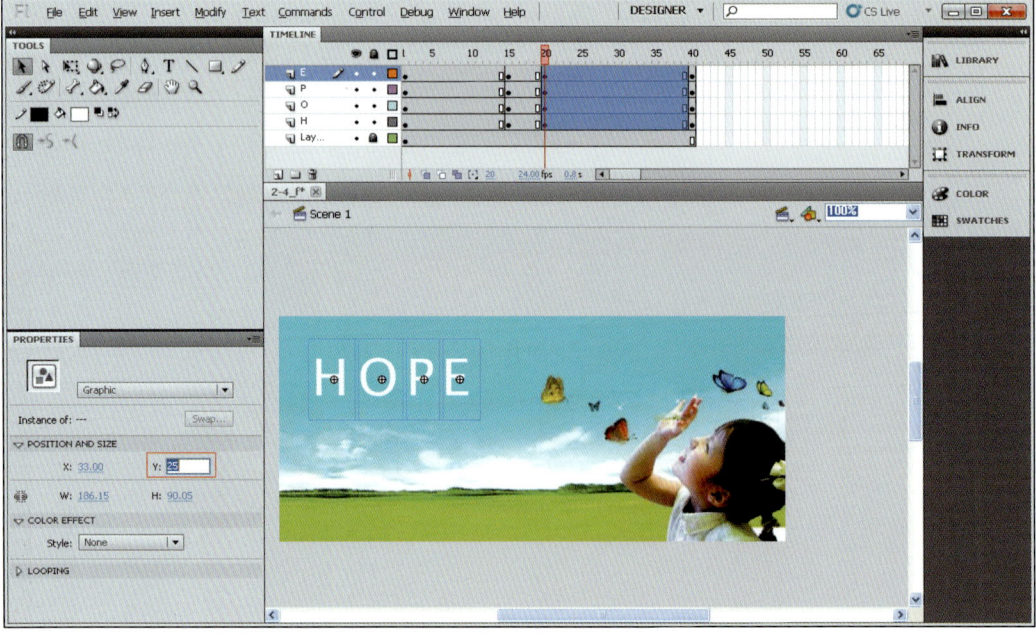

선택된 프레임은 빈 곳을 클릭하여 해제하고 그림과 같이 프레임의 중간을 드래그하여 선택한 후, 오른쪽 버튼을 누르면 단축메뉴가 나타납니다. 메뉴에서 [Create Classic Tween]을 선택합니다.

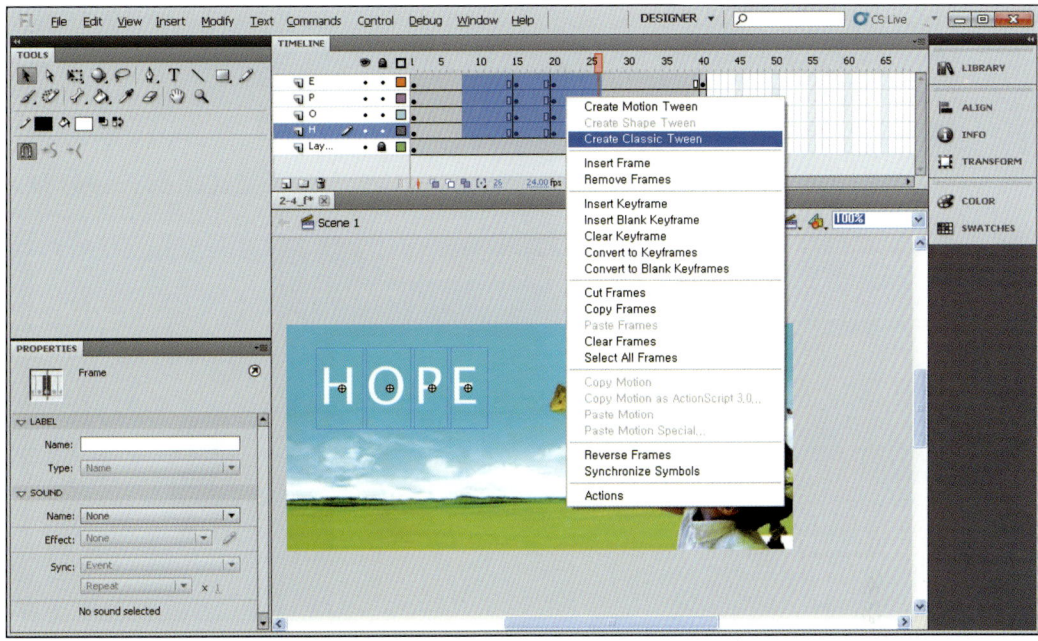

그림과 같이 모션 트윈이 적용된 것을 확인하고 테스트무비 Crtl+Enter 를 하면 모든 글자가 동시에 움직이는 것을 알 수 있습니다.

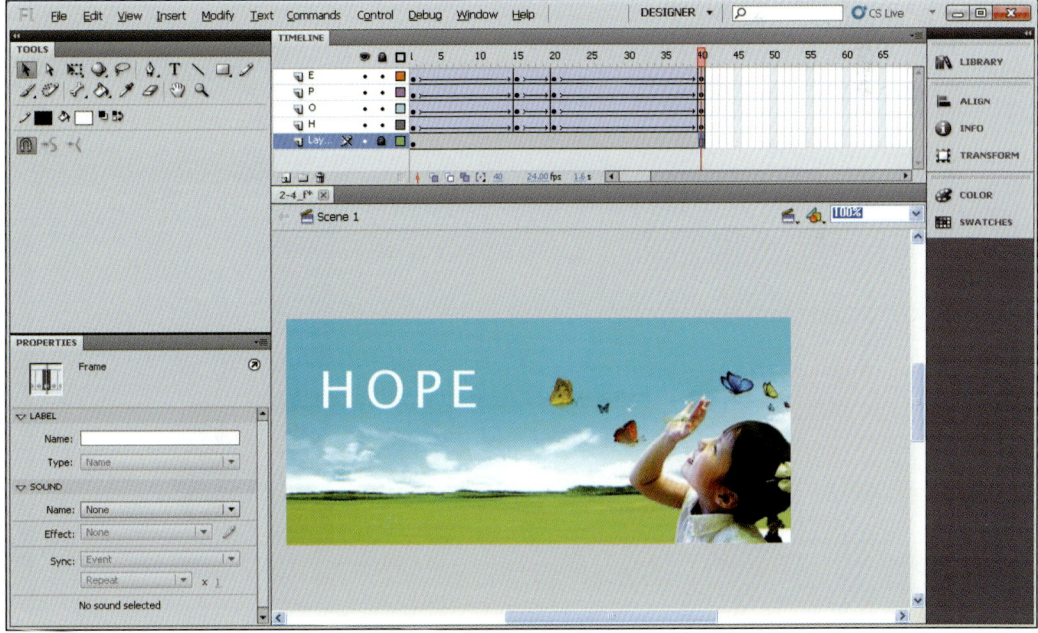

이번에는 한 글자씩 움직이도록 레이어를 이동해 보겠습니다.

PART 02 애니메이션 기초 **55**

그림과 같이 'OPE' 글자의 프레임 전체를 드래그하여 선택하여 15프레임까지 이동합니다.

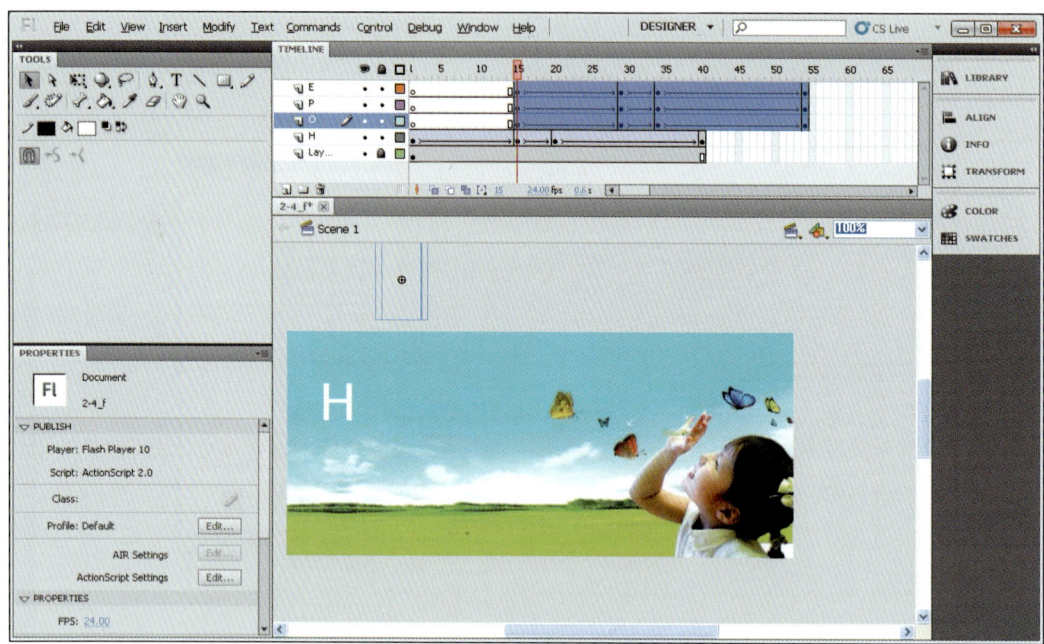

 다음은 'PE' 글자의 프레임 전체를 선택하고 드래그하여 29프레임까지 이동합니다.
마지막으로 'E' 글자의 프레임 전체를 선택하고 드래그하여 43프레임까지 이동합니다.

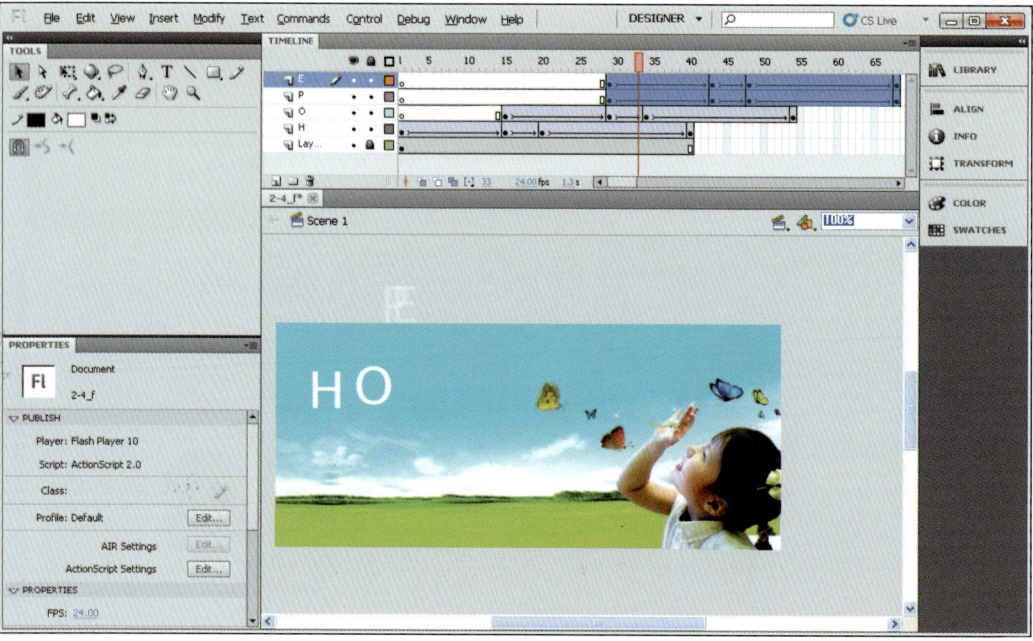

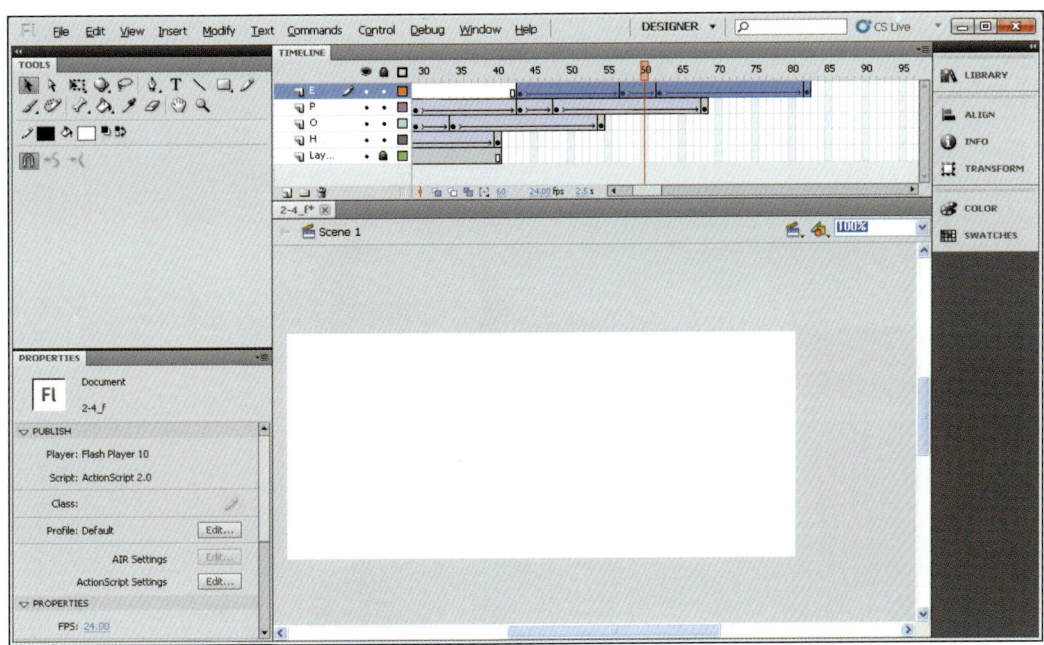

18 그림과 같이 레이어의 100프레임을 세로로 드래그하여 선택한 후, F5 를 눌러 프레임을 삽입합니다.

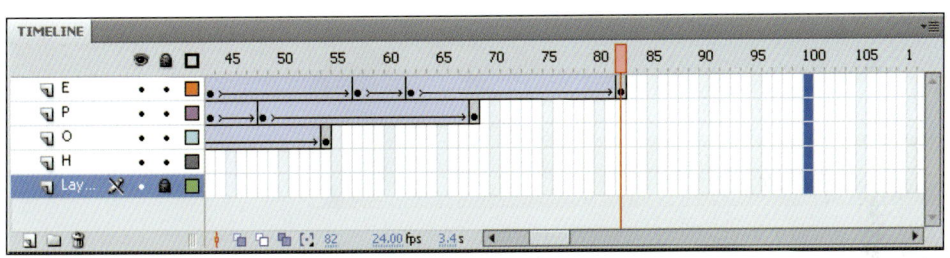

테스트 무비 `Crtl + Enter`를 하여 결과를 확인합니다.

정 리 하 기

Break Apart

단축키를 익혀 두도록 합니다. `Crtl + B` 오브젝트를 분해하는 기능을 합니다.

텍스트

Break Apart를 한 번 실행했을 때는 텍스트 본래의 속성을 가지고 있으면서 한 글자씩 분해가 됩니다.

Break Apart를 한 번 더 실행하면 텍스트 속성을 잃어버리고 셰이프 상태로 분해됩니다.

 **심벌**

Break Apart를 한 번 실행했을 때는 원래의 속성으로 돌아갑니다. 즉, 텍스트의 상태로 돌아갑니다. 한 번 더 실행하면 위의 과정과 같이 텍스트가 분해되고 다시 한 번 더 실행하면 셰이프로 분해됩니다.

Practice
2-5 셰이프 트윈을 이용한 애니메이션

실습파일 2-5.fla

1 셰이프트윈을 이용하여 애니메이션에 적용할 수 있다.
2 Align 패널의 사용법을 알고 활용할 수 있다.

구미호 영화에서 주인공이 구미호로 서서히 변하는 것을 본 경험이 있을 것입니다. 이 때 영화에서 모양이 서서히 변하도록 하는 기법을 몰핑효과라고 합니다. 셰이프트윈은 이러한 몰핑 효과를 나타낼 수 있는 플래시 애니메이션의 한 방법입니다.

물론, 영화만큼 세밀하게 표현되지는 않지만 모양이나 색상의 변화를 자연스럽게 바꿀 수 있습니다. 셰이프트윈은 모션트윈과 비슷한 방법으로 적용되지만, 오브젝트의 상태는 반드시 분해된 상태여야 하며, 시작 프레임과 마지막 프레임의 오브젝트가 동일하지 않아도 된다는 특징을 가지고 있습니다.

 실습파일 2-5.fla를 연 후, Layer1의 40프레임에 키프레임 F6 을 삽입합니다.

② 플레이헤드를 1프레임으로 옮긴 후 스테이지의 오브젝트를 지우고 테두리가 없는 원을 하나 그린 후 선택도구(Select Tool)를 이용하여 원을 선택하고 Crtl 키를 누른 상태에서 오른쪽으로 이동하면 원이 하나 더 복사됩니다. 반복하여 5개의 원이 되도록 합니다.

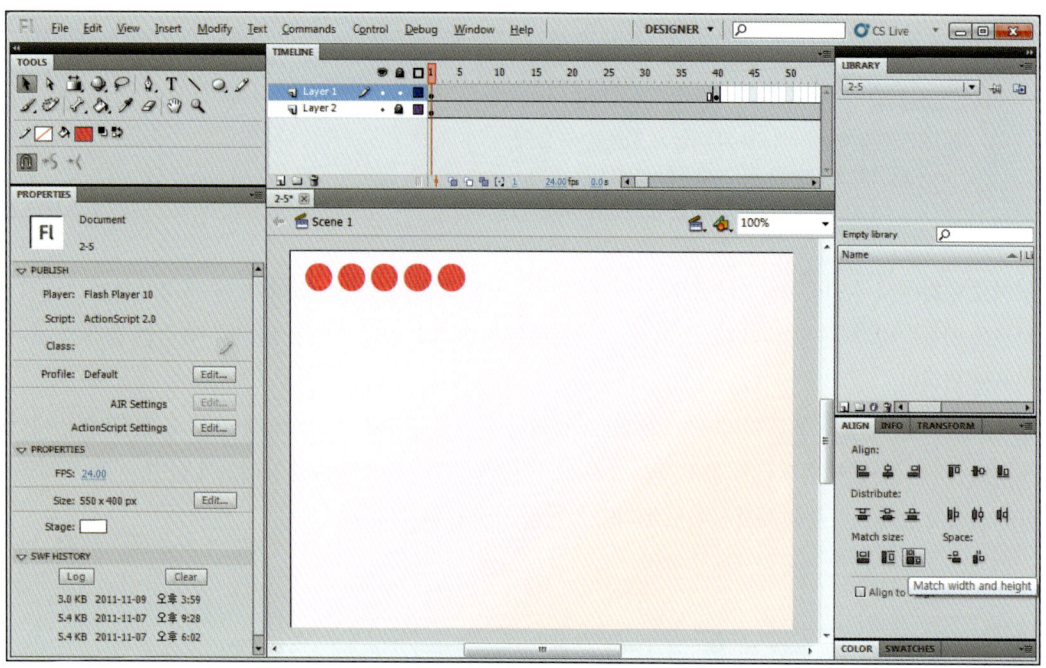

③ Layer1의 프레임 가운데에서 마우스 오른쪽 버튼을 클릭하고 [Create Shape Tween]을 선택합니다.

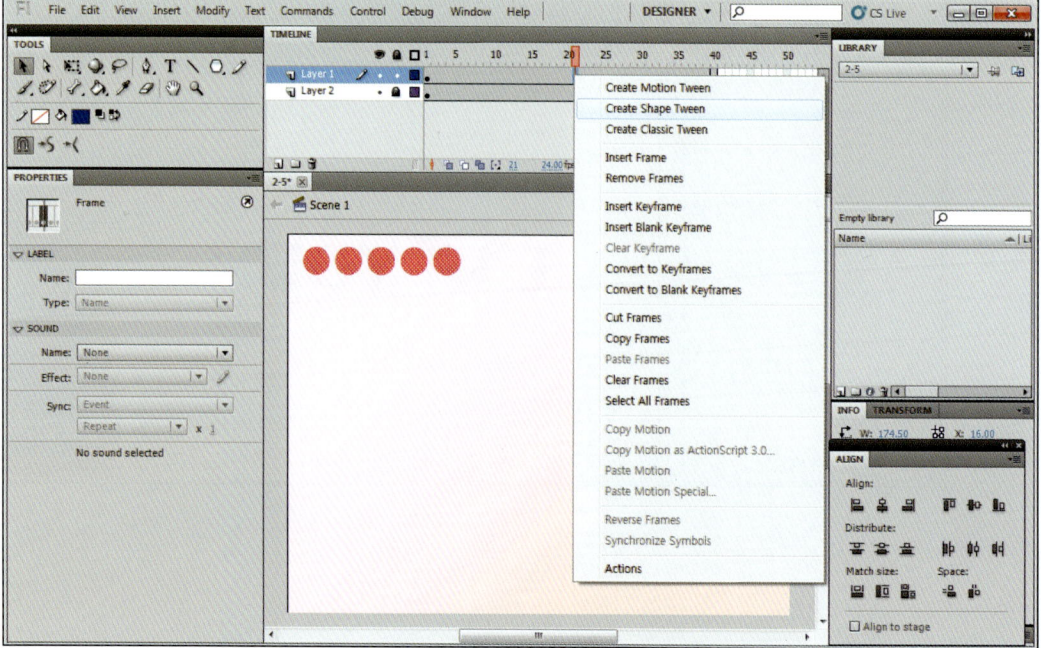

④ 셰이프트윈이 적용되어 중간 과정이 보일 것입니다. 연속하여 다른 모양으로 바뀌도록 하기 위해 50, 75프레임에 키프레임 F6 을 추가합니다.

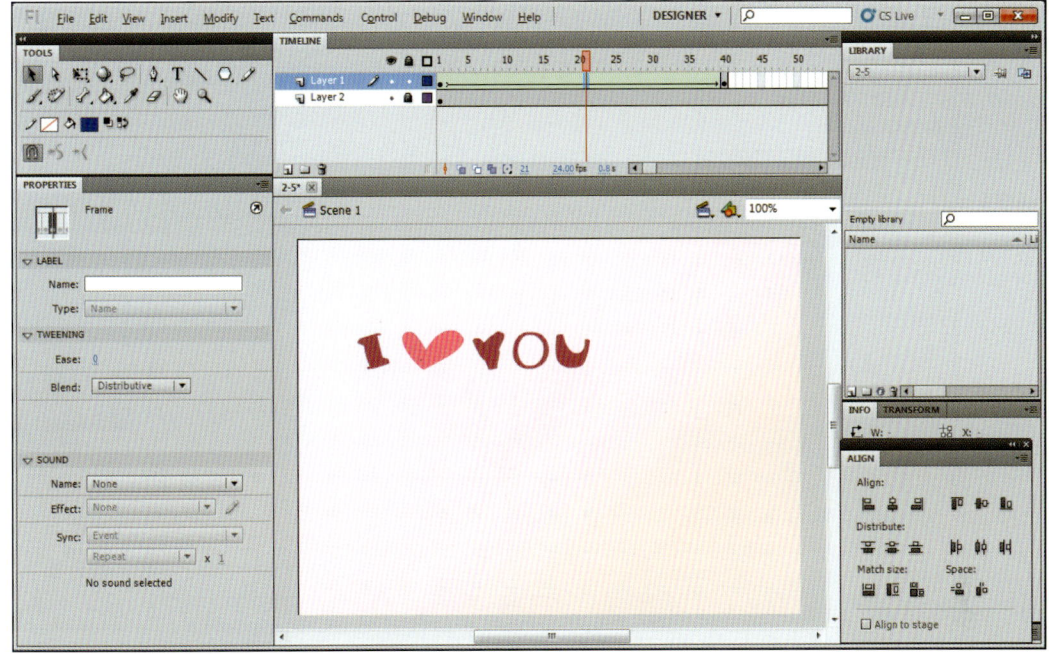

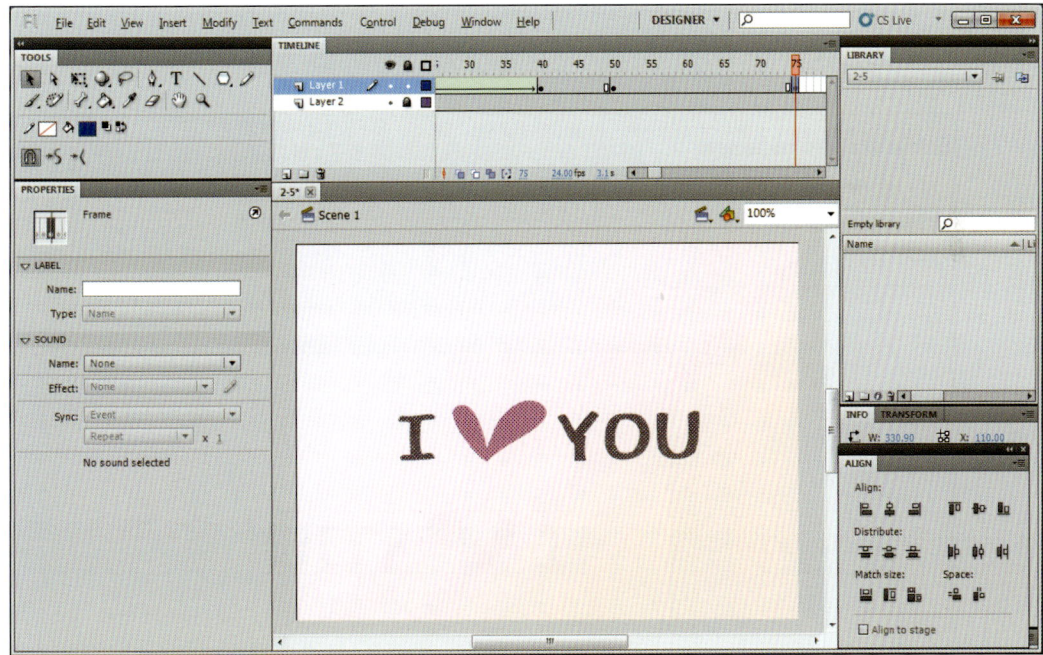

5 75프레임에서 알파벳(I,YOU)은 지우고 하트의 크기는 크게 변경합니다.

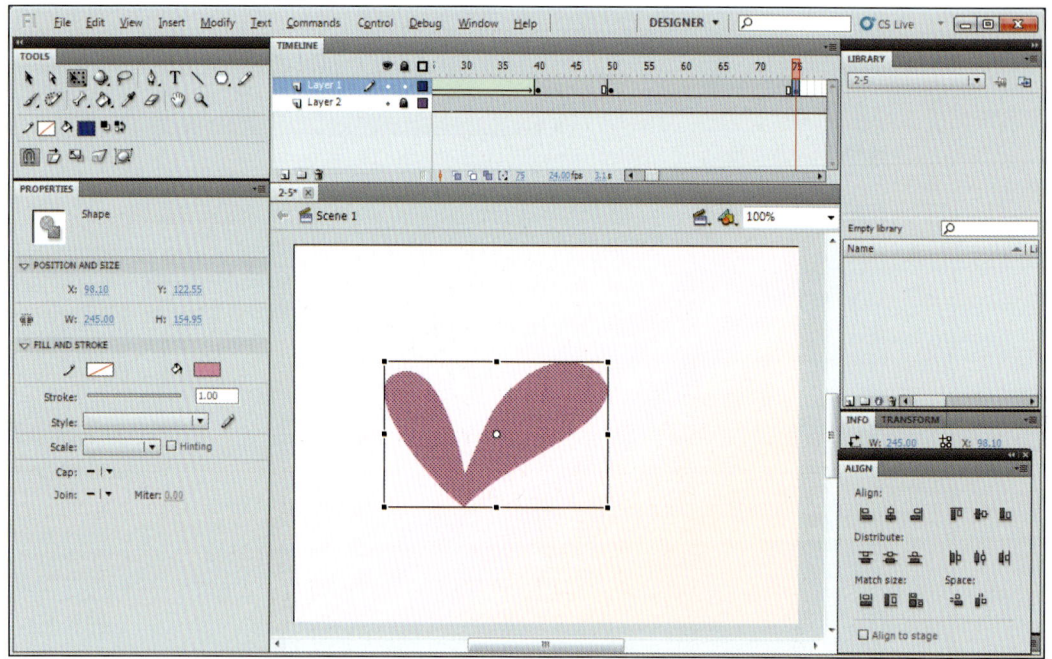

6 50프레임과 75프레임 사이에 [Create Shape Tween]을 적용합니다.

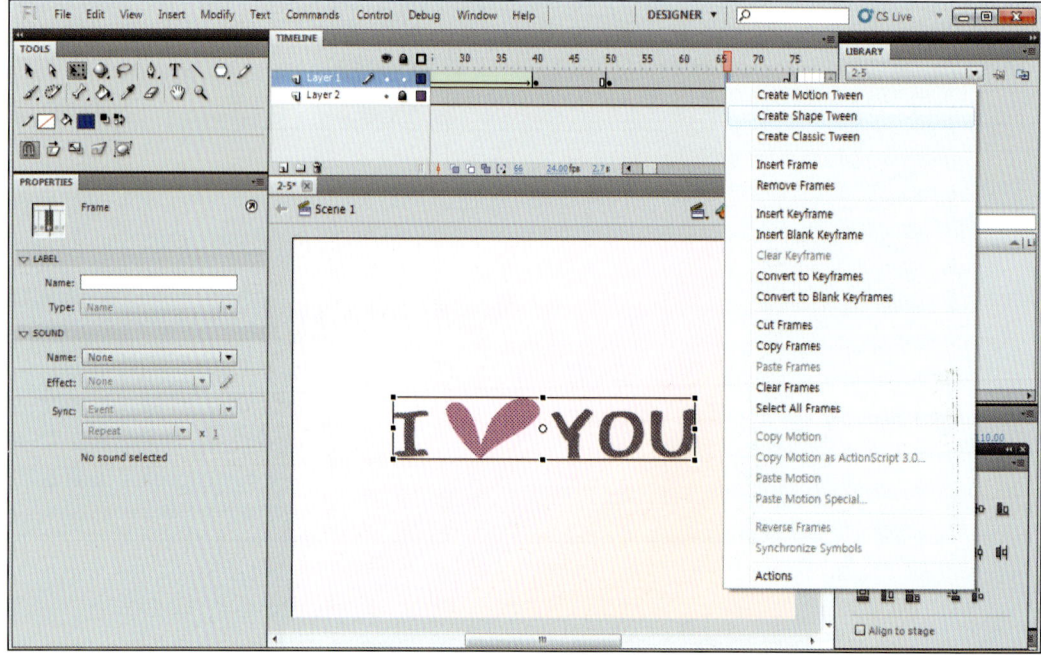

마지막 상태를 유지하기 위해 배경의 마지막 프레임과 같은 85프레임에 F5 를 눌러 프레임을 추가합니다.

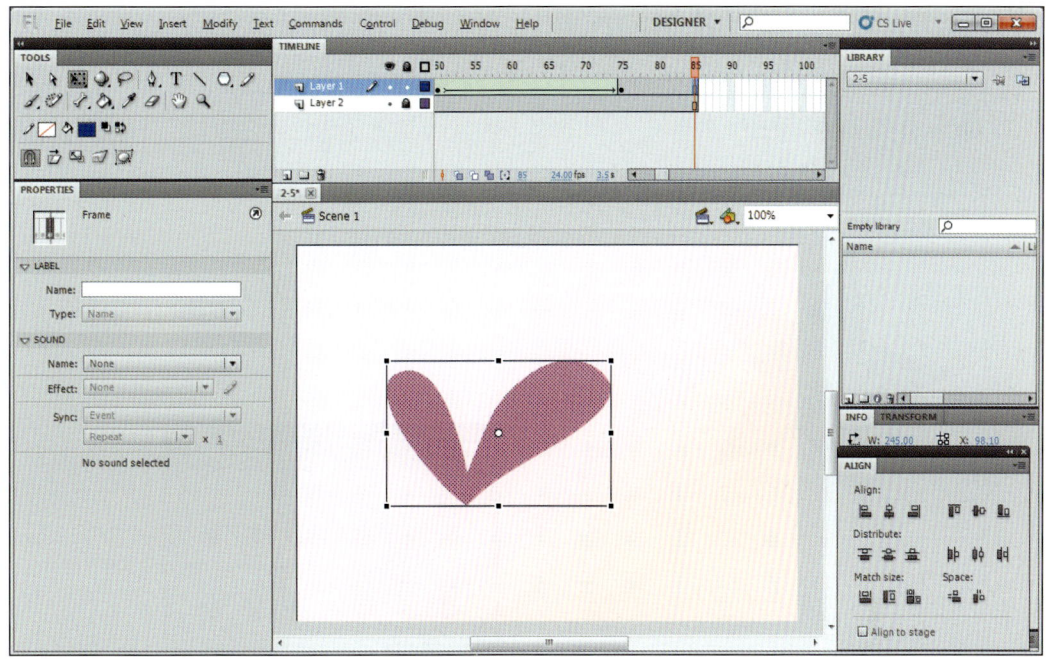

⑧ 테스트무비 Crtl + Enter 를 하여 서서히 변해가는 애니메이션을 확인할 수 있습니다.

정리하기

오브젝트 정렬(Align 패널)

스테이지의 중앙에 오브젝트를 배치하고자 할 때에는 해당 오브젝트를 선택 후, ALIGN패널의 Align to stage를 체크하고 수평, 수직 정렬 버튼을 누르면 중앙으로 오브젝트가 이동합니다.

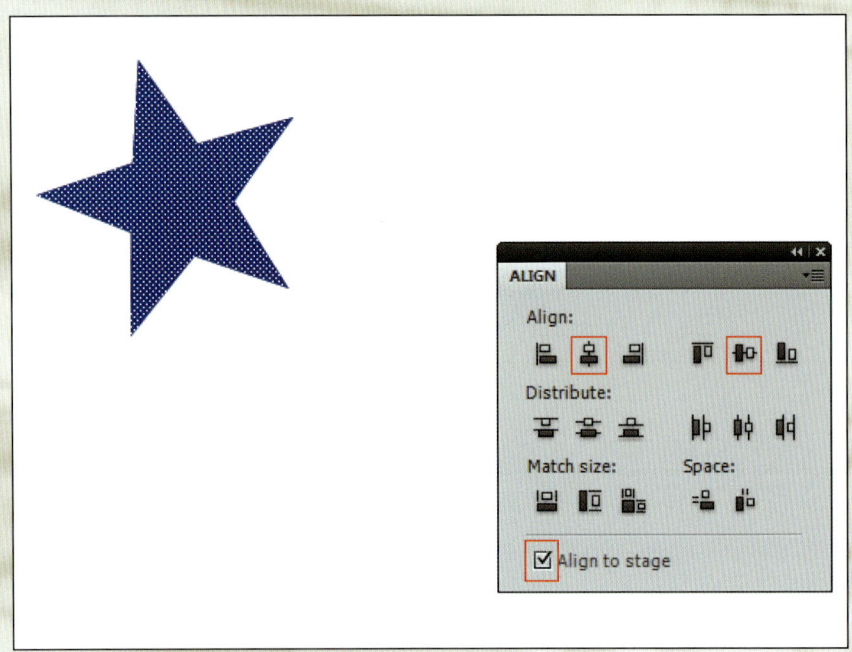

오브젝트 간의 정렬은 Align to stage의 체크를 해제하고 전체 오브젝트를 선택한 후 ALIGN패널의 정렬 버튼을 이용하면 됩니다.
그림에서 가로로 수평 정렬과 동일한 간격으로 배치되도록 해 보겠습니다.

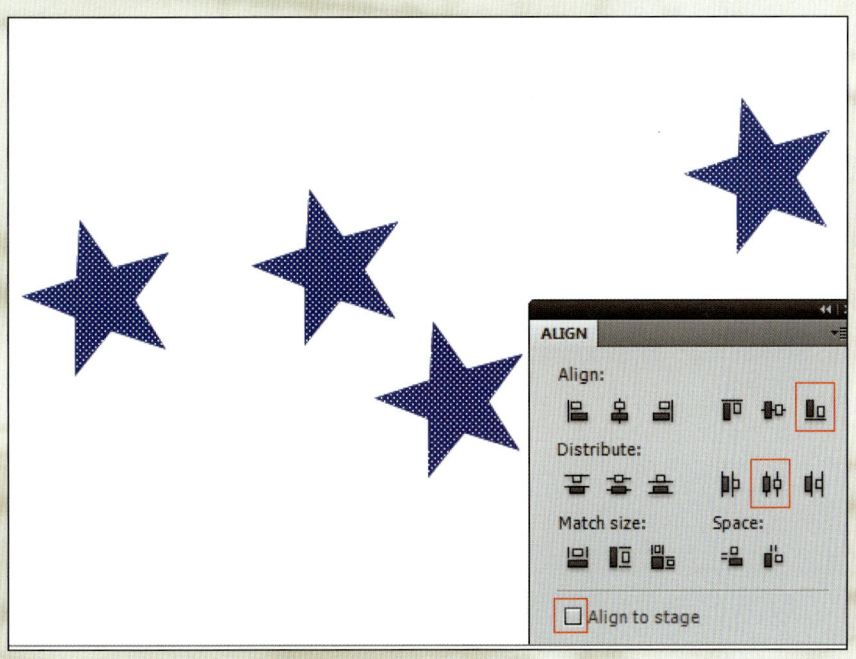

PART 03
애니메이션 활용

3-1 조명 효과(마스크 레이어와 모션 트윈 이용)
3-2 서서히 나타나는 글자(마스크 레이어와 셰이프 트윈 이용)
3-3 떨어지는 나뭇잎(클래식 모션 가이드 이용)
3-4 역기구학(IK) 애니메이션

Practice 3-1

조명 효과
(마스크 레이어와 모션 트윈 이용)

실습파일 3-1.fla

1. 마스크 레이어를 이해하고 적용할 수 있다.
2. 레이어의 유형을 알고 적용할 수 있다.

조명이 꺼진 연극 무대에 조명 하나만이 움직이면서 무대 위의 상황을 조명을 통해서 보여주도록 하는 효과를 표현하고 싶다면 마스크 레이어를 사용하면 됩니다.
다음의 예제를 통하여 마스크 레이어의 역할과 적용방법을 알아보도록 하겠습니다.

1 실습파일 3-1.fla를 연 후, 레이어를 추가하고 테두리가 없는 원을 하나 그립니다. 색상은 어떤 색이어도 상관없습니다.

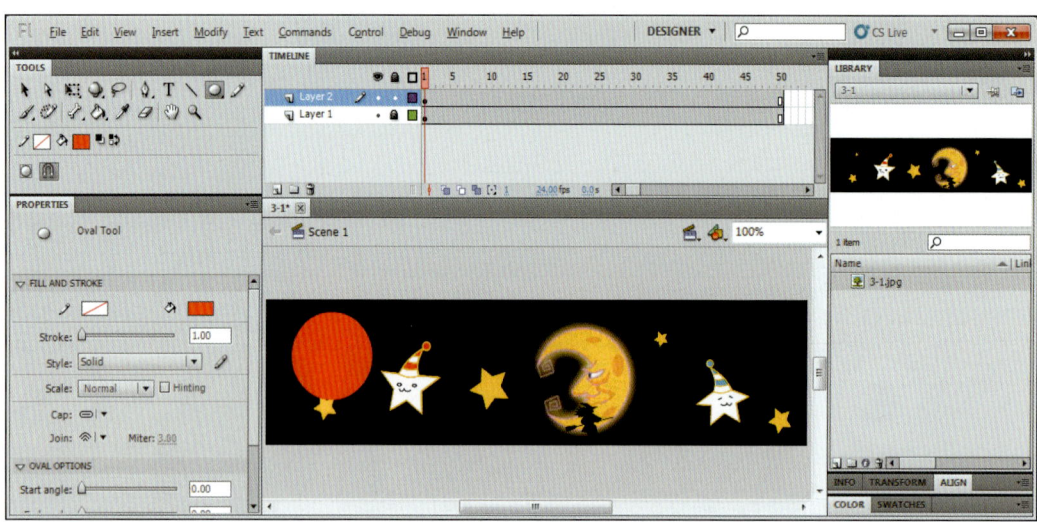

② 선택툴을 이용하여 그려진 원을 선택하고 F8 을 눌러 그래픽 심벌로 등록합니다.

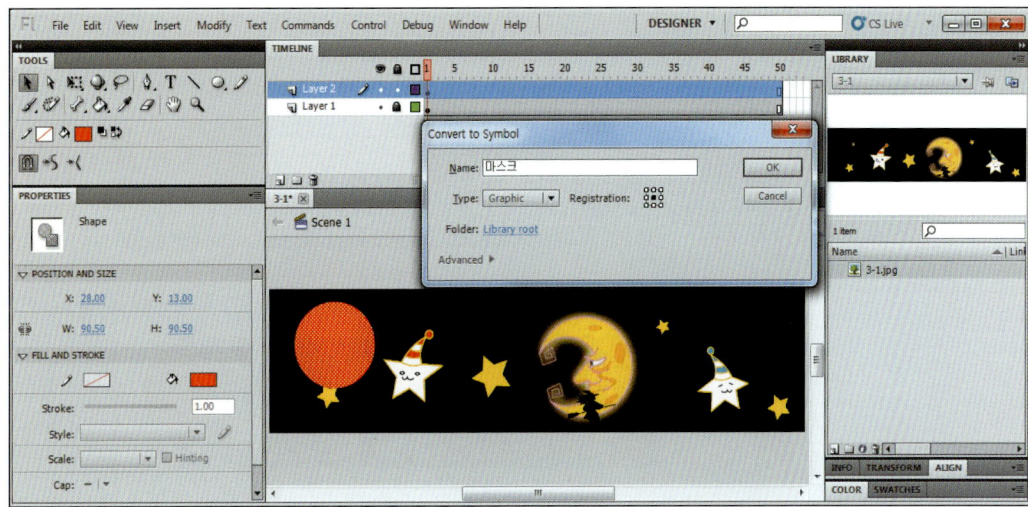

③ Layer2의 프레임에서 마우스 오른쪽 버튼을 누르면 나타나는 팝업메뉴에서 [Create Motion Tween]을 적용합니다.

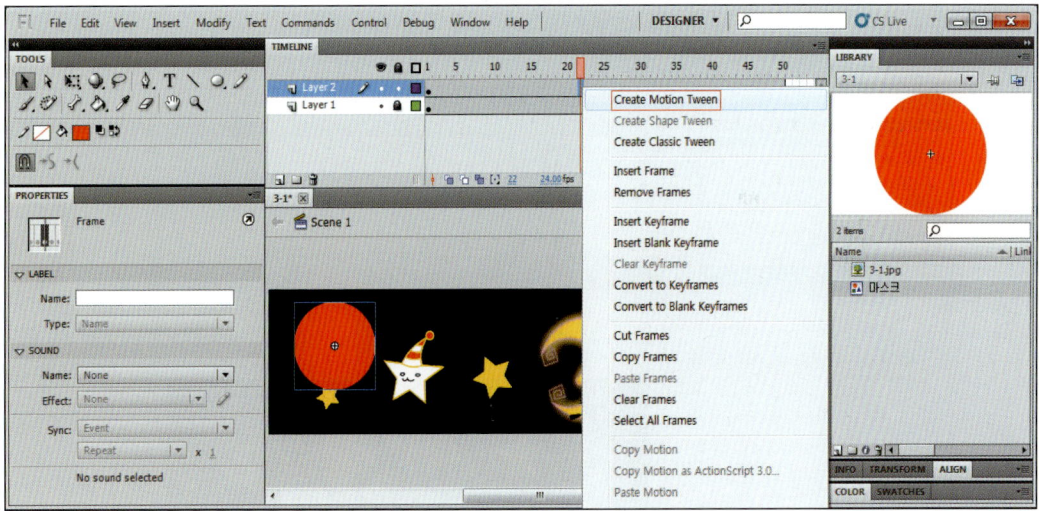

④ 모션 트윈이 적용되면 프레임의 색이 파란색으로 변해 있는 것을 확인할 수 있습니다. 플레이헤드를 마지막 프레임인 50프레임으로 옮기고 심벌을 오른쪽으로 이동하면 동선이 생기고 50프레임에 키프레임이 생깁니다.

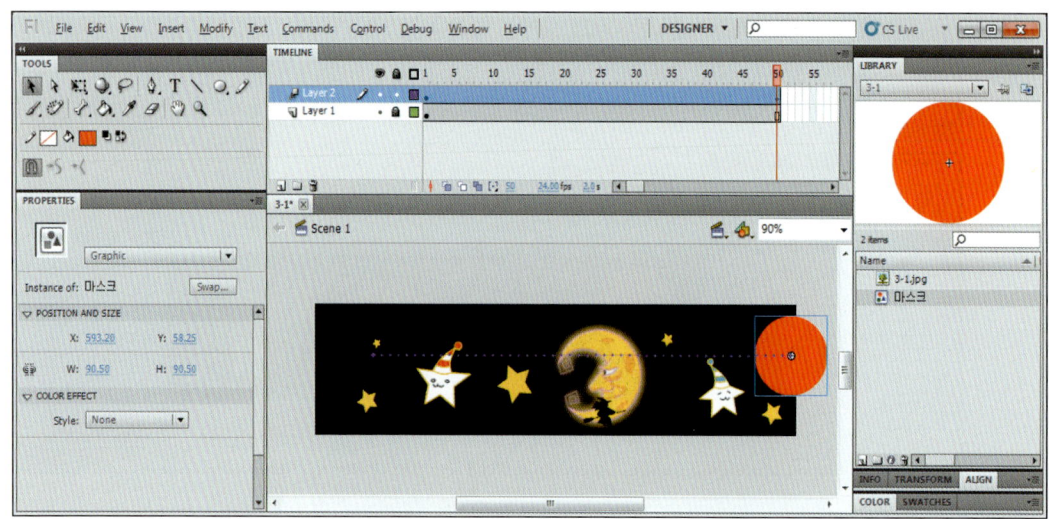

⑤ 플레이헤드를 타임라인의 중간에 가져다 놓고 심벌의 위치를 옮기면 키프레임이 추가됩니다.
방향이 전환되어야 할 위치에 플레이헤드를 이동하고 심벌을 옮겨가며 키프레임을 추가한 후 선택도구와 부분선택도구를 이용하여 동선을 조정하여 심벌(마스크)이 그림의 위를 자연스럽게 움직이도록 합니다.

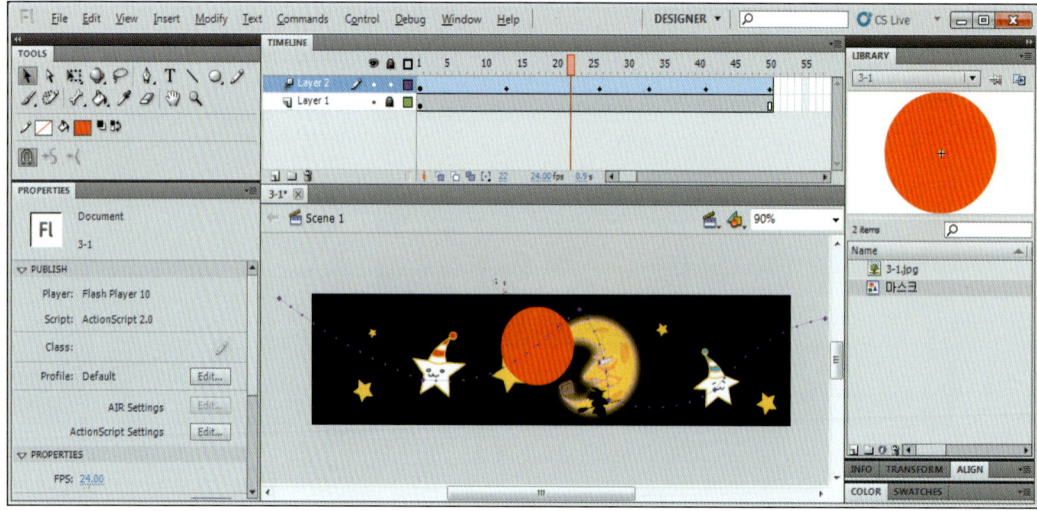

❻ 모션트윈이 적용된 레이어에서 오른쪽 버튼을 눌러 나타나는 팝업 메뉴의 [Mask]를 선택하면 해당 레이어가 마스크 레이어로 바뀌고 원의 크기만큼만 아래의 이미지가 보이는 것을 확인할 수 있습니다.

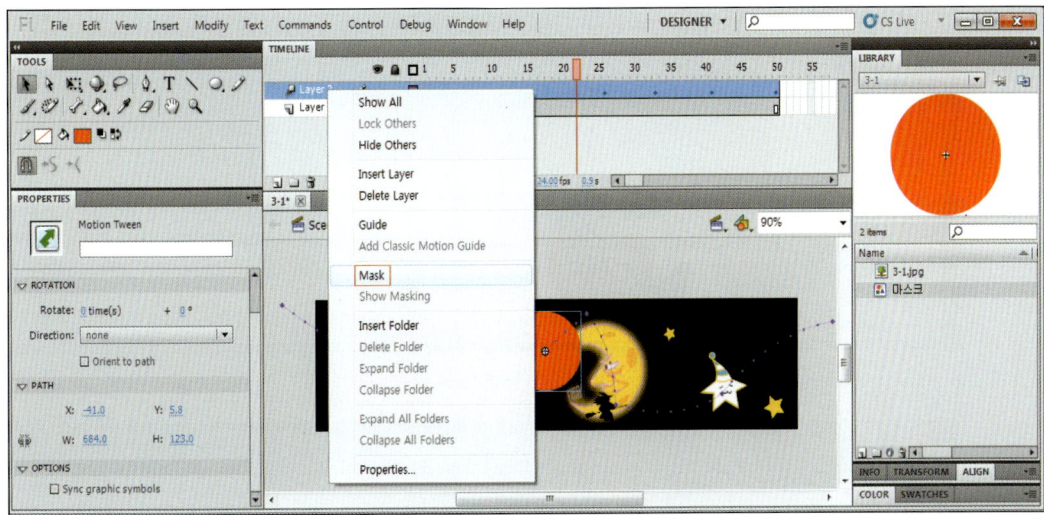

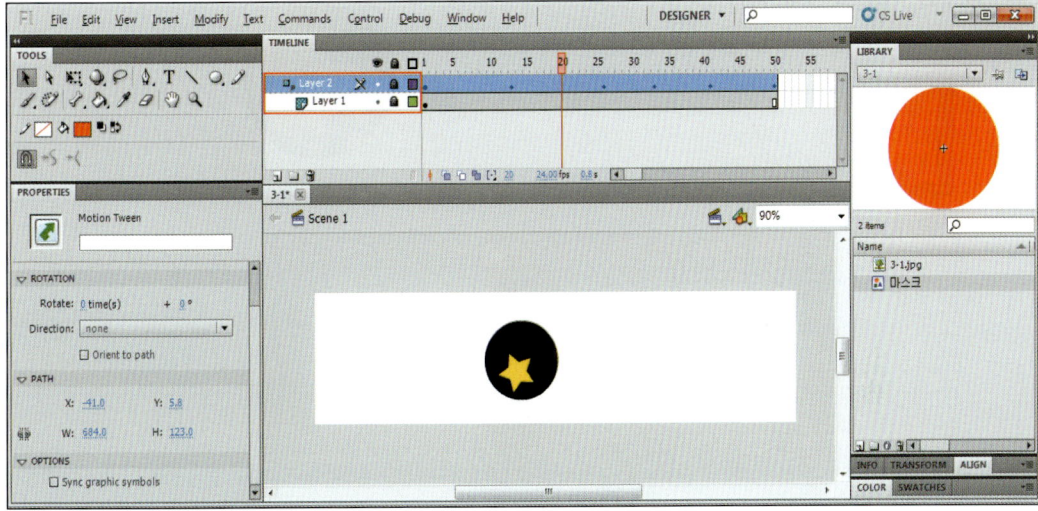

테스트 무비 Crtl + Enter 를 하여 결과를 확인합니다.

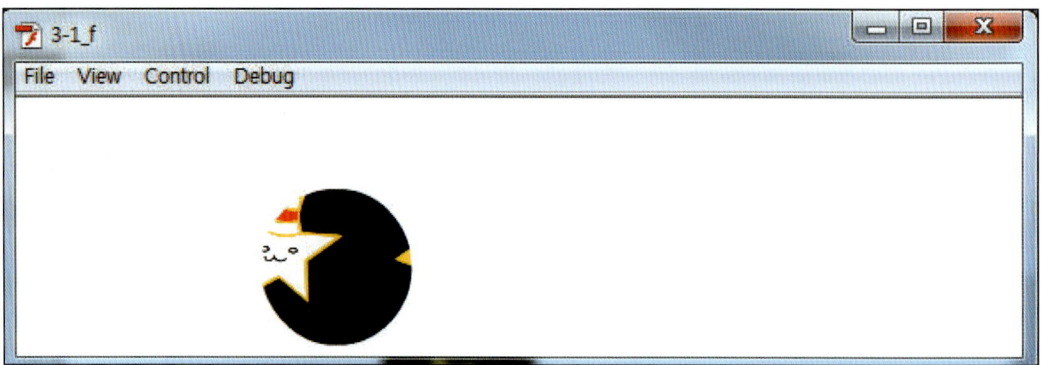

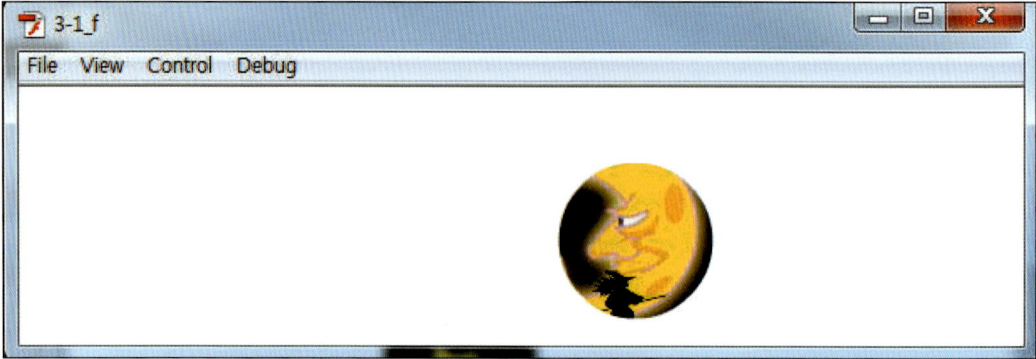

정리하기

레이어 속성

실습파일 **3-1_정리.fla**

그림에 세 개의 레이어가 있습니다. 배경과 마녀와 마스크로 사용될 도형을 각각 다른 레이어에 배치한 것입니다. 한 레이어에서 마우스 오른쪽 버튼을 누르고 나타나는 메뉴에서 [Properties] 를 선택하고 속성을 확인해 보겠습니다.

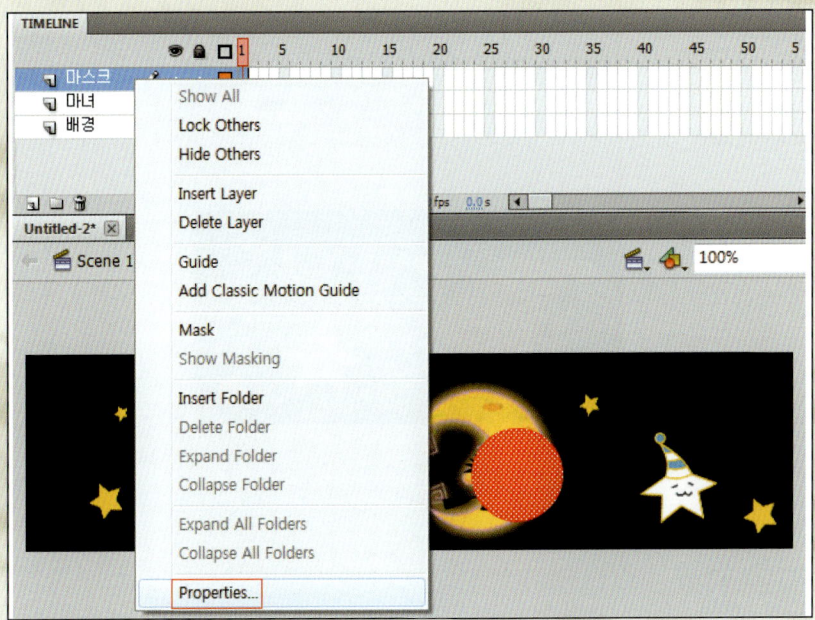

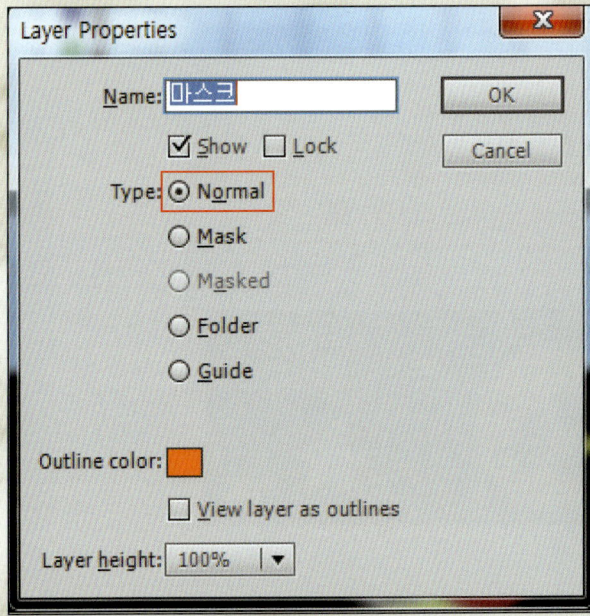

레이어의 Type이 Normal임을 확인할 수 있습니다.

마스크 레이어에서 오른쪽 버튼을 누르고 [Mask]를 선택하면 바로 아래의 레이어에 마스크가 적용됩니다.

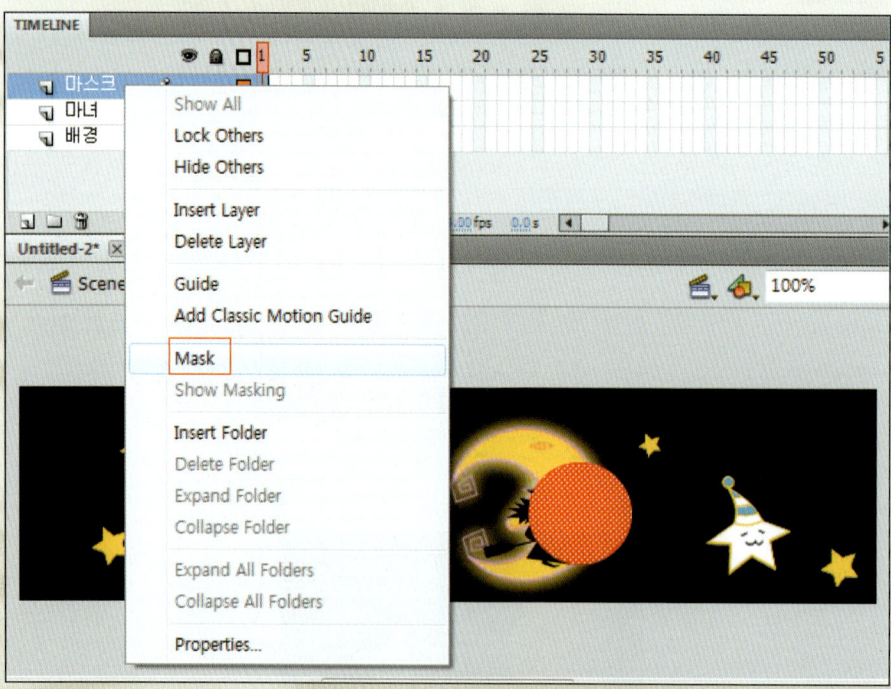

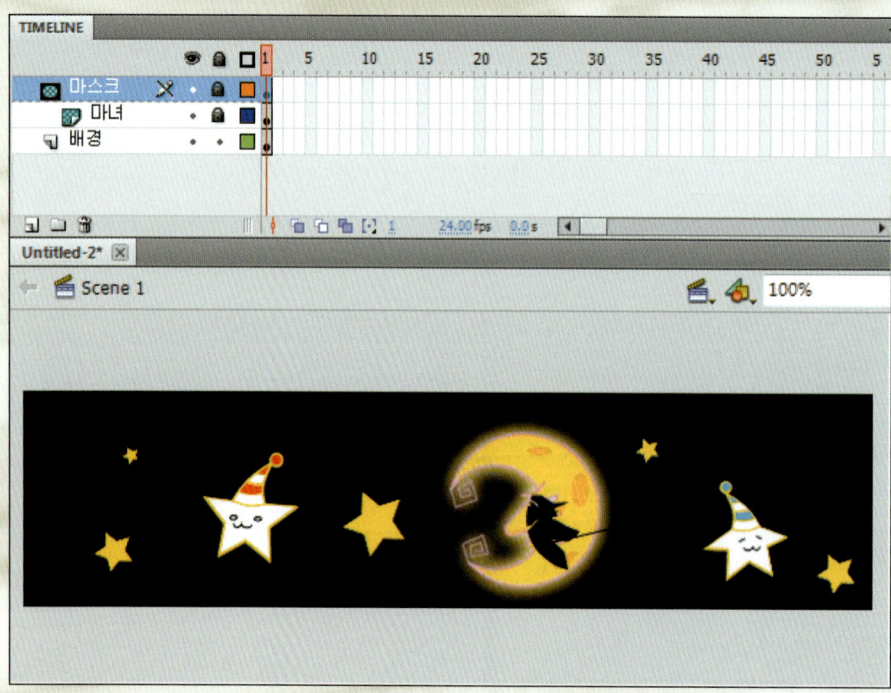

테스트무비 [Crtl + Enter]로 확인해 보면 마녀 레이어가 마스크에 의해 일부분만 보여지며 배경 레이어는 마스크의 적용을 받지 않아 그대로 보입니다.

다른 레이어도 마스크의 적용을 받도록 하려면 레이어의 Properties에서 Type를 Masked로 변경하면 됩니다.

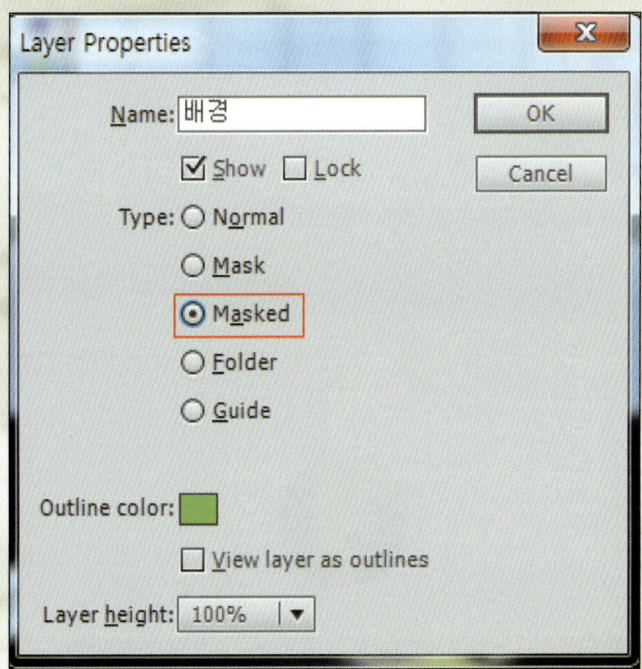

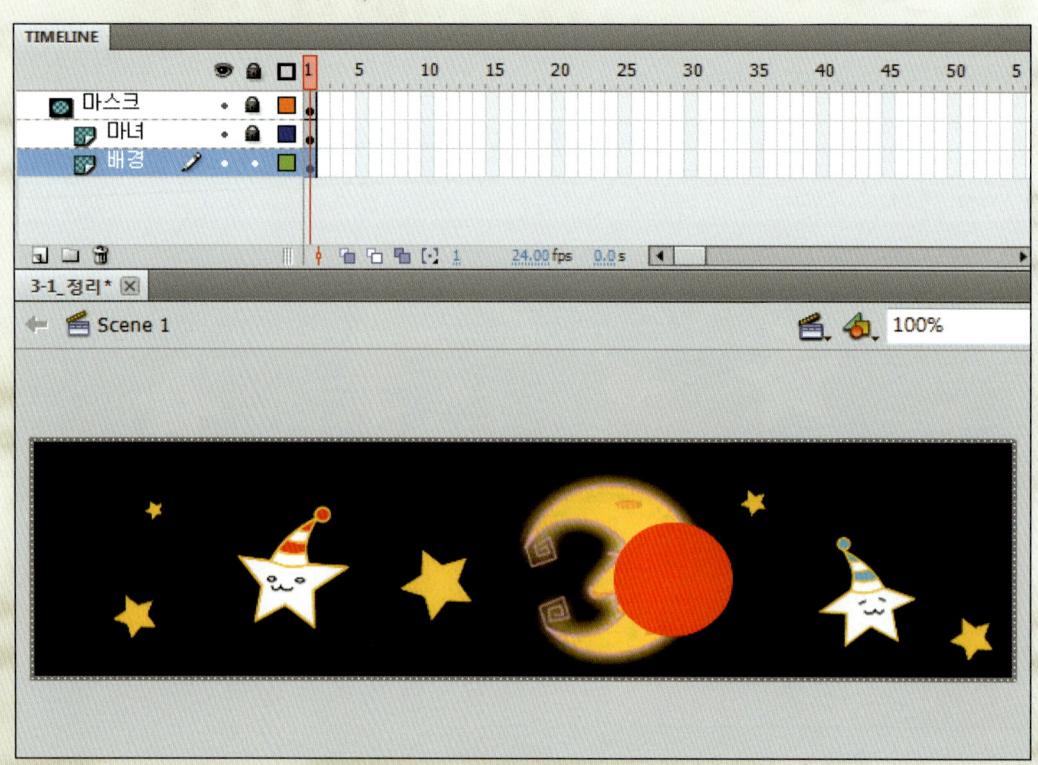

테스트무비 Crtl + Enter 로 결과를 확인하면 배경도 마녀와 함께 마스크에 적용되어 나타나는 것을 볼 수 있습니다.

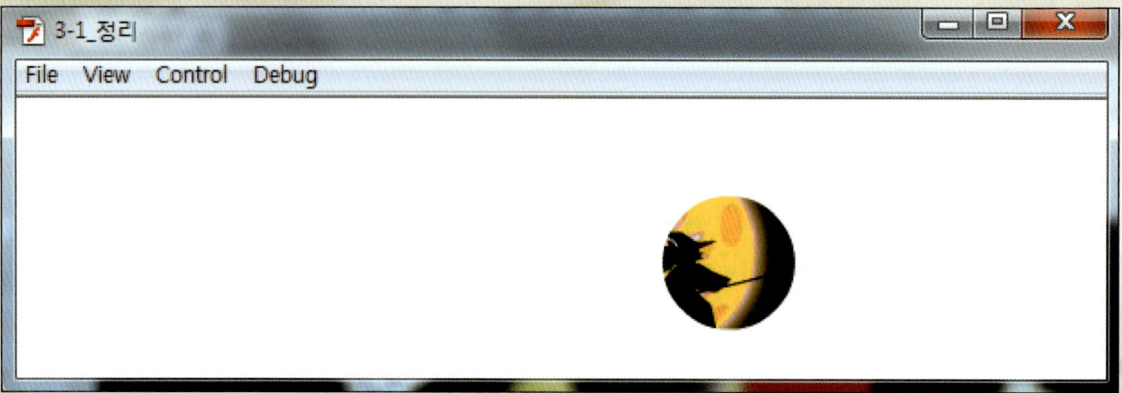

Practice 3-2

서서히 나타나는 글자
(마스크 레이어와 셰이프 트윈 이용)

실습파일 3-2.fla

1 마스크 레이어를 이용하여 글자가 서서히 나타나는 효과를 나타낼 수 있다.
2 타임라인의 프레임을 복사하거나 이동하는 방법을 익혀 관리할 수 있다.

이번 실습파일에서는 마스크레이어를 이용하여 글자가 서서히 나타나는 효과를 적용하여 보겠습니다.

1 실습파일 3-2.fla를 열면 세 개의 레이어에 오브젝트가 배치되어 있는 것을 확인할 수 있습니다.

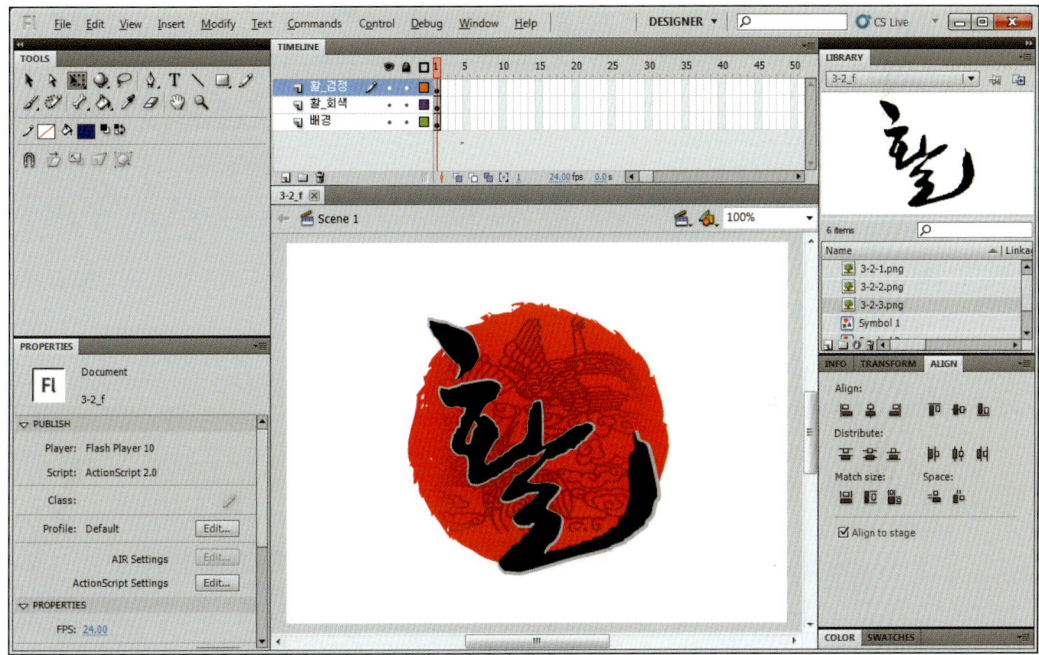

PART 03 애니메이션 활용 **79**

각 레이어의 100프레임을 드래그하여 선택한 후 프레임(F5)을 삽입합니다.

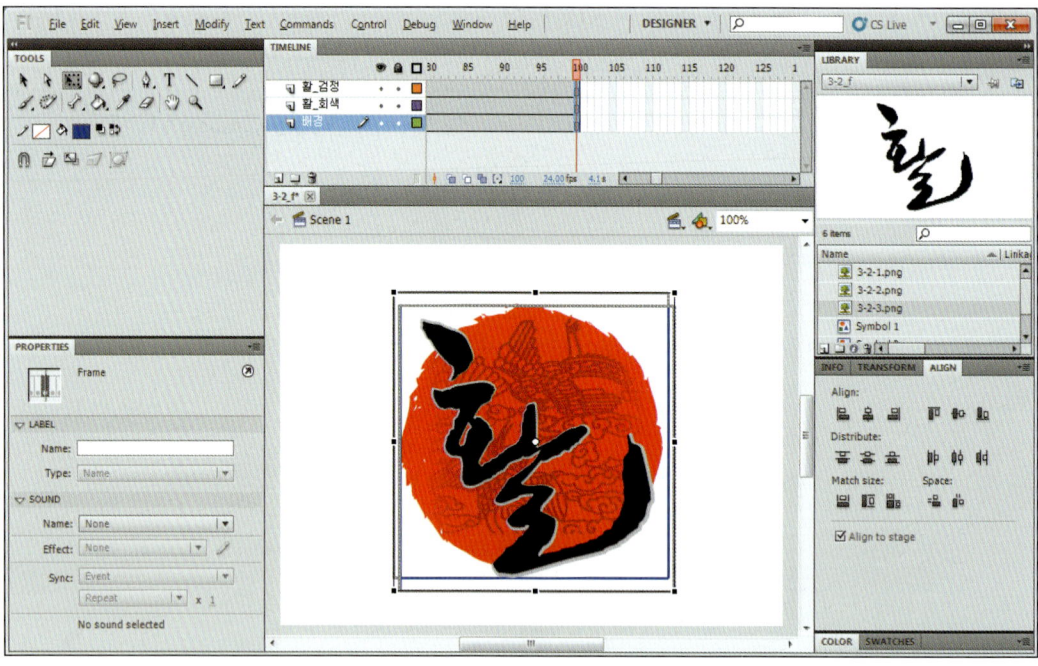

③ 그림과 같이 '활_회색' 레이어의 위에 새로운 레이어(마스크1)를 만들고 테두리가 없는 사각형을 글자가 다 덮히도록 그립니다.

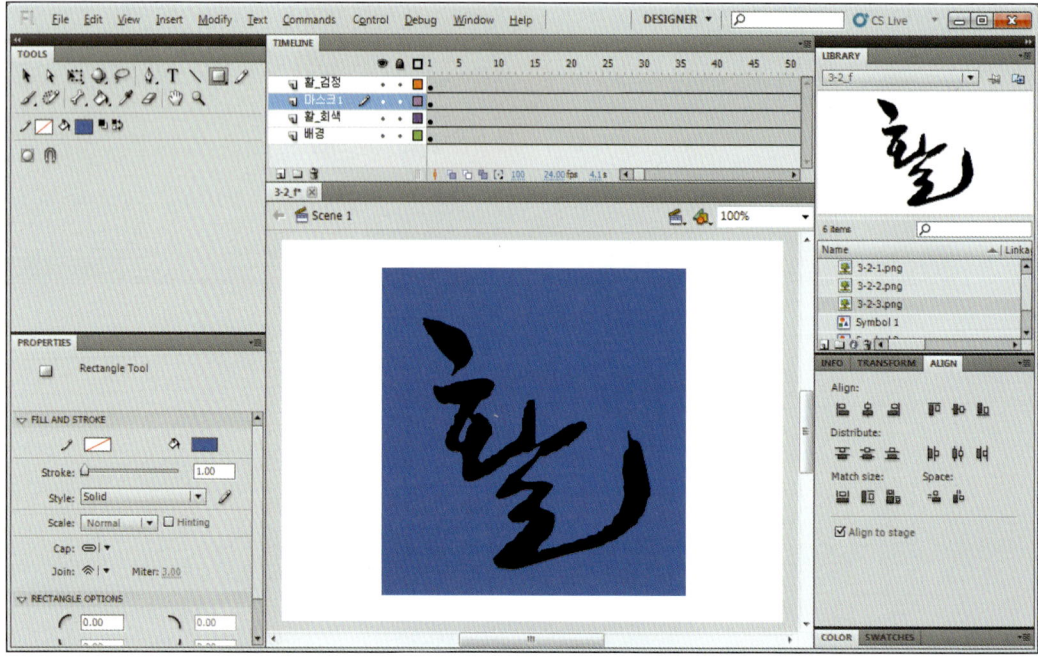

'마스크1' 레이어의 50프레임에 키프레임 F6 을 삽입한 후 1프레임으로 이동하여 사각형의 크기를 위쪽 방향으로 그림처럼 변형합니다.

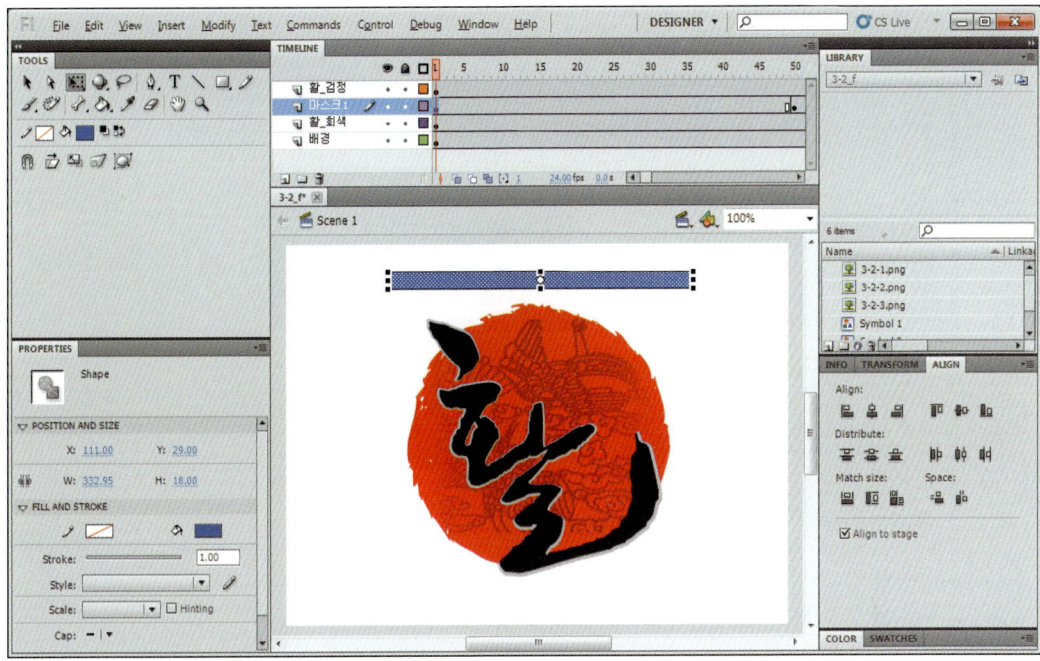

⑤ '마스크1' 레이어의 1프레임과 50프레임의 사이에서 마우스 오른쪽 버튼을 누르고 [Create Shape Tween]을 선택하여 셰이프트윈이 적용되도록 합니다.

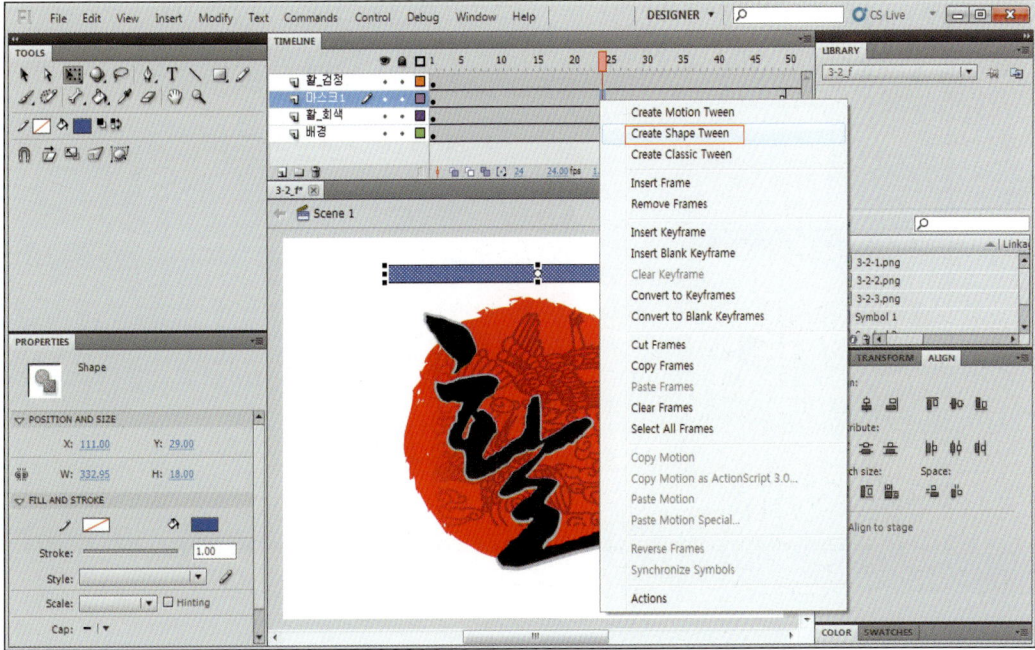

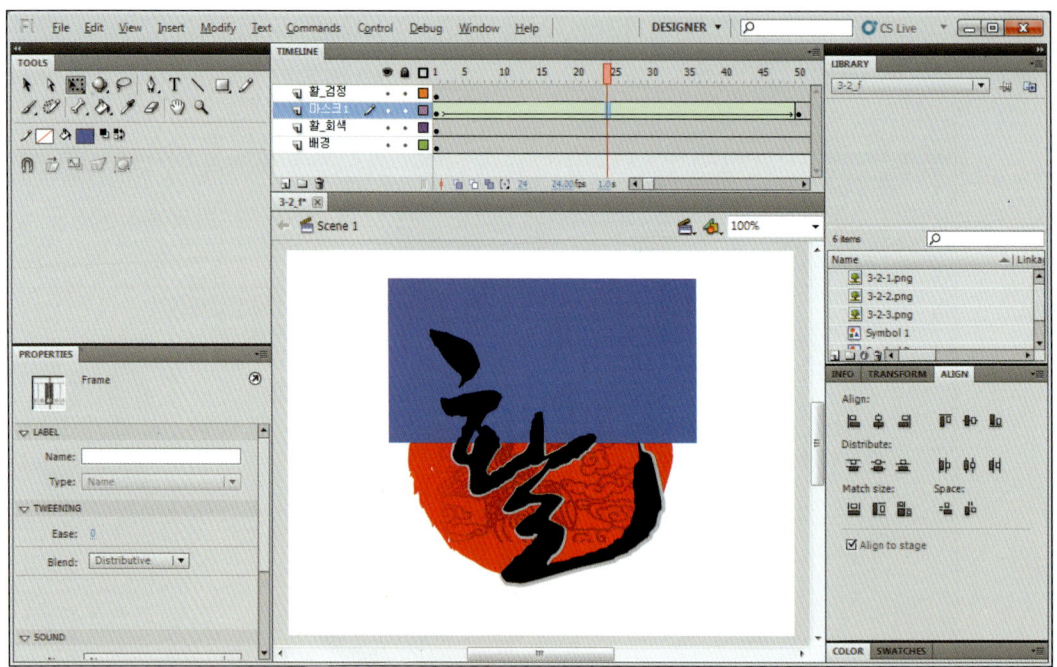

6 그림과 같이 '활_검정' 레이어의 위에 새로운 레이어(마스크2)를 만들고 아래의 사각형과 다른색으로 지정한 후 글자가 다 덮히도록 그립니다.

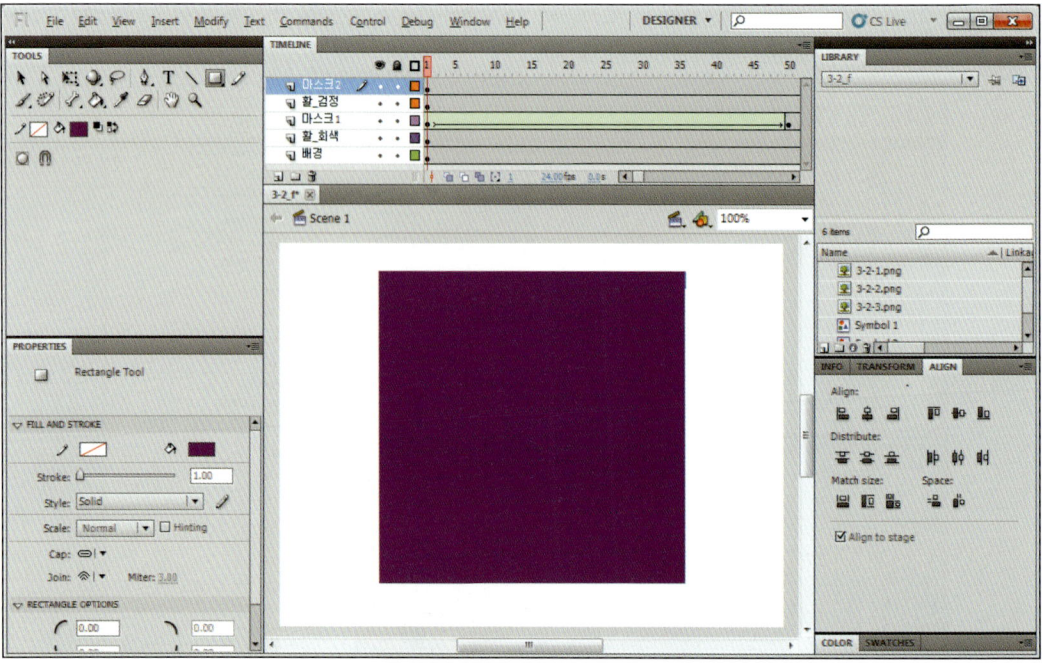

7 '활_검정' 레이어와 '마스크2' 레이어의 1프레임을 동시에 드래그하여 선택하고 50프레임으로 옮깁니다.

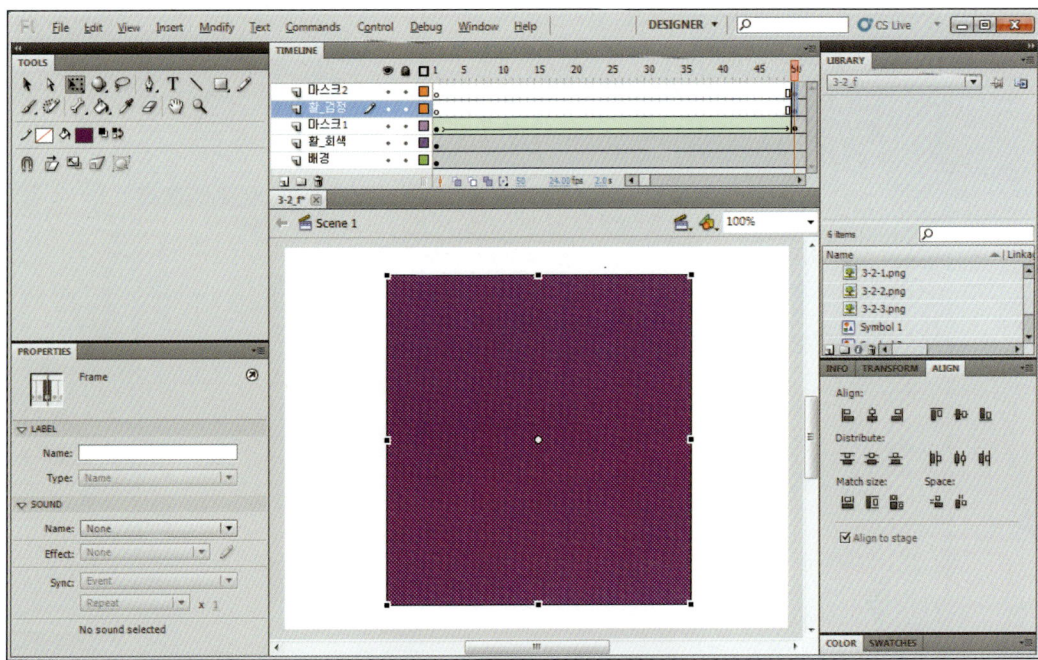

8 '마스크2' 레이어의 90프레임에 키프레임 F6 을 삽입하고 50프레임으로 이동하여 사각형의 모양을 그림과 같이 변형합니다.

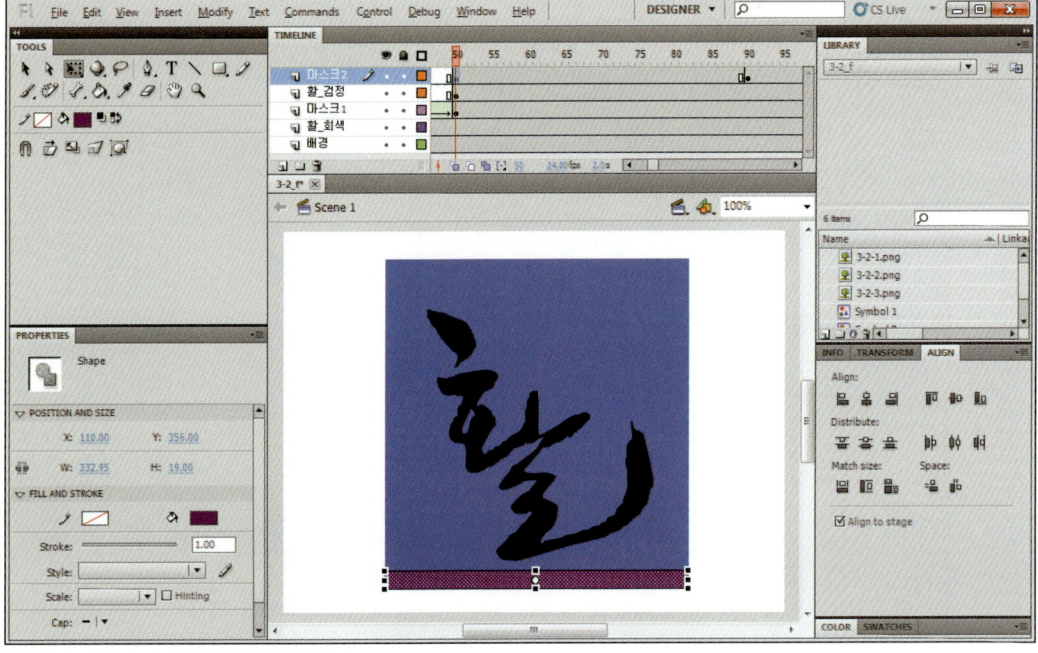

'마스크2' 레이어의 50프레임과 90프레임 사이에 셰이프트윈을 적용합니다.

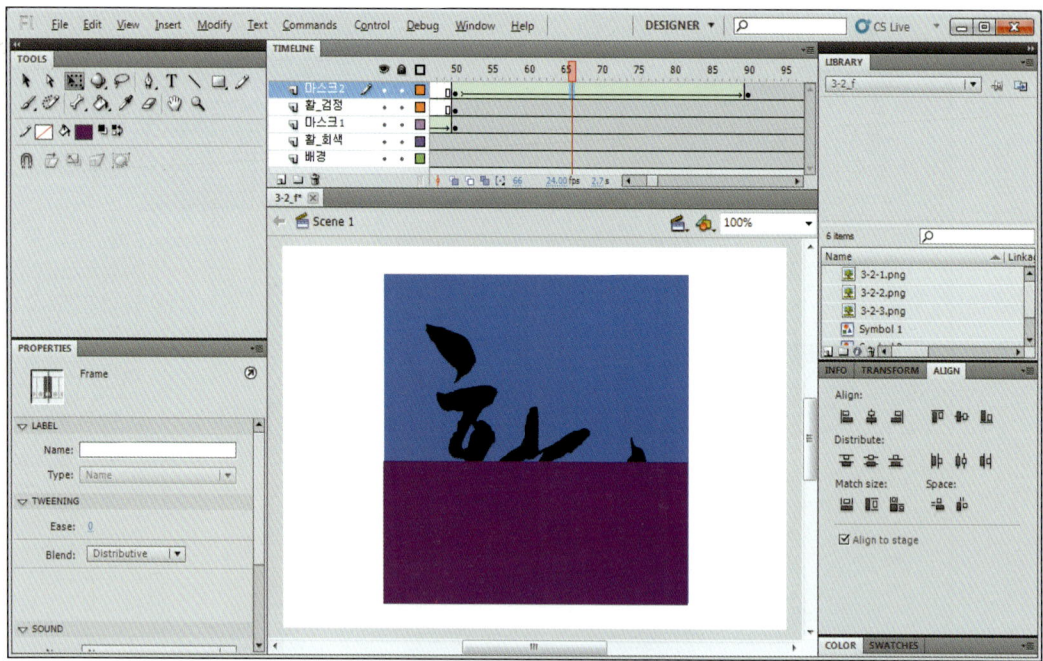

⑩ '마스크1' 레이어와 '마스크2' 레이어에서 마우스 오른쪽 버튼을 눌러 나타나는 팝업메뉴에서 mask를 선택하여 각각 마스크가 적용되도록 합니다.

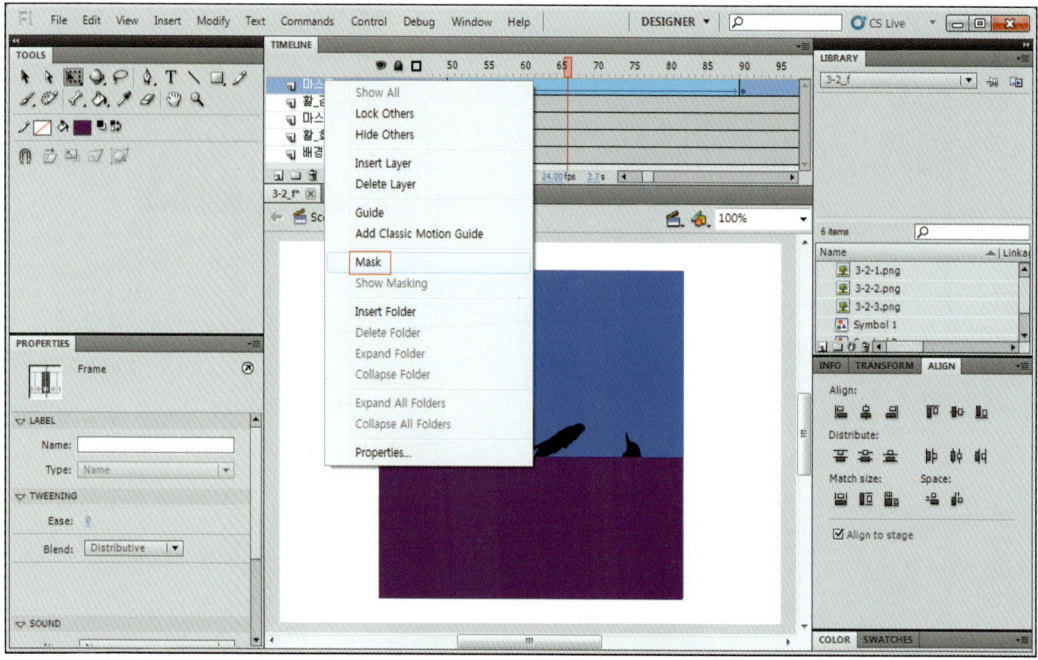

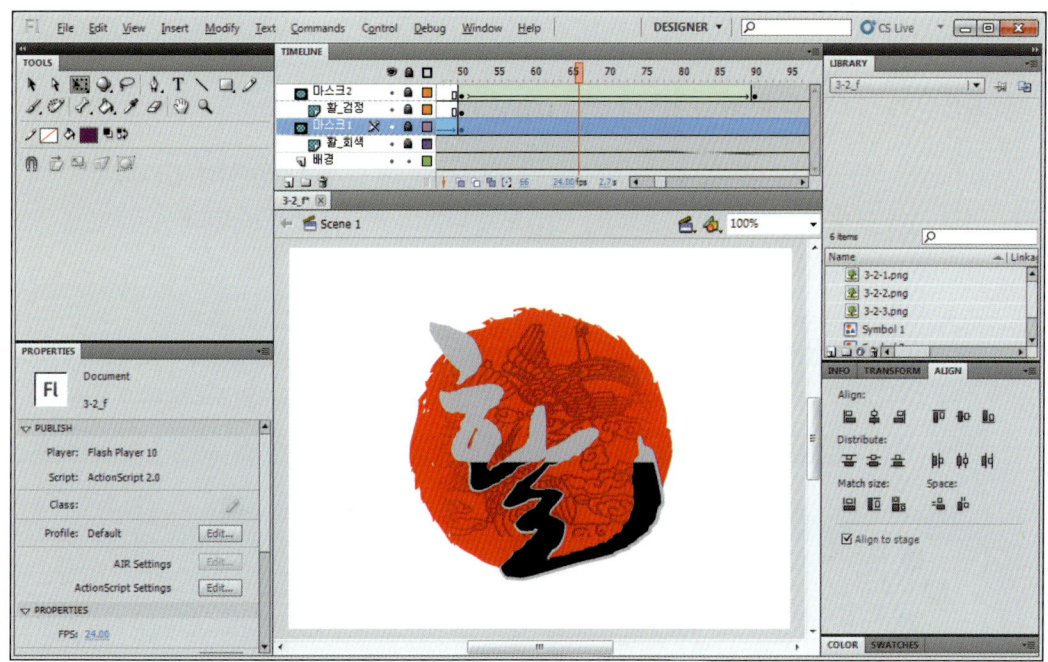

 테스트 무비 Crtl + Enter 를 하여 결과를 확인합니다.

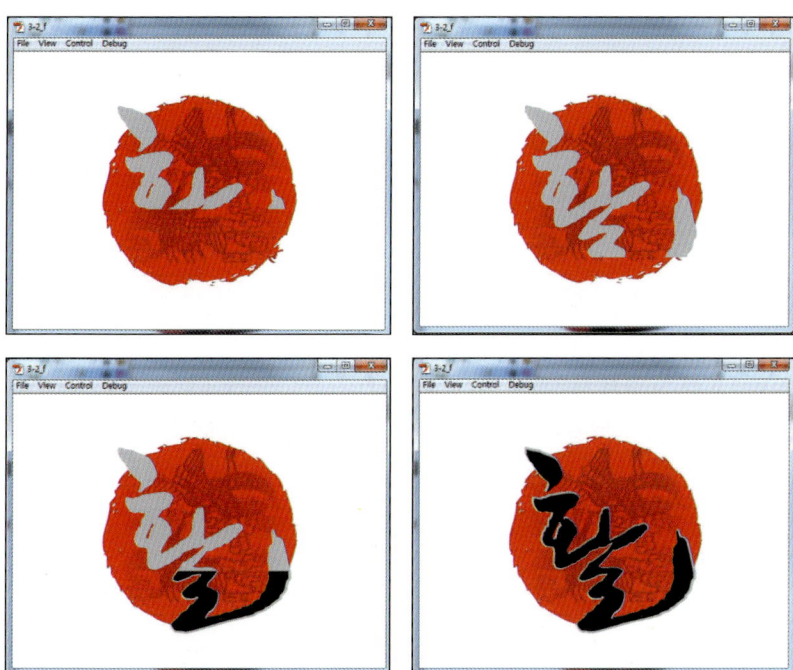

> > > 정 리 하 기

타임라인의 프레임 선택하기

프레임의 이동, 복사, 삭제를 하기 위해서는 대상 프레임을 먼저 선택하여야 합니다.
여러 개의 프레임을 한꺼번에 선택하는 방법으로 다음의 세 가지가 있습니다.

① **마우스로 드래그 하는 방법** : 선택하고자 하는 프레임의 처음을 클릭한 상태에서 바로 드래그 하여 영역을 선택합니다. 이 때, 첫 프레임을 클릭하고 손을 뗀 다음 다시 드래그하면 프레임이 이동됩니다.

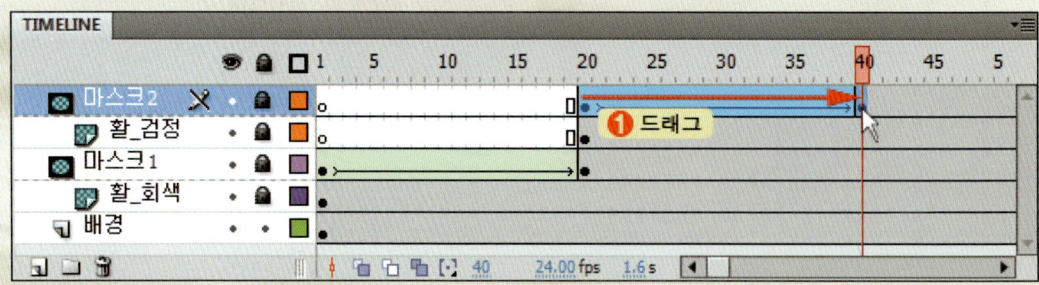

② **연결되지 않은 프레임을 선택할 때 Ctrl키 사용하는 방법** : 연속되지 않은 프레임을 선택할 때에는 선택하고자 하는 첫 프레임을 클릭(또는 드래그)하여 선택한 후 Crtl 키를 누르고 다음으로 선택할 프레임을 클릭 또는 드래그 하여 선택합니다.

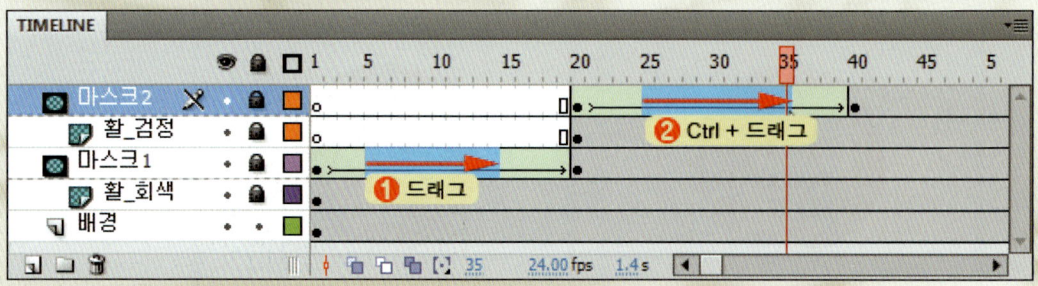

③ **연결되는 프레임을 선택할 때 Shift키 사용하는 방법** : 연속되어 있는 여러개의 프레임은 위의 ①번과 같은 방법으로 선택하거나 첫 번째 프레임을 클릭한 후 Shift 키를 누른 상태에서 선택하고자 하는 프레임 영역의 마지막 프레임을 클릭합니다.

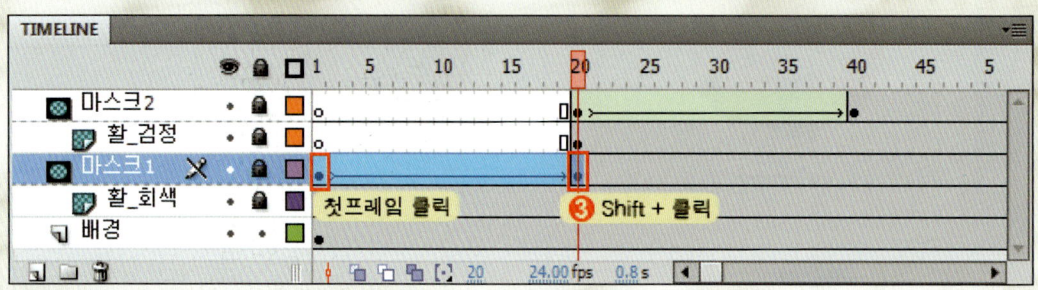

선택된 프레임 이동하기

프레임을 다른 위치로 이동하고자 할 때에는 간단히 선택된 영역을 드래그하면 됩니다.

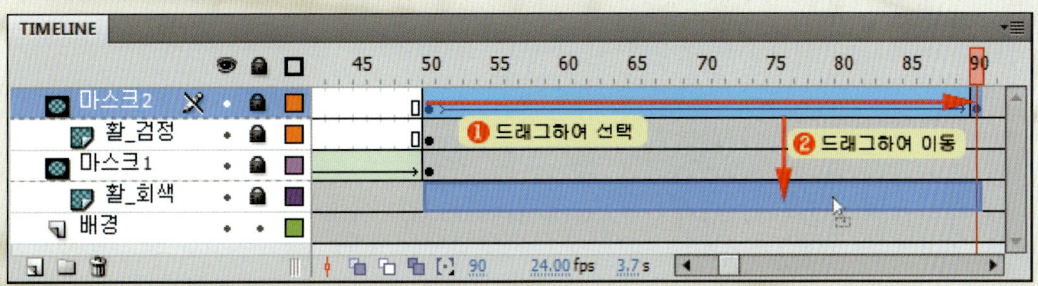

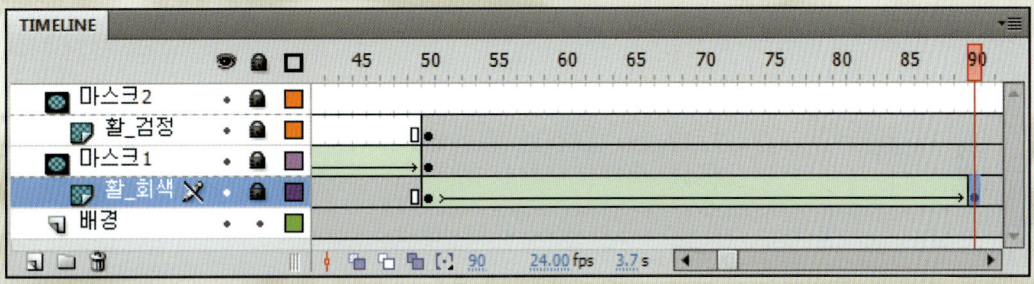

선택된 프레임 복사하기

프레임을 복사하기 위해서는 Alt 를 누르고 마우스를 드래그하면 됩니다.

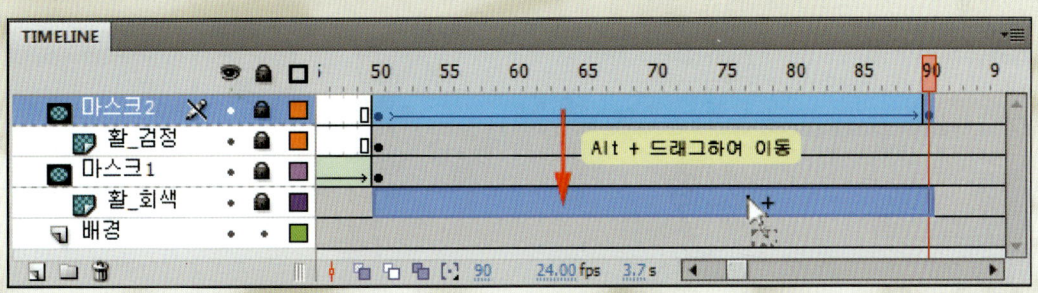

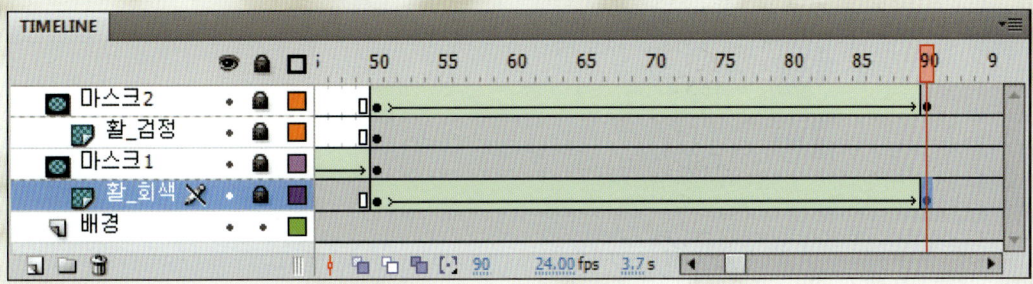

Practice 3-3

떨어지는 나뭇잎
(클래식 모션 가이드 이용)

실습파일 3-3.fla

1 클래식 모션 가이드를 이용하여 애니메이션을 만들 수 있다.
2 Classic Tween의 옵션에 대해 알고 적절히 사용할 수 있다.

CS5에서의 모션 트윈은 애니메이션의 동선을 조절할 수 있는 조절선이 나와 동선을 편집할 수 있습니다. 하지만, 클래식 트윈을 이용할 경우 경로가 상,하,좌,우 직선 방향으로 한정되어 있습니다. 이를 보완하여 자유로운 움직임을 표현하기 위해 클래식 모션 가이드를 이용합니다.

다음 실습예제에서는 3개의 나뭇잎이 서로 다른 동선으로 시간 차를 두고 떨어지도록 구현해보겠습니다.

 실습파일 3-3.fla를 연 후, 애니메이션이 진행되는 동안 배경이 사라지지 않도록 80프레임에 프레임 F5 을 삽입합니다.

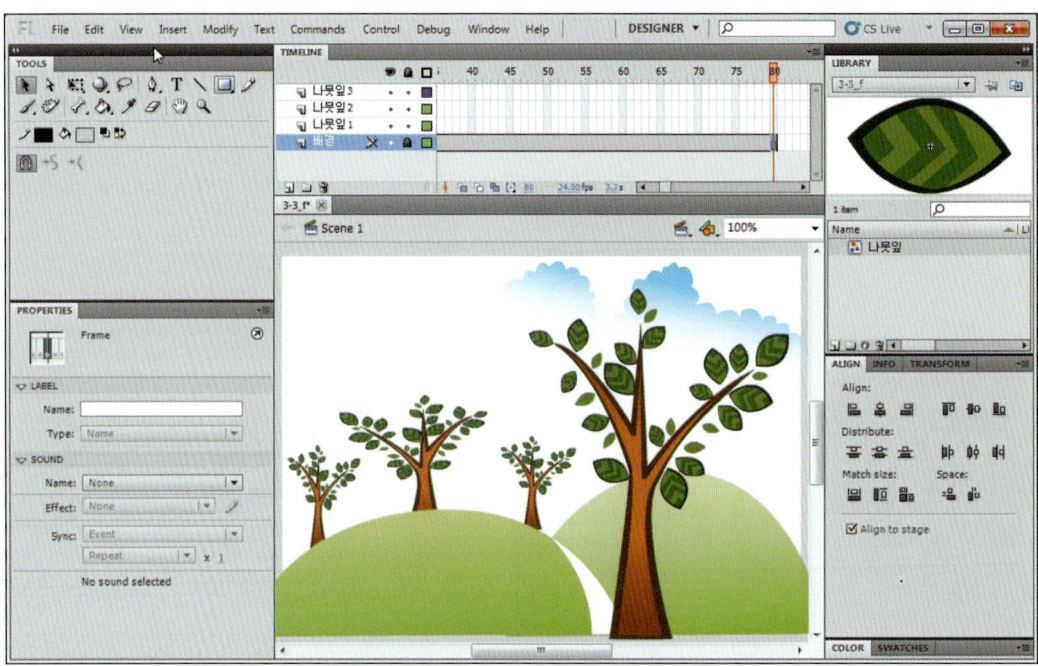

❷ 라이브러리의 '나뭇잎' 심벌을 '나뭇잎1'~'나뭇잎3' 레이어에 하나씩 알맞게 배치합니다.
이때 자유 변형 도구(Free Transform Tool)를 이용하여 방향과 크기를 재조정합니다.

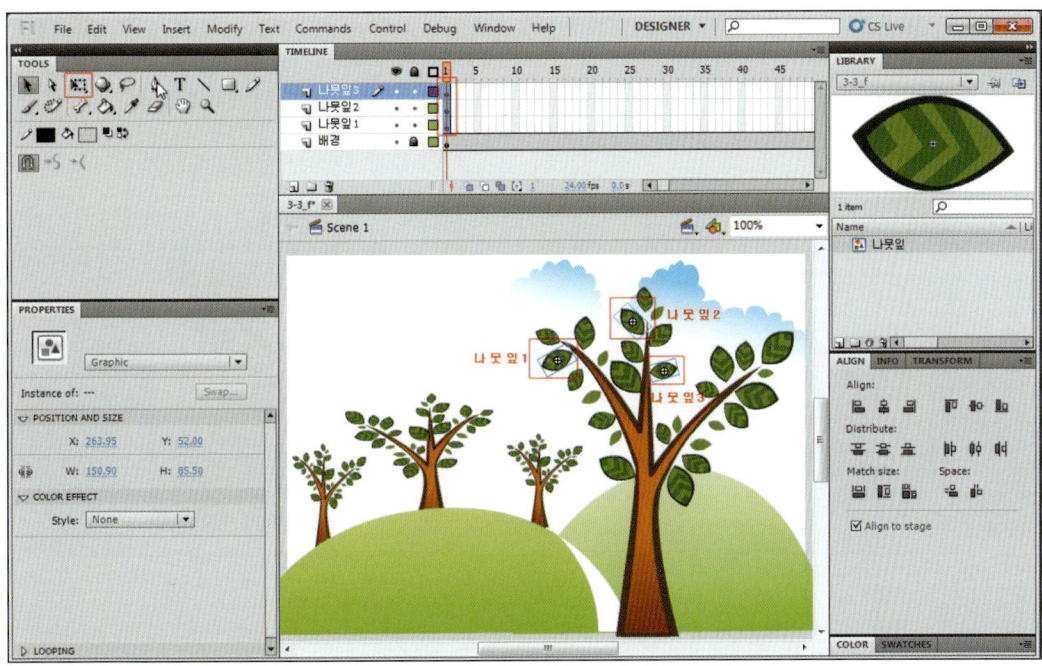

❸ '나뭇잎1~3' 레이어의 15프레임과 55프레임을 Ctrl 을 누르고 동시에 선택한 후, 키프레임 F6 을 추가합니다.

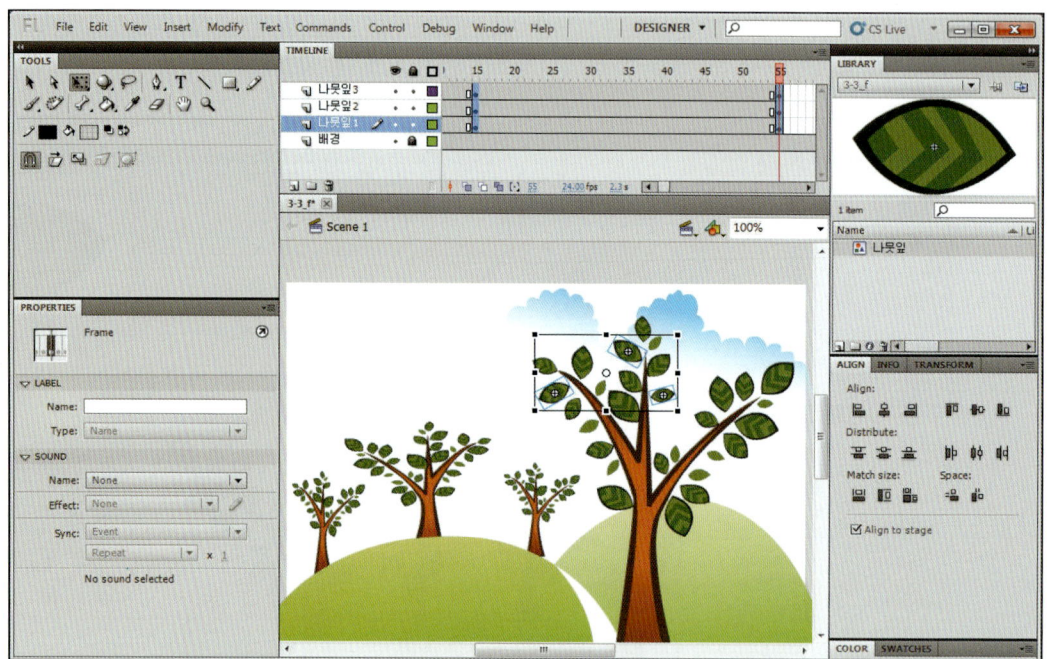

④ 타임라인에서 55프레임만을 선택하고 스테이지에 있는 3개의 나뭇잎 오브젝트를 선택도구(Select Tool)를 이용하여, 아래로 드래그하여 이동합니다.

5 '나뭇잎1~3' 레이어의 프레임을 그림과 같이 선택하고 오른쪽 버튼을 눌러 나타나는 팝업메뉴에서 [Create Classic Tween]을 적용합니다.

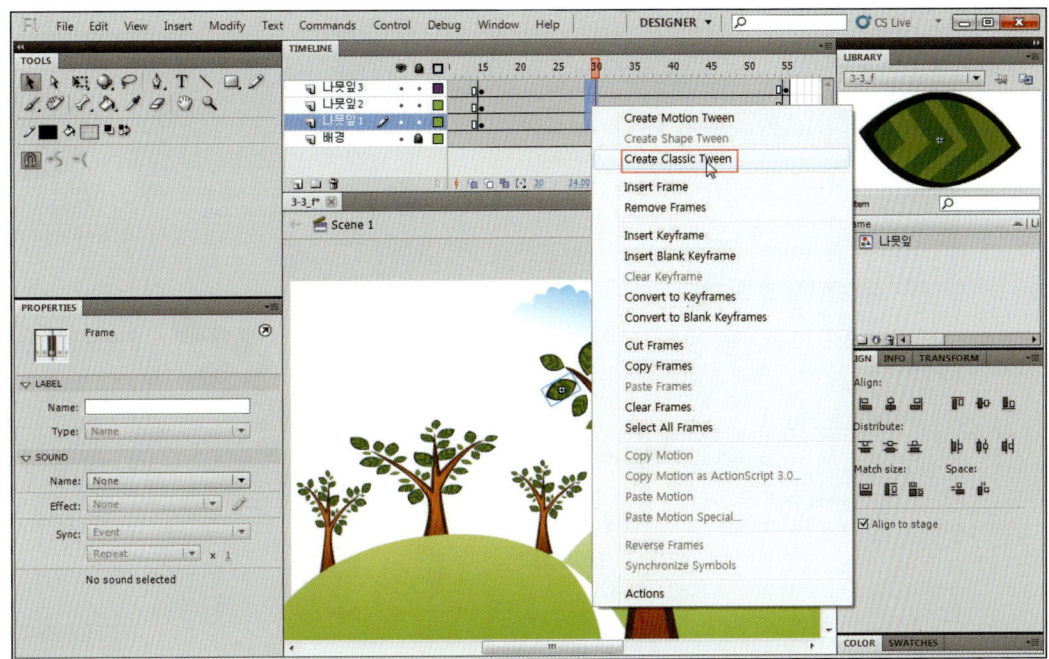

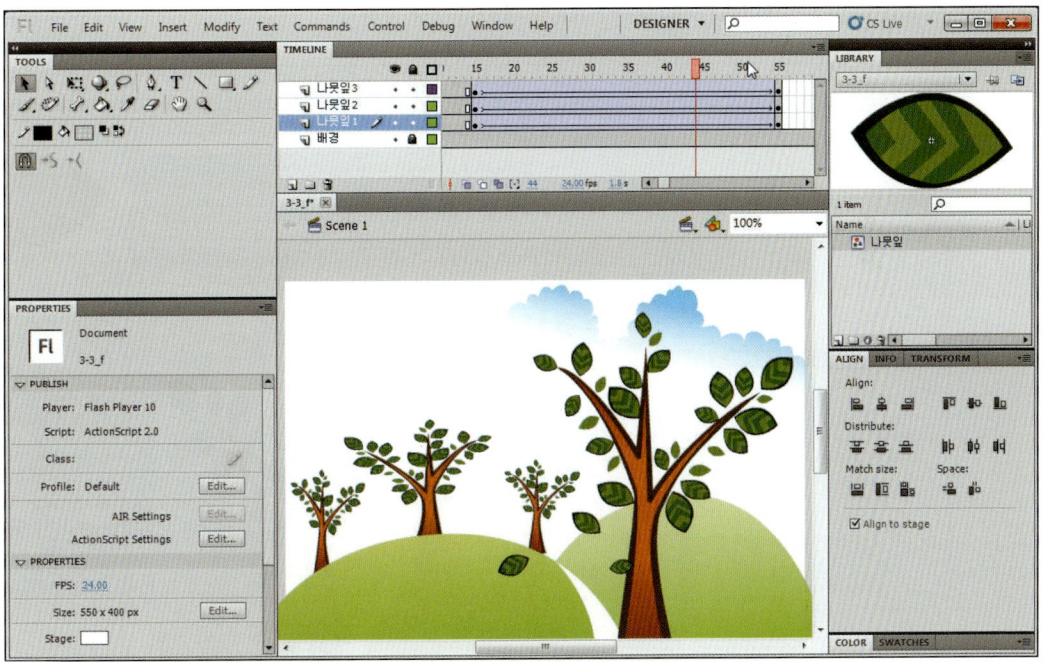

클래식 트윈이 적용되어 나뭇잎이 아래로 직선으로 떨어지는 것을 확인할 수 있습니다.
나뭇잎이 자연스럽게 떨어지도록 하기 위해 Classic Motion Guide를 사용해 보겠습니다.

'나뭇잎3' 레이어에서 오른쪽 버튼을 눌러 나타나는 팝업메뉴에서 [Add Classic Motion Guide]를 선택합니다.

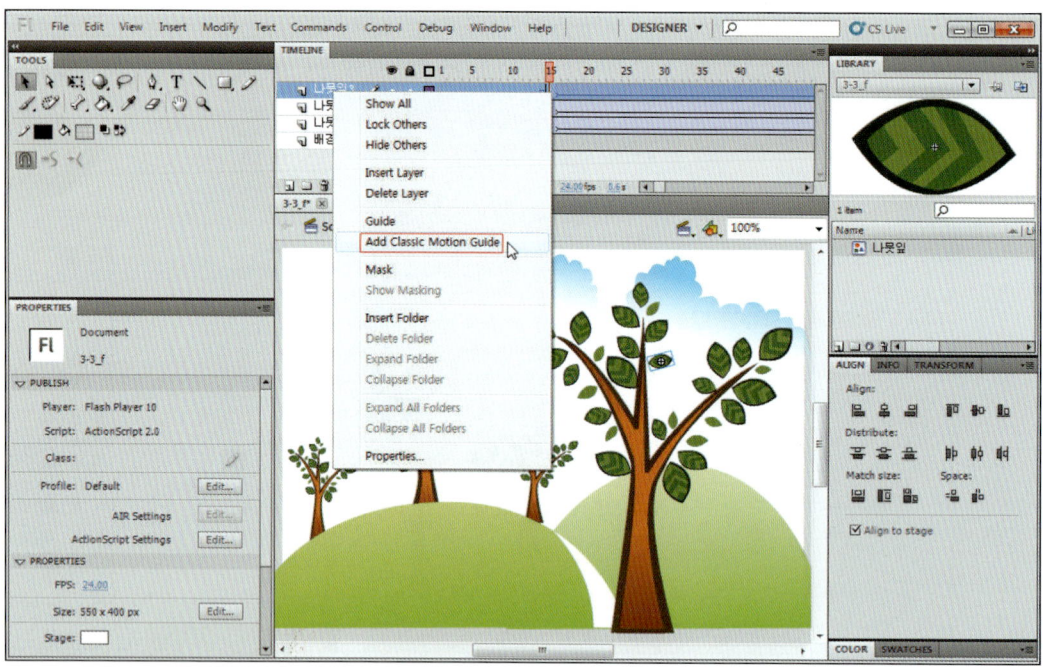

가이드 레이어가 생성됨을 확인할 수 있습니다.

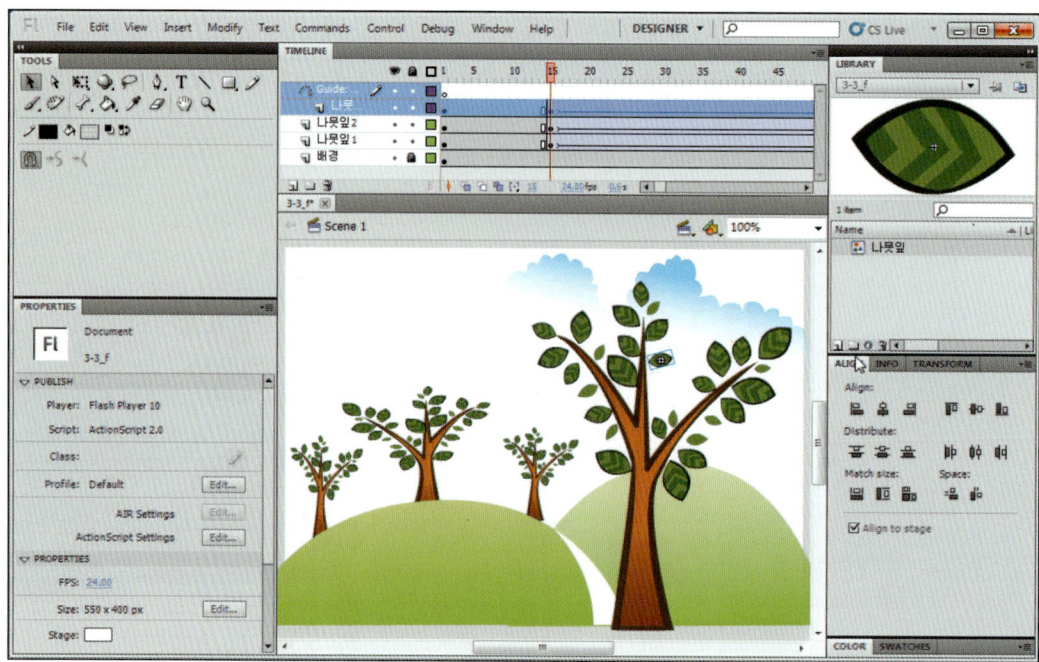

7 연필도구(Pencil Tool)를 이용하여 '나뭇잎3'의 동선부터 그리고 나머지 나뭇잎들의 동선도 그립니다. 툴박스에서 연필도구(Pencil Tool)를 선택하고 Pencil Mode는 그림과 같이 Smooth를 선택합니다.

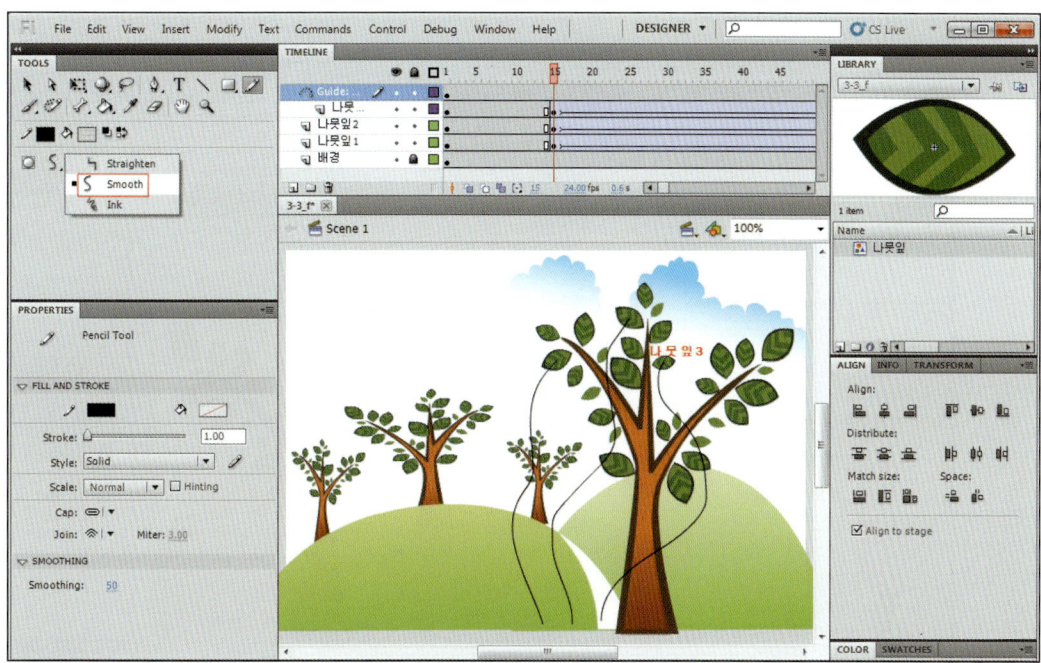

8 '나뭇잎3' 레이어의 15프레임을 선택하면 나뭇잎이 동선의 시작점에 붙어있는 것을 확인할 수 있습니다.

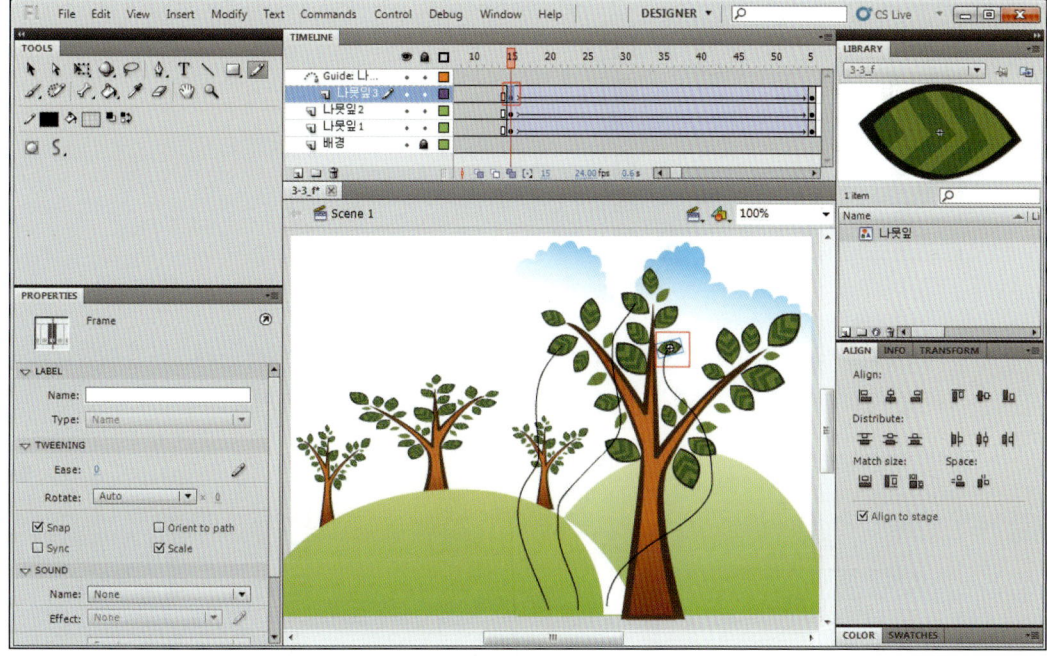

'나뭇잎3' 레이어의 55프레임을 클릭하여 선택되어지는 나뭇잎을 선택도구(Select Tool)를 이용하여 해당하는 동선의 끝에 붙입니다. 이 때, 나뭇잎의 중심점이 동선에 자석처럼 붙어야 합니다.

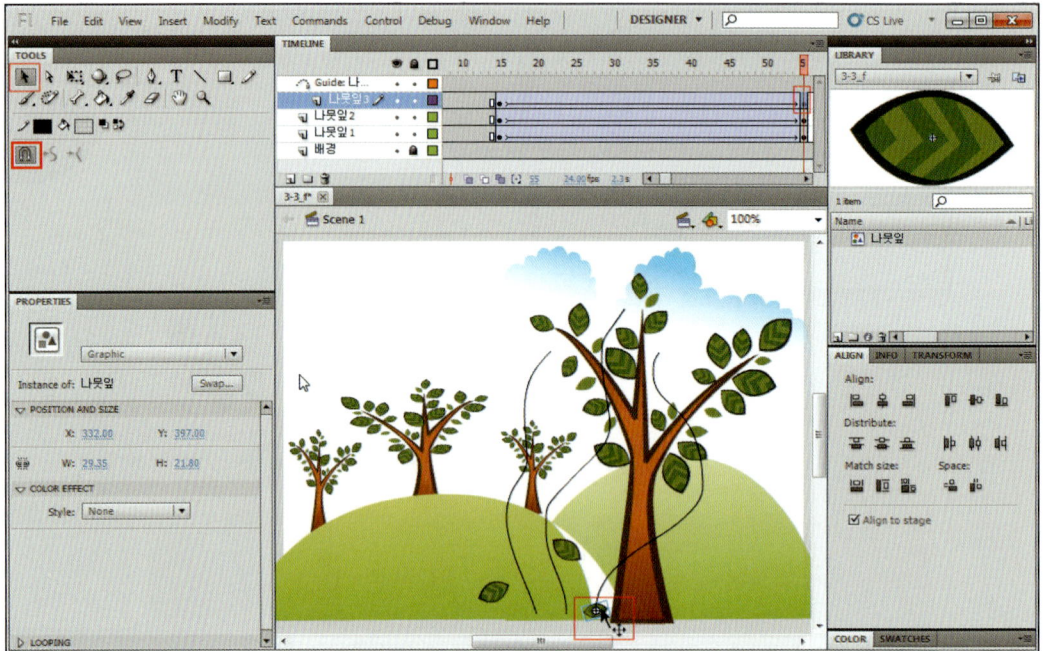

Enter를 쳐서 확인해보면, '나뭇잎3'이 동선을 따라 움직이는 것을 볼 수 있습니다. 현재, '나뭇잎3' 레이어가 가이드레이어의 하위 레이어임을 그림에서 확인 할 수 있습니다. 이로 인해 현재는 '나뭇잎3'만이 동선을 따라 움직입니다. 나머지 나뭇잎 레이어를 가이드레이어의 하위 레이어로 만들어 줌으로써 나뭇잎들이 동선을 따라 움직이도록 하겠습니다.

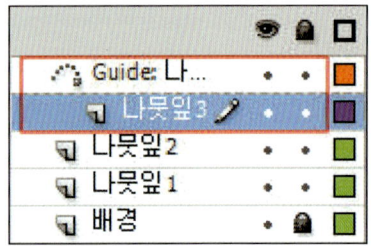

'나뭇잎1~2' 레이어를 마우스로 클릭한 후 위쪽 가이드레이어쪽으로 살짝 드래그하면 레이어의 레벨을 나타내는 자취가 생깁니다. 이때, '나뭇잎3' 레이어와 같은 레벨이 되도록 이동합니다.

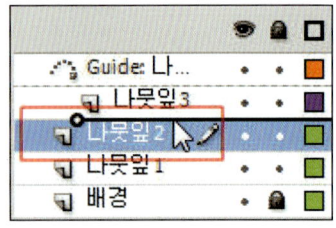 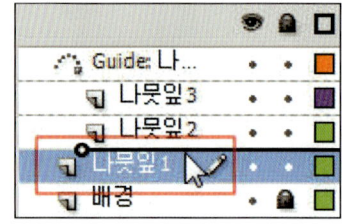 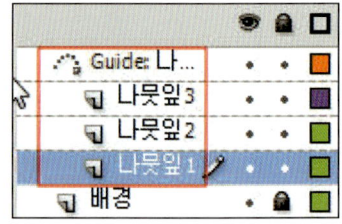

'나뭇잎2' 레이어의 15프레임을 클릭하면 나뭇잎이 동선의 시작점에 붙어있는 것을 확인할 수 있고 55프레임으로 이동하여 이동툴을 이용하여 동선의 마지막에 붙도록 이동합니다.
(⑧ ⑨와 동일한 방법으로 작업합니다.)

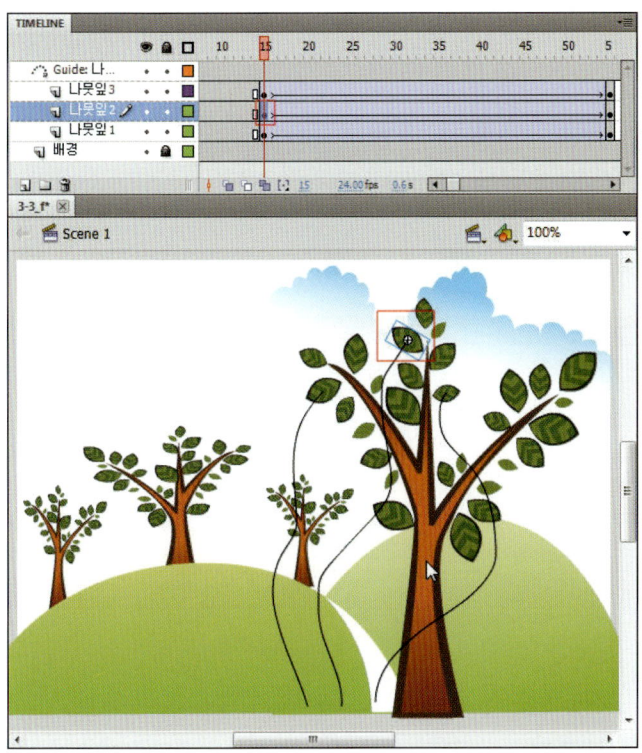

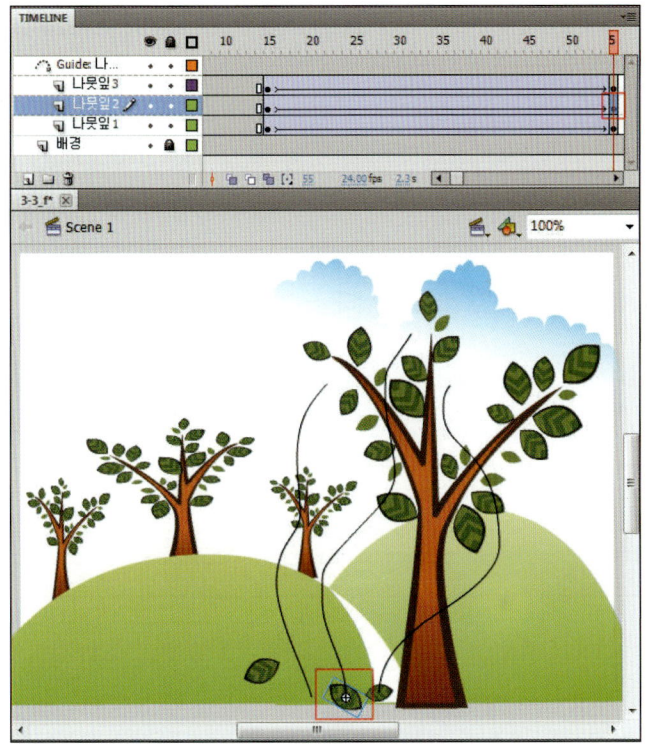

'나뭇잎1' 레이어도 ⑩과 같은 방법으로 나뭇잎을 동선에 붙도록 합니다.

플레이헤드를 움직여 나뭇잎들이 동선을 따라 움직이는 것을 확인합니다. 만약, 동선을 따라 움직이지 않는 것이 있다면 '나뭇잎'의 중심점과 동선이 정확하게 붙지 않았거나, 동선이 중간에 끊어지지 않았나 확인해 보아야 합니다.

이제 나뭇잎들이 시간차를 두어 떨어지도록 타임라인을 조정하도록 하겠습니다.

 '나뭇잎3' 레이어의 15~55프레임을 드래그하여 선택한 후, 전체를 35프레임으로 옮깁니다.

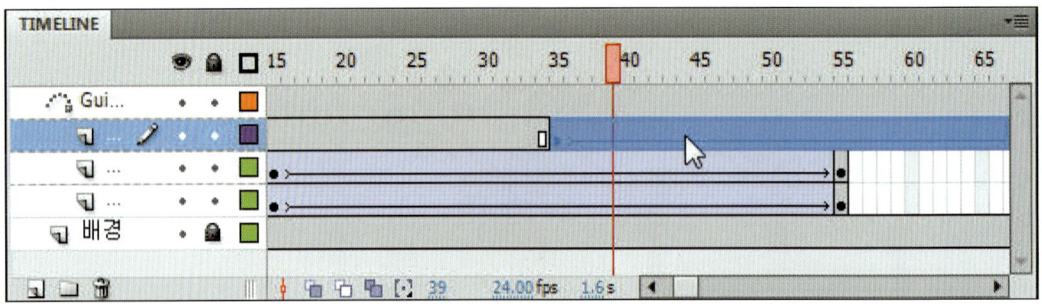

'나뭇잎1' 레이어의 15~55프레임은 40프레임으로 옮깁니다.

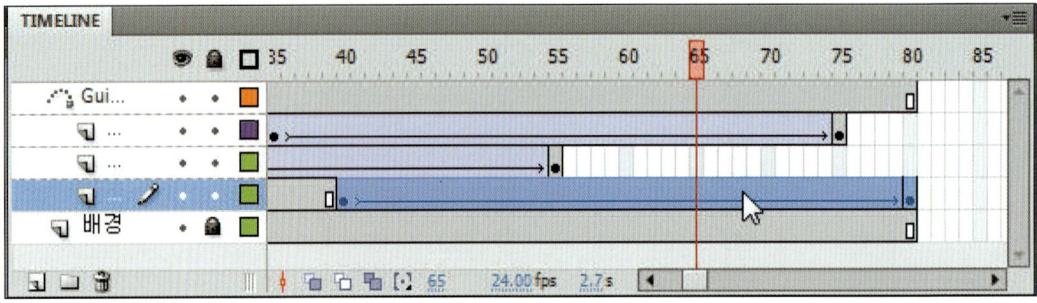

'나뭇잎1' 레이어의 마지막 프레임 위치를 70프레임으로 옮깁니다.

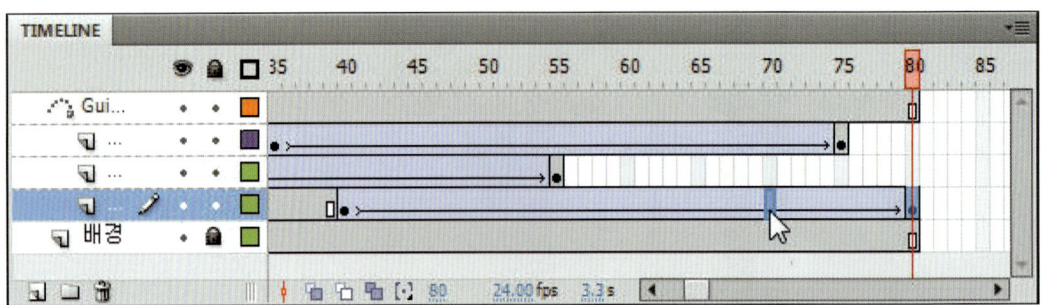

중간에 나뭇잎이 사라지지 않도록 애니메이션이 끝나는 시점을 동일하게 맞추기 위하여 '나뭇잎2~3' 레이어의 80프레임을 선택하고 프레임 F5 을 추가합니다.

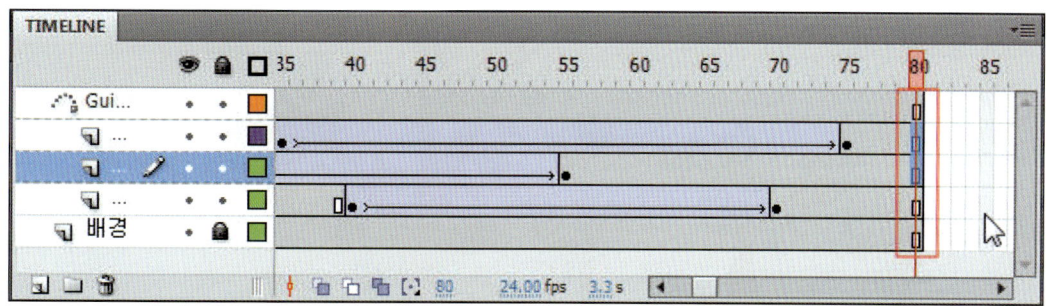

> Tween이 적용된 전체 프레임을 옮겨 시작점을 다르게 할 수 있고, Tween이 적용된 프레임의 길이를 짧게 하거나 길게 하여 속도를 조절할 수 있습니다. 3-2의 '정리' 부분을 참고하여 타임라인의 프레임을 이동하여 속도와 떨어지는 시점을 조절하여 보시기 바랍니다.

 테스트 무비 Crtl + Enter 를 하여 나뭇잎이 동선을 따라 움직이는 것을 확인할 수 있습니다.

14 클래식트윈이 적용된 프레임을 그림과 같이 선택하고 속성(PROPERTIES) 패널에서 Orient to path를 체크합니다.

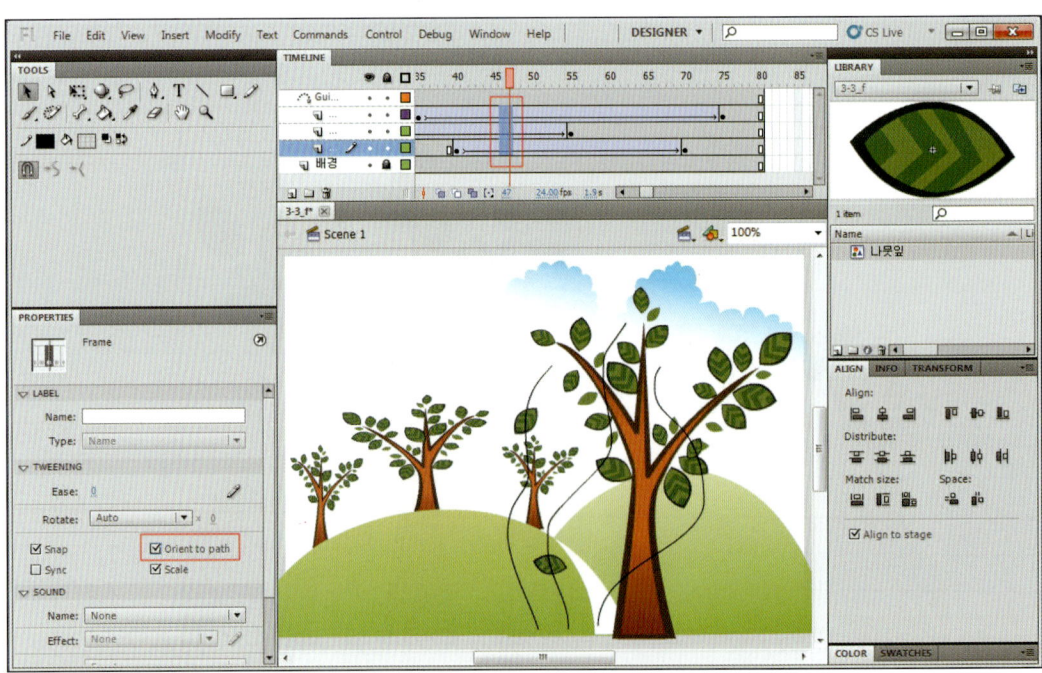

테스트 무비 `Crtl + Enter`를 하여 확인해 보면 ⑬번에서와는 달리 나뭇잎이 흔들거리며 움직이는 것을 확인할 수 있습니다.

정리하기

Classic Tween의 속성 패널 옵션

Classic Tween을 적용하고 타임라인의 Tween이 적용된 부분을 클릭하면 속성(PROPERTIES) 패널에 Tween에 관련된 옵션이 나옵니다.
각 옵션의 역할에 대한 설명은 다음과 같습니다.

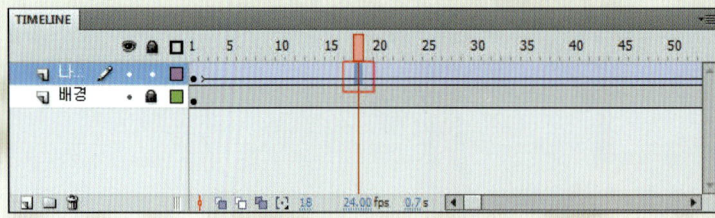 

① **Ease** : 모션의 가속도를 조정합니다. 100 ~ -100 사이의 값을 사용하며, 100을 입력한 경우 모션의 속도가 처음에는 빠르다 점점 느려지며, -100을 입력한 경우에는 반대로 처음에는 천천히 움직이다 속도에 가속도가 붙듯이 점점 빨라지는 효과가 생깁니다.

② : Ease값을 그래프 형식으로 조절할 수 있어 모션의 속도를 좀 더 다양하게 표현할 수 있습니다.

③ **Rotate** : Tween되는 심벌을 회전할 때 사용합니다. 회전 방향은 Auto(자동), CW(시계방향), CCW(반시계방향) 중에서 선택할 수 있습니다.

④ **Snap** : 움직이는 심벌이 가이드선에 자석처럼 달라붙게 하기 위해 사용합니다.

⑤ **Orient to path** : Classic Motion Guide를 사용할 경우 가이드선의 방향에 따라 심벌도 회전을 하면서 움직이도록 합니다.

⑥ **Sync** : Classic Tween을 적용할 때, 사용자가 실수로 서로 다른 심벌을 사용했다 하더라도 자동으로 같은 심벌로 통일하여 수정하여 줍니다.

⑦ **Scale** : Tween에서 처음과 마지막 키프레임의 심벌 크기가 변했을 경우 자연스럽게 변하게 설정하여 줍니다.

실습파일 | 3-3_정리.fla

다음 예제에서 간단한 클래식트윈을 적용하여 각 옵션의 역할에 대해 살펴보겠습니다.

① 실습파일 3-3_정리.fla를 연후, '레이어1'의 70번 프레임에 키프레임 F6 을 추가하고 '나뭇잎' 심벌의 위치와 크기를 그림과 같이 변경합니다.

❷ '레이어'의 Tween이 적용된 프레임 중간에서 오른쪽 버튼을 눌러 나타나는 팝업메뉴에서 [Create Classic Tween]을 적용하면 다음 그림과 같습니다. 플레이헤드를 중간 정도에 두고 스테이지를 확인해 보면 나뭇잎의 크기가 처음과 끝의 중간 크기로 생성되어 있는 것을 확인 할 수 있습니다. 옵션에서 Scale이 체크되어 있는 상태로 이는 위에서 설명했듯이 모션의 중간 과정에서 크기를 자동으로 변화시키는 기능을 하고 있습니다.

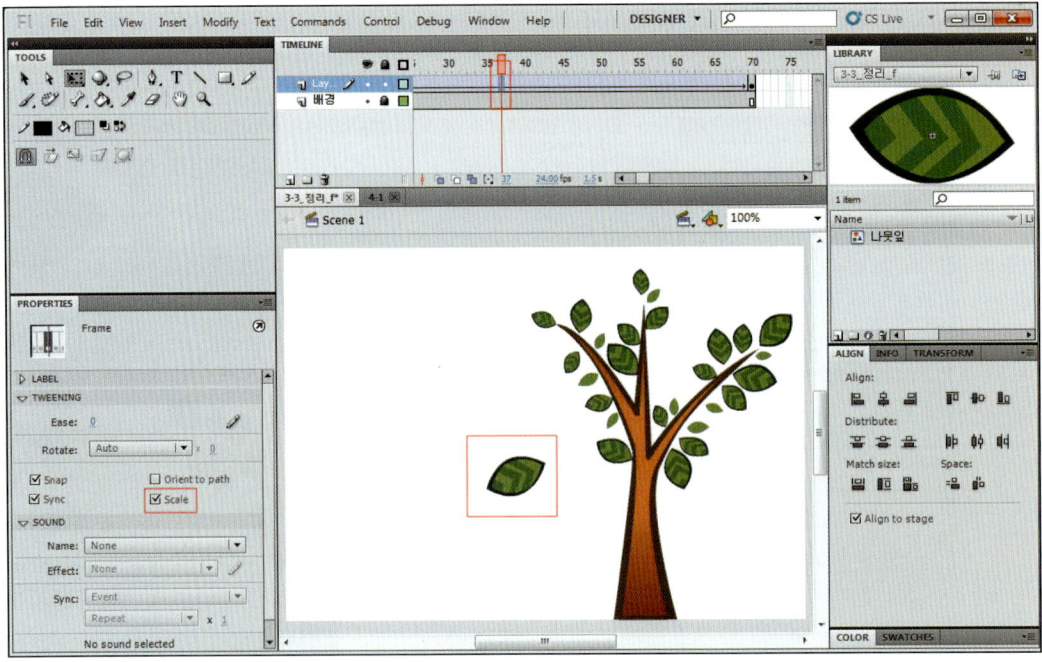

참고 다음 그림은 Scale의 체크가 해제된 상태입니다. 테스트 무비 Crtl + Enter 를 하여 결과를 확인할 수 있습니다.

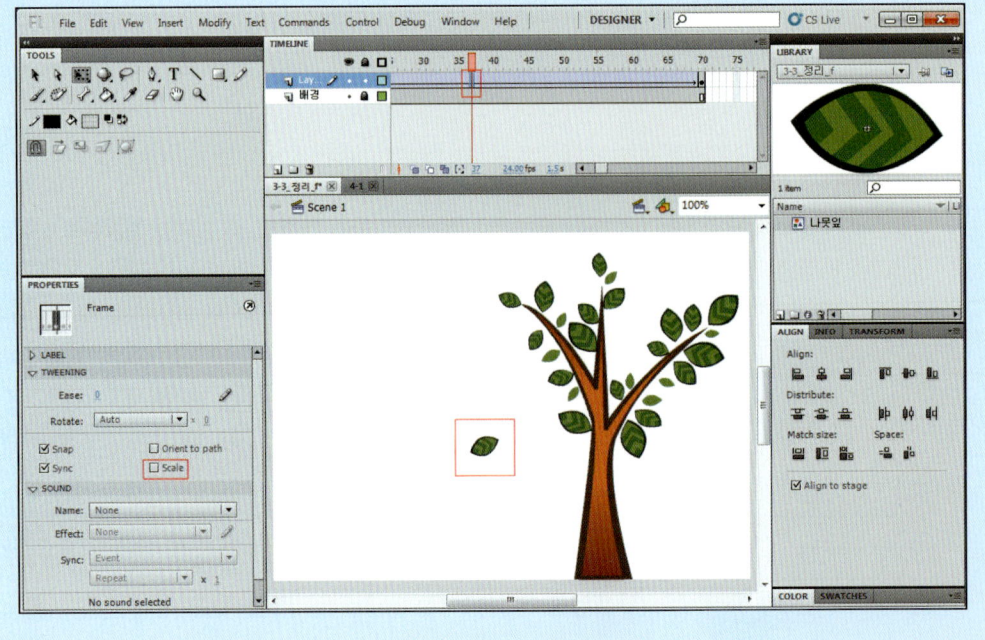

❸ '레이어'에서 오른쪽 버튼을 눌러 팝업메뉴에서 [Add Classic Motion Guide]를 선택하여 가이드 레이어를 생성한 후, 연필도구(Pencil Tool)를 이용하여 동선을 그립니다.

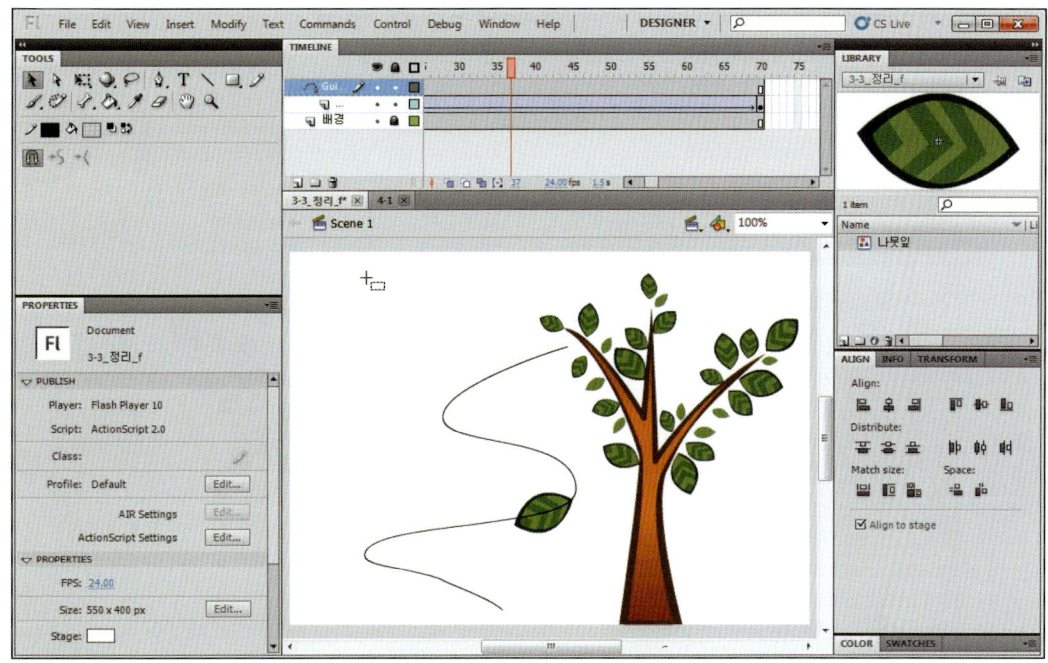

가이드선을 그리자마자 '나뭇잎'이 동선에 자석처럼 붙는 것을 확인 할 수 있습니다.
옵션 패널의 Snap에 체크가 되어 있기 때문입니다.

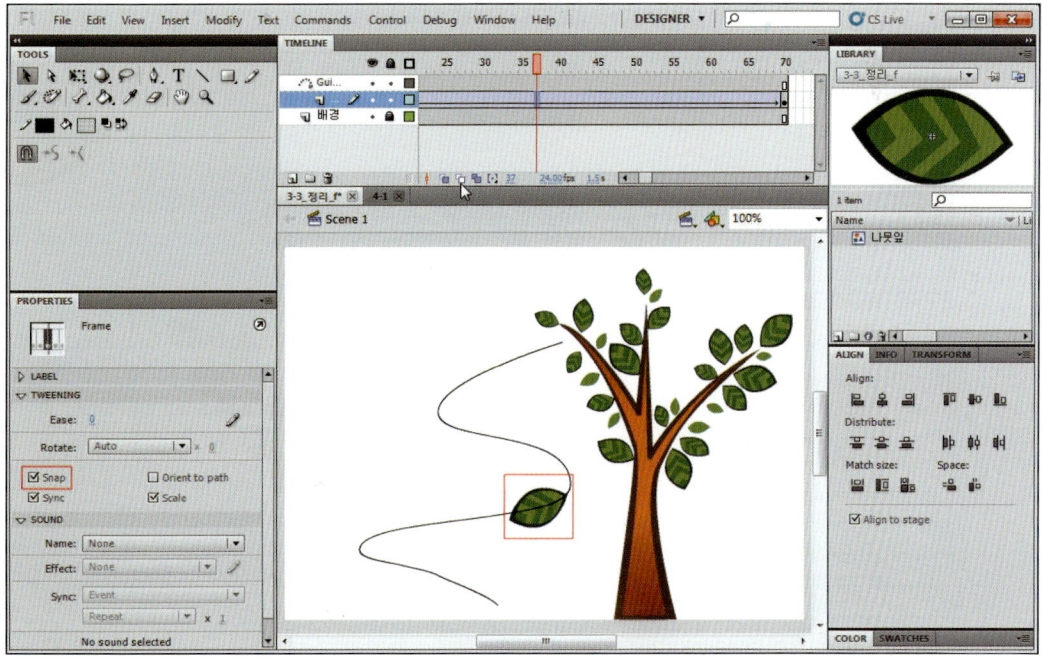

④ 옵션패널의 Orient to path를 체크합니다. 스테이지의 '나뭇잎'의 방향이 바뀌는 것을 확인 할 수 있습니다. 이는 위에서 설명했듯이 동선의 방향에 따라 심벌의 방향도 바뀌게 된 것입니다.

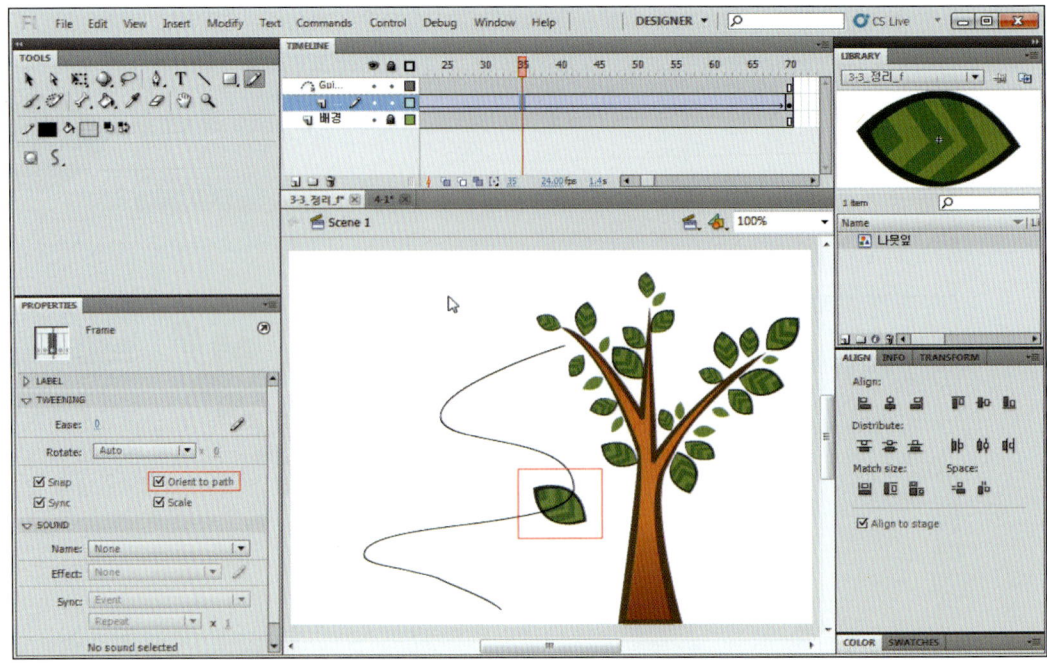

⑤ 옵션패널의 Rotate에서 CW를 선택한 후, 텍스트 무비 Crtl + Enter 로 확인하면 '나뭇잎'이 시계방향으로 회전하면서 이동하는 것을 확인 할 수 있습니다.

옵션패널의 Ease값을 변화시켜 보고 텍스트 무비 Crtl+Enter 하여 각각의 값에 따라 위에서 설명한 것과 같이 변화하는 것을 확인할 수 있습니다.

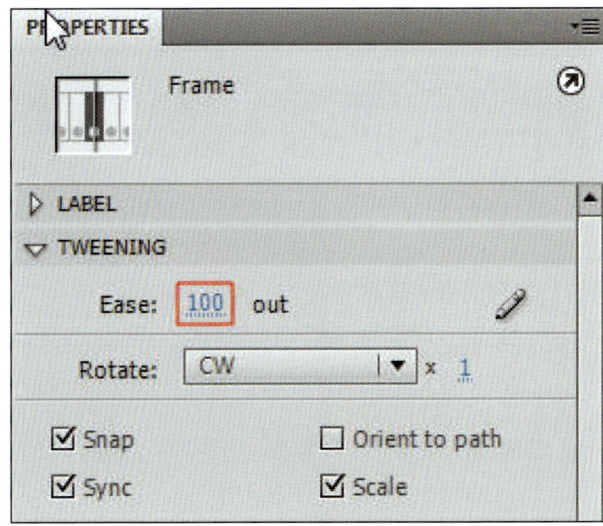

'나뭇잎'의 모션 속도가 점점 느려집니다.

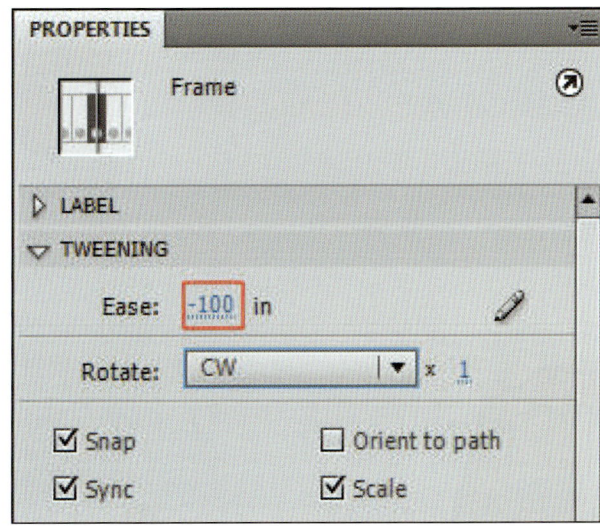

'나뭇잎'의 모션 속도가 점점 빨라집니다.

Practice 3-4 역기구학(IK) 애니메이션

실습파일 3-4.fla

1 역기구학(IK) 애니메이션을 이해하고 활용할 수 있다.

역기구학 애니메이션은 CS4부터 새롭게 추가된 기능으로 사람 몸의 뼈가 관절로 이루어져 세밀하게 움직일 수 있는 것에 착안하여 만들어진 기능입니다. 이 기능은 Action Script 3.0에서 사용할 수 있습니다.

1 실습파일 3-4.fla을 열면, 캐릭터의 머리, 몸통, 팔, 다리가 각각 심벌로 이루어져 있음을 확인할 수 있습니다.

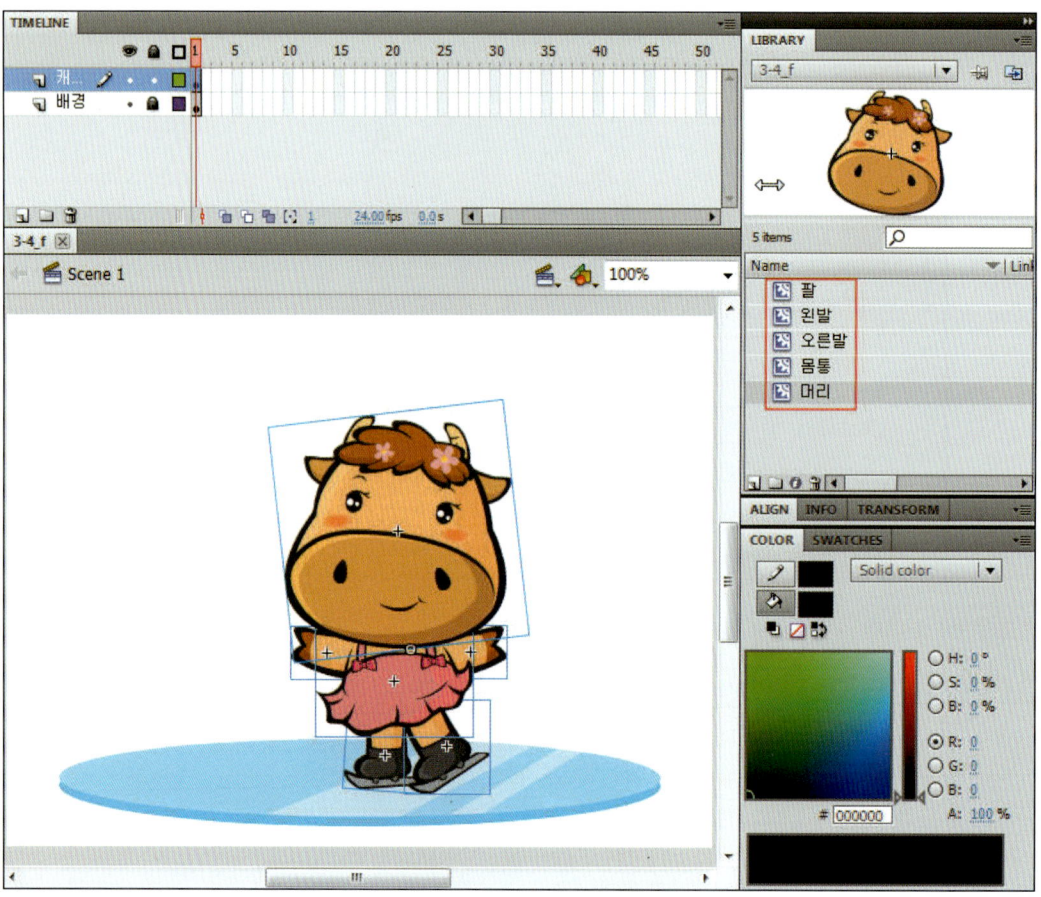

뼈도구(Bone Tool)를 이용하여 몸통에서 머리, 팔, 다리로 연결되도록 뼈대를 심는 작업을 합니다.

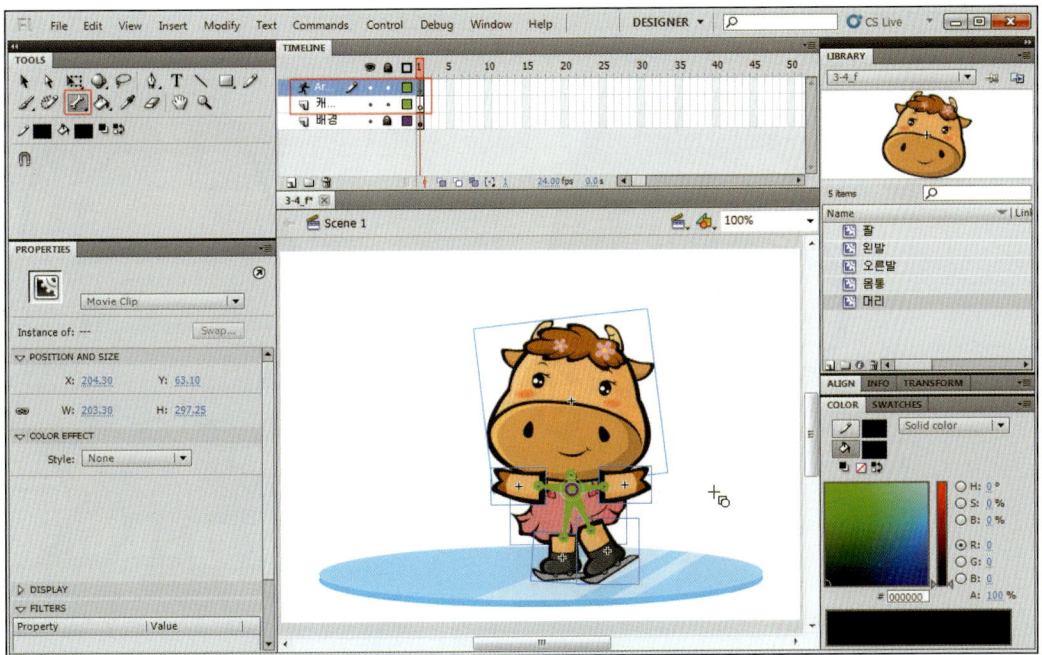

뼈대는 처음 그리는 뼈대가 루트뼈가 됩니다. 그러므로 뼈대를 그리기 시작할 때 몸통에서 시작하여 머리 방향으로 그립니다.

① 화살표방향으로 드래그

PART 03 애니메이션 활용 **107**

다음은 몸통 루트뼈의 시작점에서 다시 클릭하여 그림과 같이 ②③④⑤와 같은 방향으로 드래그하여 뼈대를 그립니다.

③ 뼈대를 그리고 나면, '캐릭터' 레이어에 있던 오브젝트들이 새로 만들어진 'Armature' 레이어로 옮겨지고 '캐릭터' 레이어는 빈 키프레임만이 남아 있는 것을 확인 할 수 있습니다.

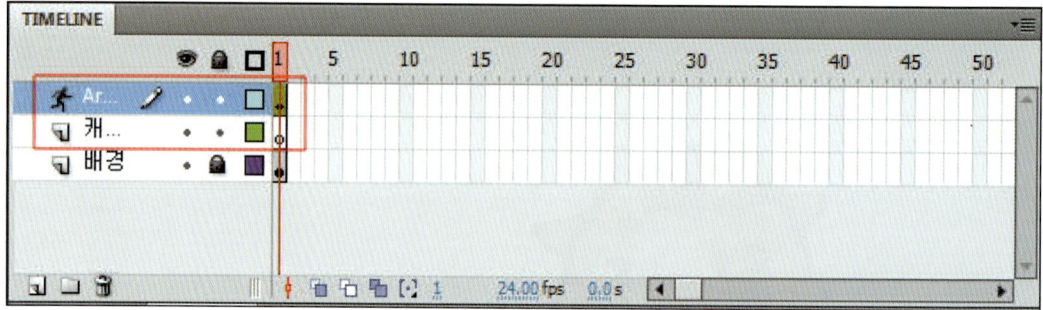

또한, 나중에 뼈대를 그린 심벌이 순서가 바뀌어 위로 올라와 있는 것을 확인할 수 있습니다. 이를 정리하기 위해 '몸통' 무비클립 위에서 오른쪽 버튼을 눌러 [Arrange – Bring to Front]를 선택합니다.

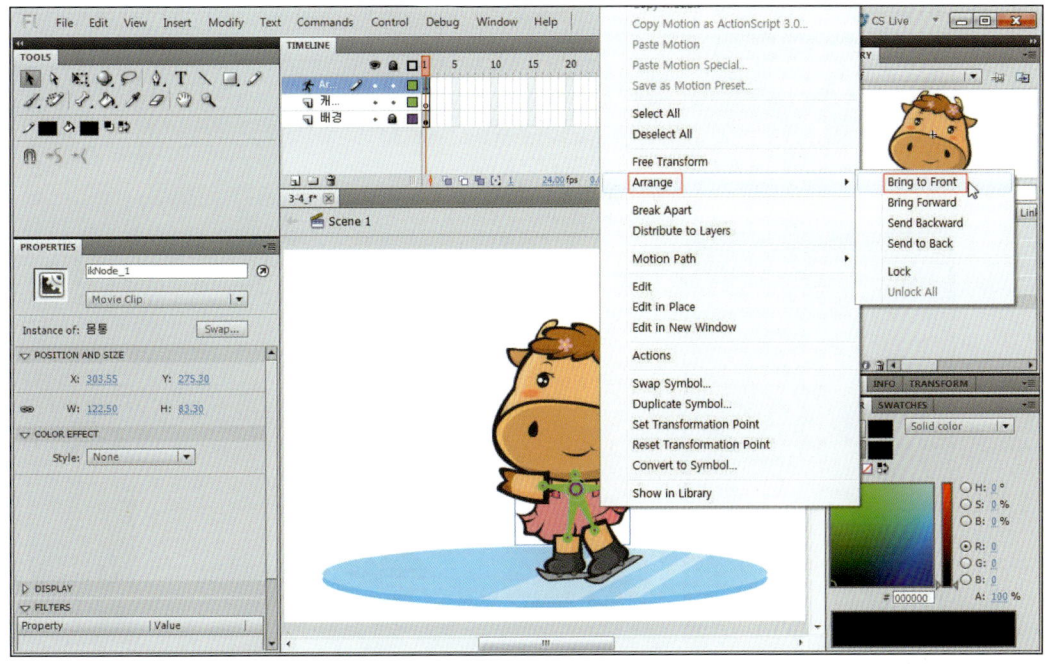

다음으로 '머리' 무비클립도 위와 같이 [Bring to Front] 하여 각 심벌들을 뼈대를 심기 전의 상태로 정리합니다.

정리 전   정리 후

선택도구(Select Tool)를 이용하여 '몸통'에서 시작된 뼈대를 Shift를 누르고 모두 선택한 후, PROPERTIES-JOINT:ROTATION의 Enable 체크를 해제합니다.

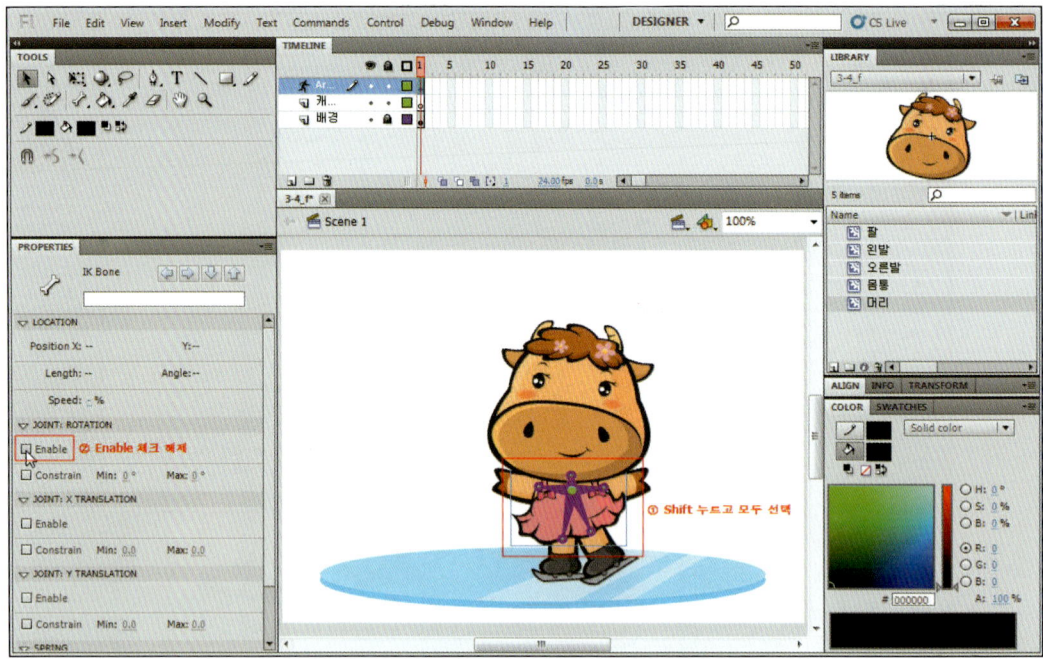

⑤ 'Armature' 레이어 25프레임에서 F6(Insert Pose)을 눌러 키프레임을 추가한 후 선택도구(Select Tool)를 이용하여 다리를 움직여 봅니다.

머리, 팔, 다리 등 각 오브젝트들이 뼈대의 관절을 중심으로 회전합니다. 이를 이용하여 스케이트를 타는 것을 표현하기 위해 시간차를 두어 50프레임, 75프레임에 키프레임을 추가하며 조금씩 오브젝트들을 움직여봅니다.

6 '배경' 레이어가 1프레임만 있으므로 무비가 끝날 때까지 배경이 나올 수 있도록 'Armature' 레이어와 동일한 시점의 프레임(현재는 75프레임)에 프레임 F5 을 추가합니다.

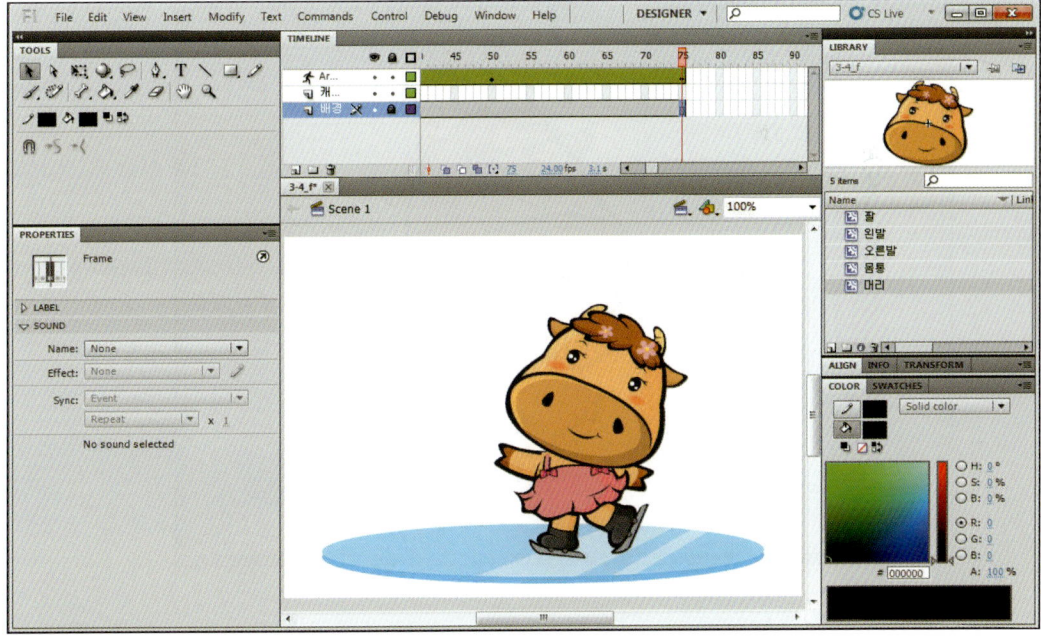

위와 같은 방법을 반복하여 Pose F6 를 추가하며 머리, 팔, 다리를 움직여 애니메이션을 만들어봅니다. 테스트 무비 Crtl + Enter 를 하여 무비를 확인합니다.

정 리 하 기

PROPERTIES - JOINT ROTATION

Enable에 체크가 되어 있는 경우, 루트뼈의 머리 부분이 중심이 되어 전체 관절이 자유롭게 움직입니다. 이로 인해 몸 전체가 움직이거나 연결 부분에서 벗어날 수 있습니다.

이런 경우, Enable의 체크를 해제한다면, 중심에서 나온 뼈대가 고정이 되어 연결된 관절 부분만을 움직일 수 있습니다.

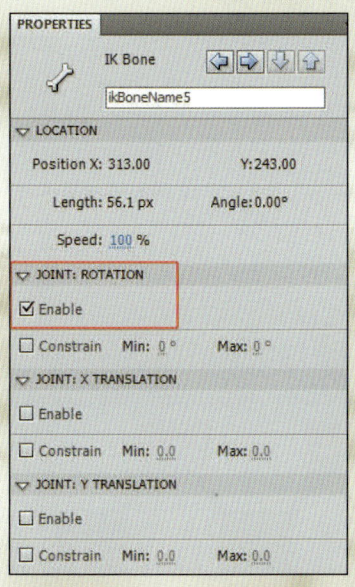 

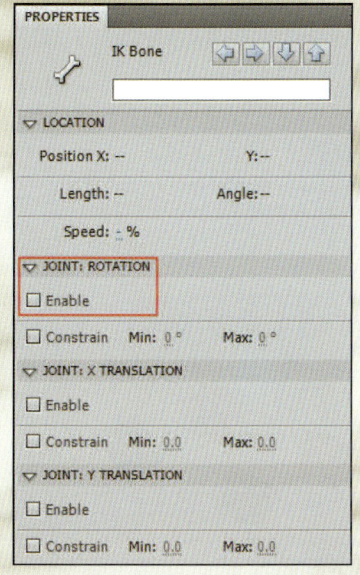 

Bone Tool

뼈도구(Bone Tool)를 이용하여 뼈대를 심을 수 있는 요소는 Shape와 심벌입니다.

① **Shape의 경우**   하나의 Shape에 여러개의 뼈대를 심을 수 있습니다.

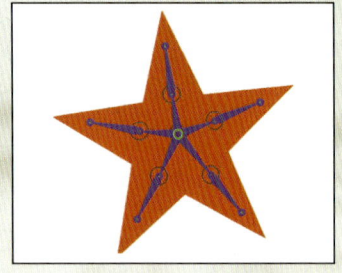 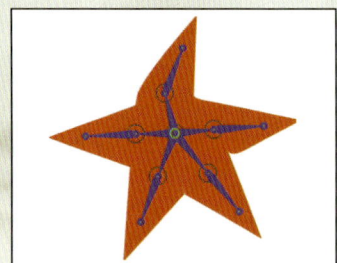

두 개 이상의 Shape에 뼈대를 심을 수 있습니다. 이 때에는 모든 Shape가 동일한 레이어에 있어야 하며, 선택도구를 이용하여 모든 Shape를 선택한 상태에서만 뼈대를 심을 수 있습니다.
만약, Shape가 하나만 선택된 상태라면 선택된 하나의 Shape에만 뼈대가 심어집니다.

 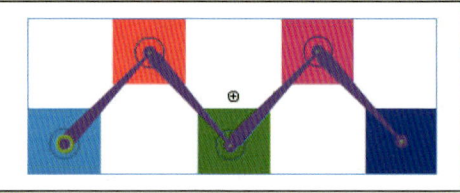

전체가 선택된 상태   뼈대로 연결한 상태

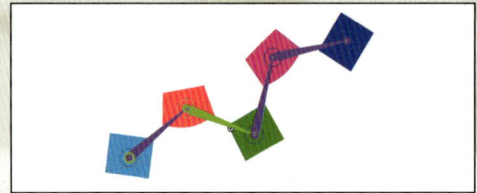

움직임에 따라 Shape의 모양이 바뀐다.

② **심벌의 경우**   심벌에는 하나의 뼈대만 심을 수 있으며 두 개 이상의 심벌이 있어야 합니다.

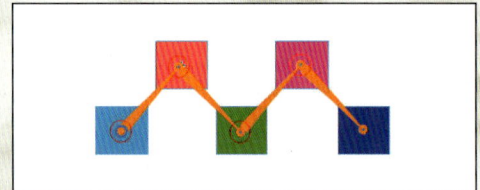 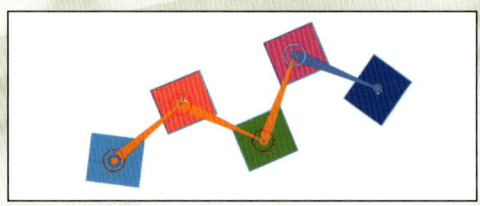

뼈대로 연결한 상태   회전만 할 뿐 모양은 바뀌지 않는다.

PART 04
심벌의 이해

4-1 심벌의 종류
4-2 그래픽 심벌과 무비클립 심벌의 차이점
4-3 블라인드 효과(무비클립의 상속성)
4-4 블라인드 효과(stop액션을 이용한 타임라인 제어)

지금까지는 애니메이션의 기초에 대해 알아보았습니다. 이번 장에서는 플래시의 핵심이라 할 수 있는 심벌에 대해 알아보겠습니다.

심벌은 쓰임새에 따라 다음의 세가지로 나뉘어집니다.
- 그래픽 심벌 모션트윈에 사용할 요소를 만들 때 주로 사용합니다. 가장 기본적인 심벌이라고 볼 수 있으며, 오브젝트를 심벌로 만들 때 가장 첫 단계로 많이 이용합니다.
- 무비클립 심벌 자체적으로 독립적인 무비를 가질 수 있습니다. 또한 모션트윈에도 이용될 수 있으며, 액션스크립트로 제어하기 위해서는 움직임을 가지지 않아도 필수적으로 무비클립 심벌로 만들어야 합니다.
- 버튼 심벌 버튼의 역할을 하는 심벌입니다. 버튼이란 액션스크립트를 이용하여 사용자와의 상호 작용이 가능하며, 다른 오브젝트를 제어하거나 링크를 거는 등의 일을 합니다.

Practice 4-1 심벌의 종류

실습파일 4-1.fla

1 심벌의 종류를 알고 각각의 특성을 이해할 수 있다.
2 심벌을 만드는 방법 2가지를 사용할 수 있다.

실습파일을 열어 각각의 심벌을 만드는 방법을 알아보도록 하겠습니다.

먼저 비트맵 이미지를 그래픽심벌로 등록하도록 하겠습니다.

1 실습파일 4-1.fla를 연후, 라이브러리에서 그림 4-1.png를 드래그하여 스테이지로 옮깁니다.

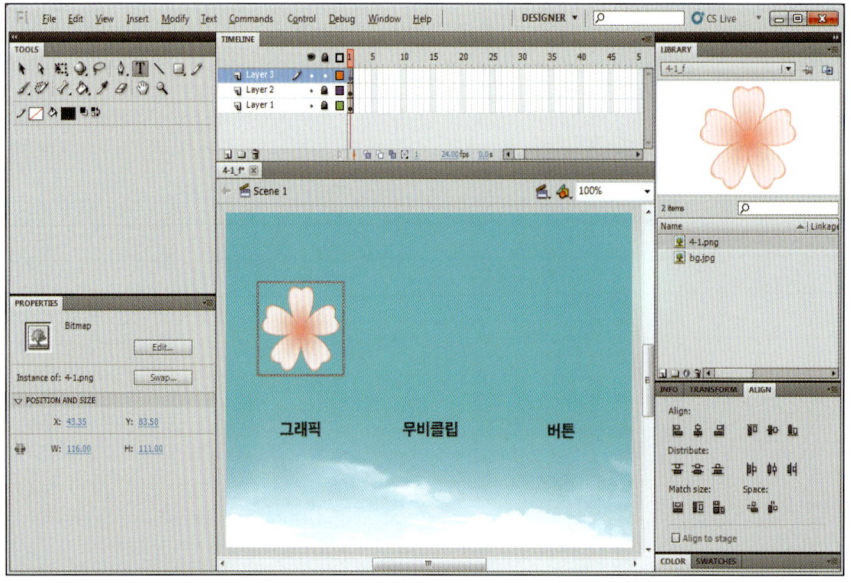

F8 을 눌러 [Convert to Symbol] 창이 뜨면 심벌의 이름을 입력하고 Type을 Graphic으로 설정하고 Registration을 중앙으로 설정합니다.

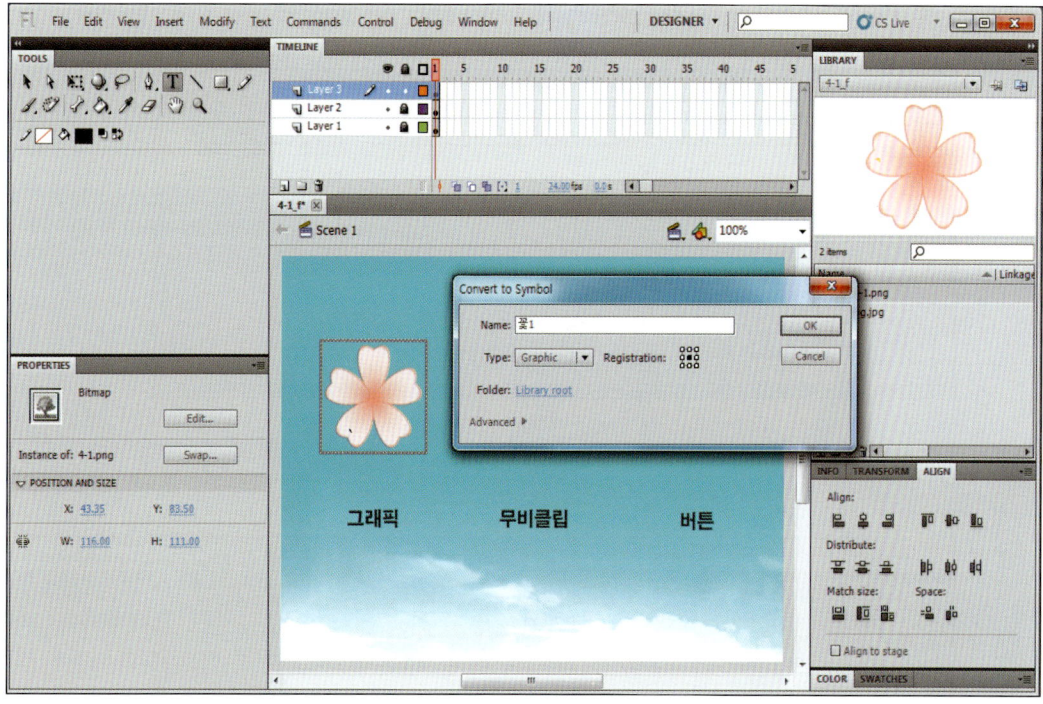

라이브러리에는 그래픽 심벌이 등록되고 스테이지상의 오브젝트는 심벌화되어 파란색라인이 생깁니다.

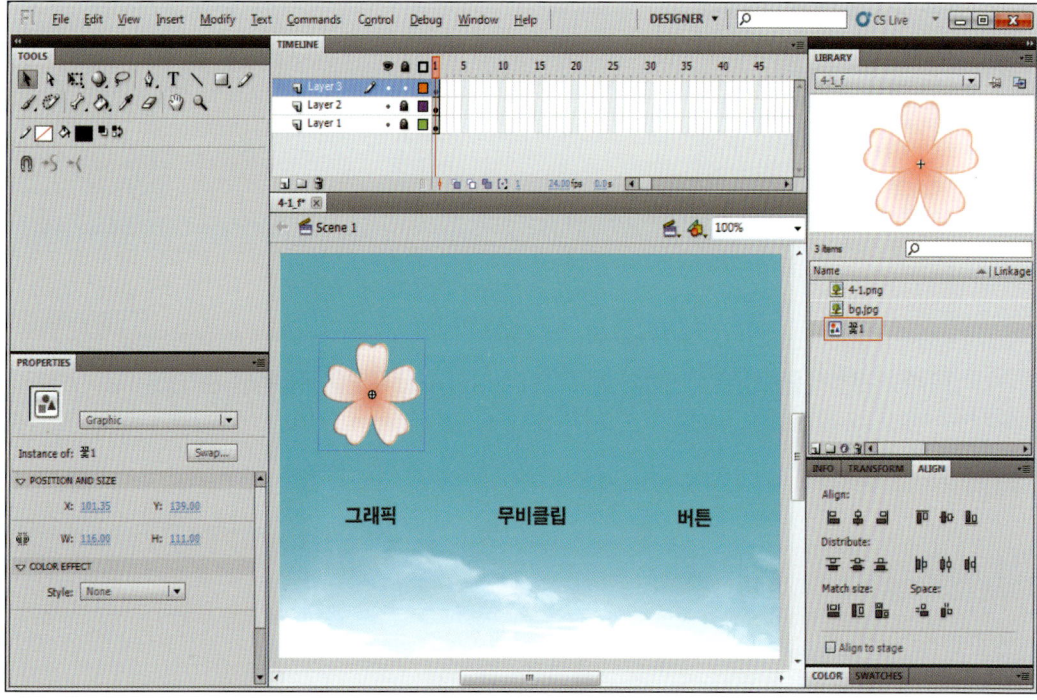

이번에는 심벌 편집창에서 무비클립 심벌을 만들어보겠습니다.

③ Crtl+F8 을 눌러 [Create New Symbol]창이 뜨면 심벌의 이름을 입력하고 Type은 Movie Clip을 선택하고 심벌 편집창으로 들어간 후, 라이브러리에서 그래픽 심벌 '꽃1'을 스테이지로 드래그합니다.

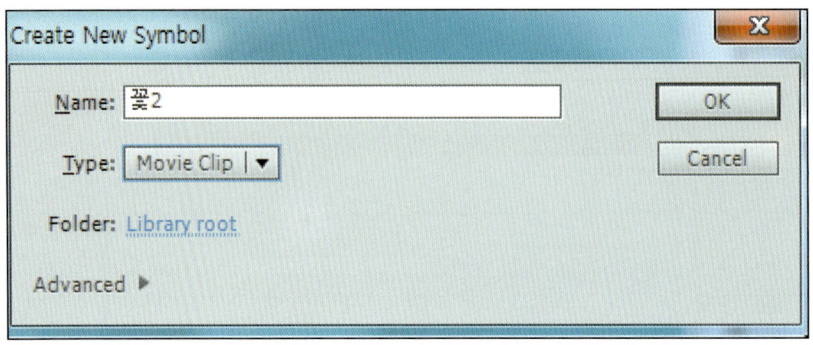

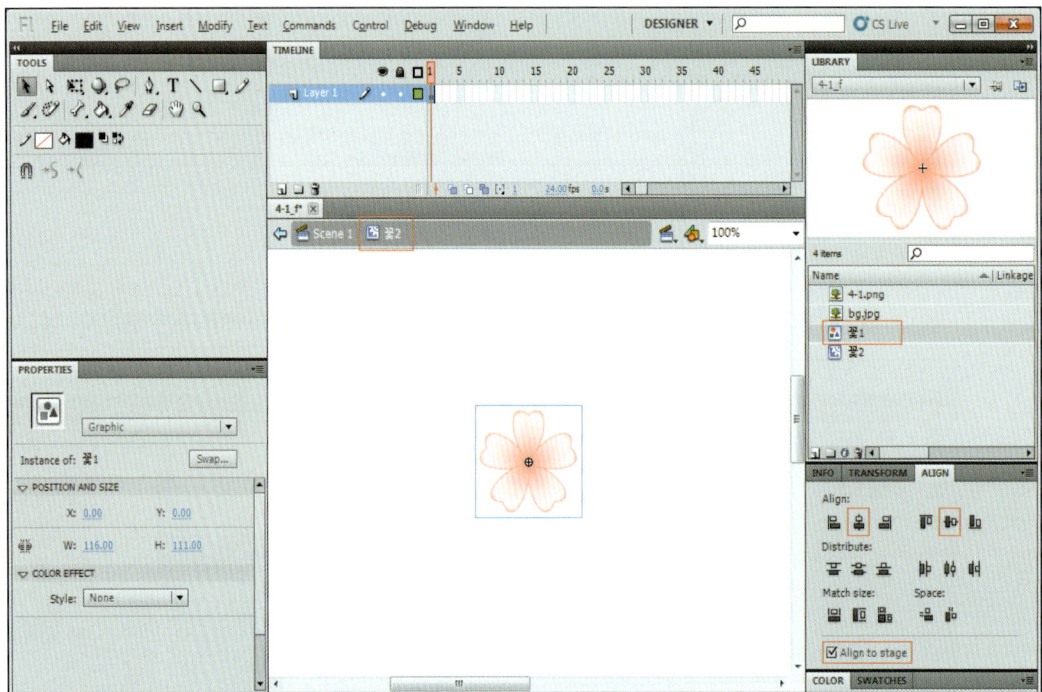

이 때, 오브젝트를 중앙에 배치하기 위해 그림과 같이 Align 패널을 이용하면 편리합니다.

모션트윈을 이용하여 회전하는 애니메이션을 적용해보겠습니다.
타임라인의 40프레임에 키프레임 F6 을 추가합니다.

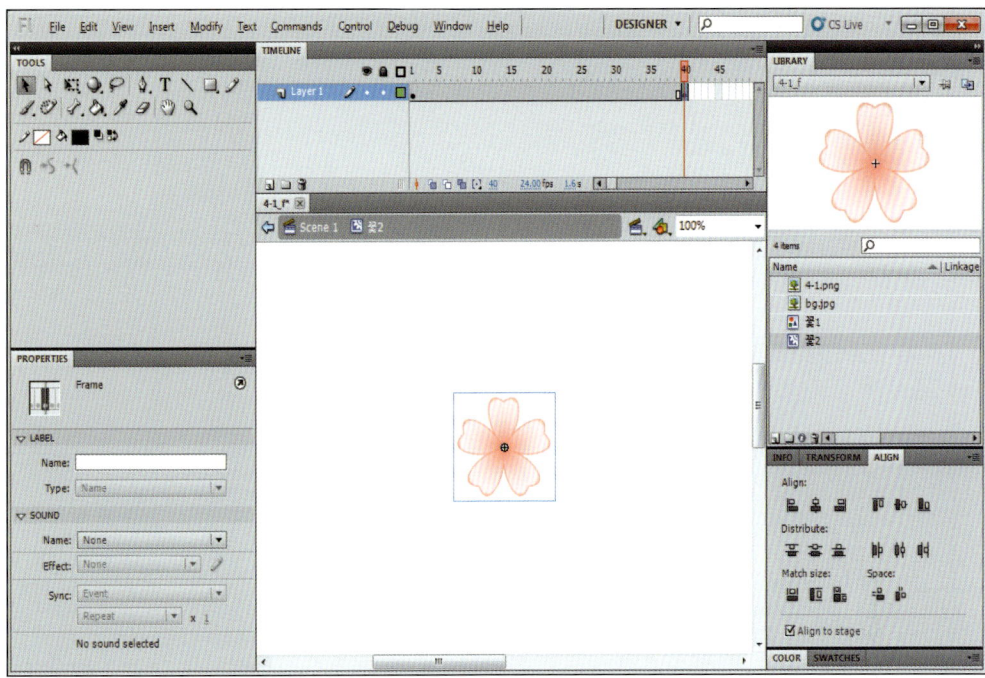

⑤ 프레임의 중간에서 마우스 오른쪽 버튼을 누르고 나타나는 팝업메뉴에서 [Create Classic Tween]을 선택하여
모션 트윈을 적용합니다.

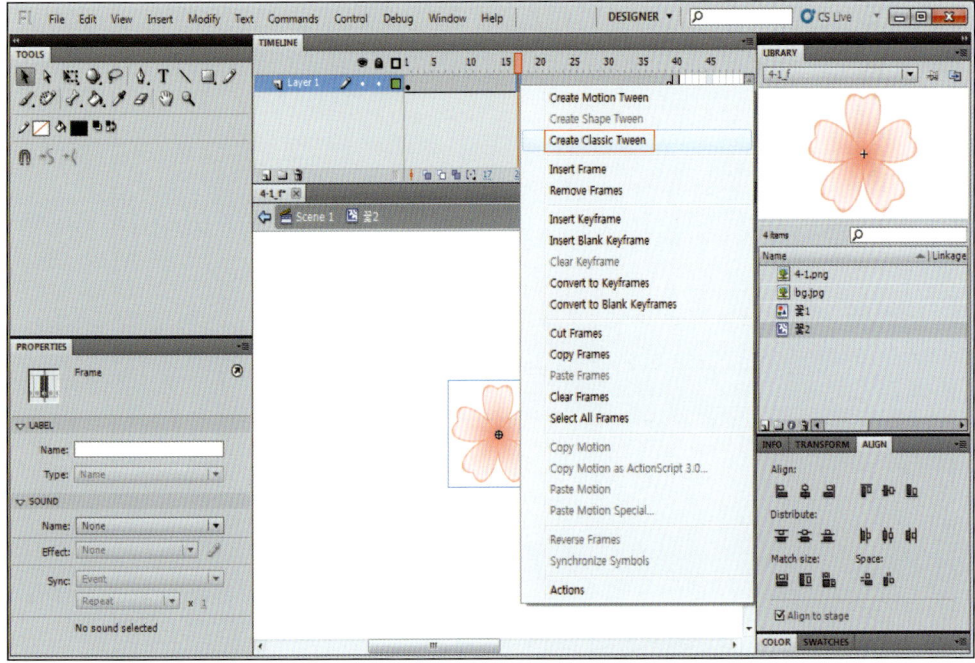

속성(PROPERTIES) 패널에서 Rotate값을 CW로 선택하면 꽃이 회전하는 것을 확인할 수 있습니다.

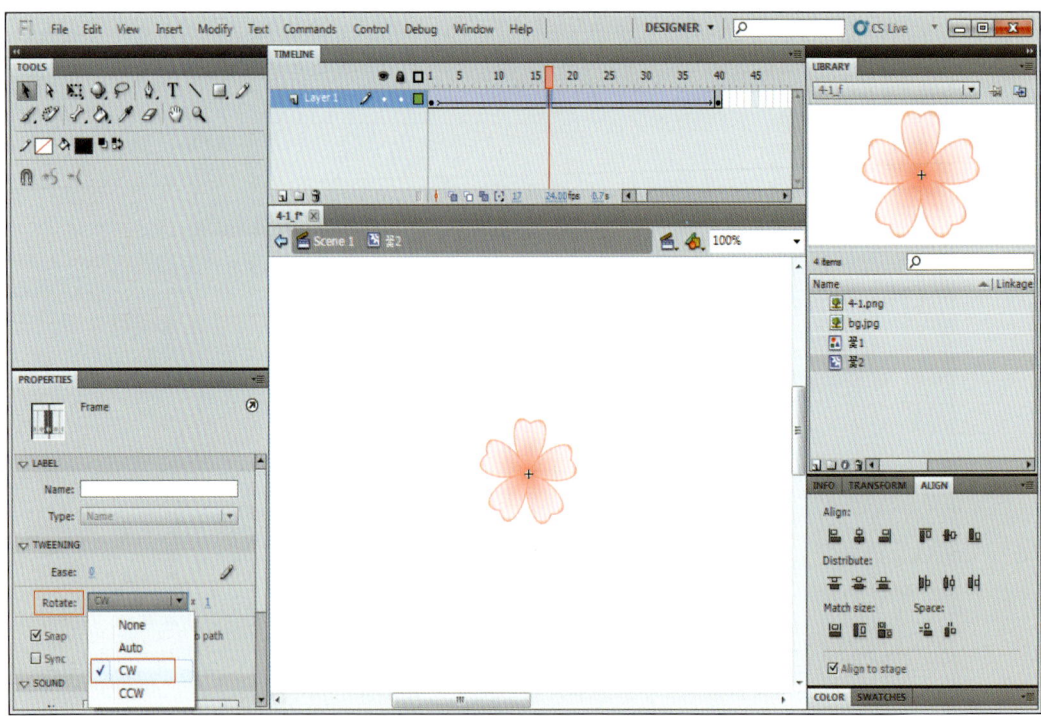

 SCENE1을 클릭하여 심벌편집창에서 스테이지로 이동합니다.

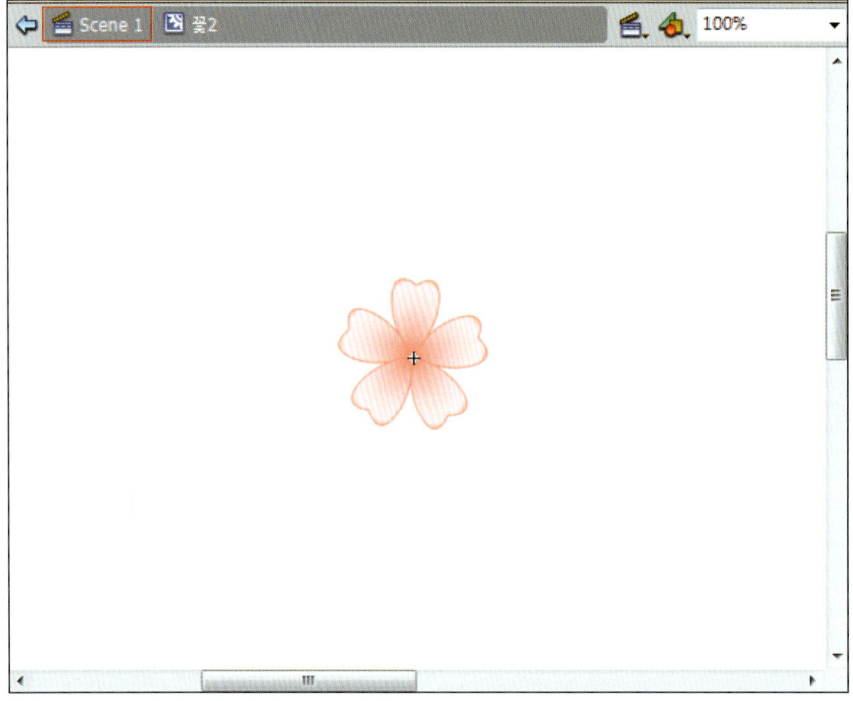

라이브러리에 등록된 무비클립 심벌(꽃2)을 스테이지로 드래그하여 배치합니다.

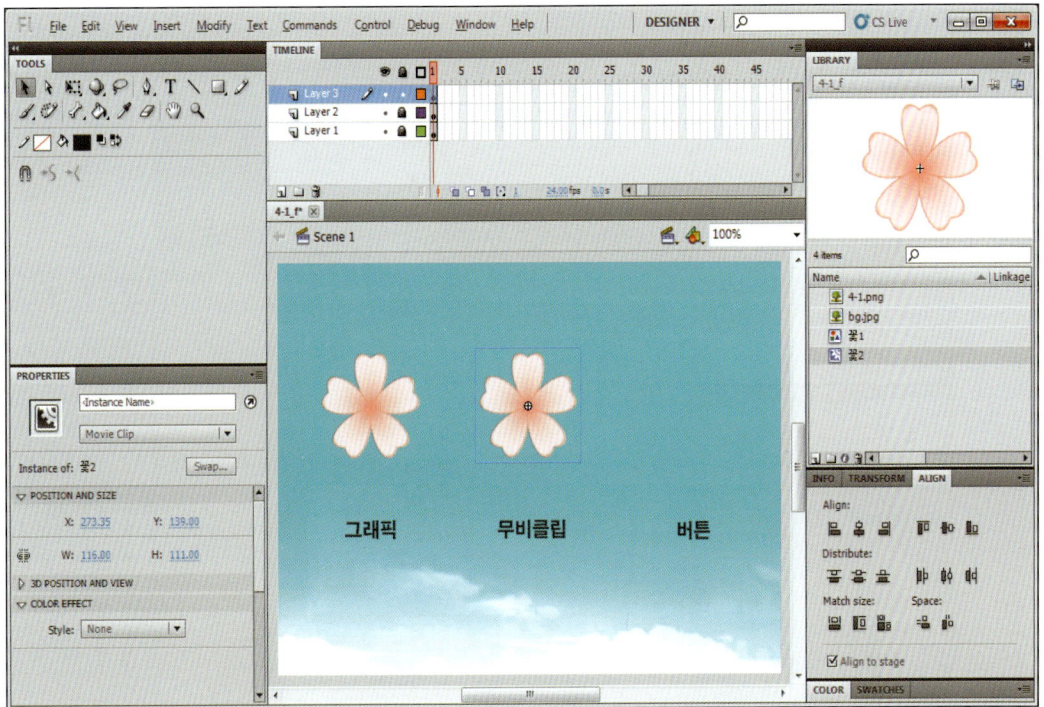

8 이번에는 버튼 심벌을 만들어보겠습니다.

`Crtl + F8`을 눌러 [Create New Symbol]창이 뜨면 심벌의 이름을 입력하고 Type은 Button을 선택하고 심벌 편집창으로 들어갑니다.

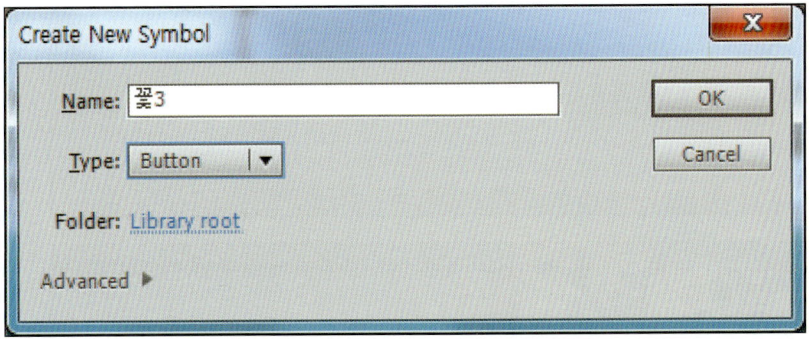

버튼 심벌 편집창은 타임라인의 프레임이 Up, Over, Down, Hit 네 개의 프레임으로 나뉘어있습니다. 각 프레임은 버튼의 상태를 나타냅니다.

라이브러리의 그래픽심벌(꽃1)을 스테이지로 드래그하여 중앙으로 옮깁니다.

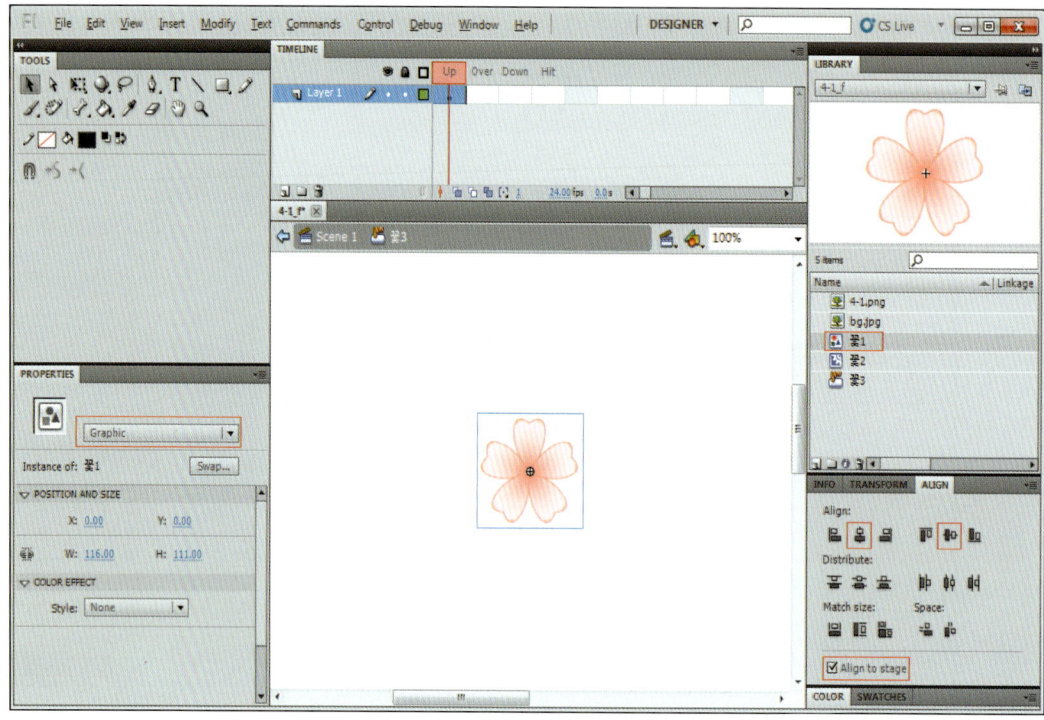

⑩ Over프레임을 클릭하고 Shift 키를 누른 상태로 Hit프레임을 클릭하여 세 프레임(Over, Down, Hit)을 동시에 선택한 후 키프레임 F6 을 추가합니다.

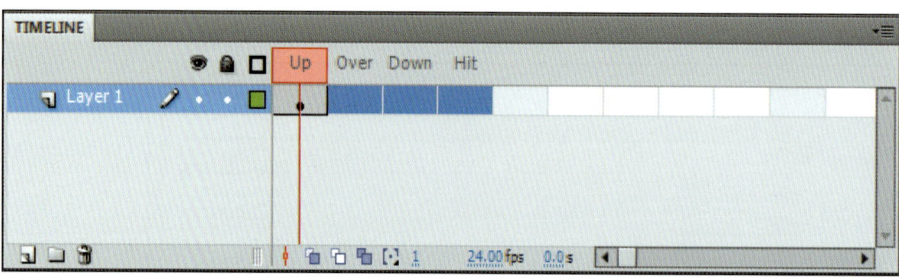

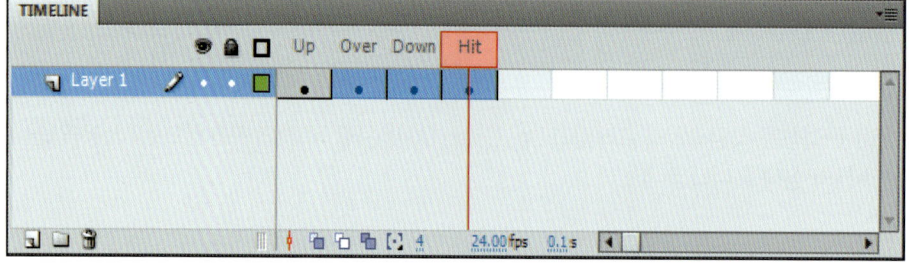

Over프레임을 클릭하여 선택하고 스테이지의 그래픽심벌을 지운 후, 라이브러리에서 무비클립심벌(꽃2)을 드래그하여 스테이지의 중앙에 배치합니다.

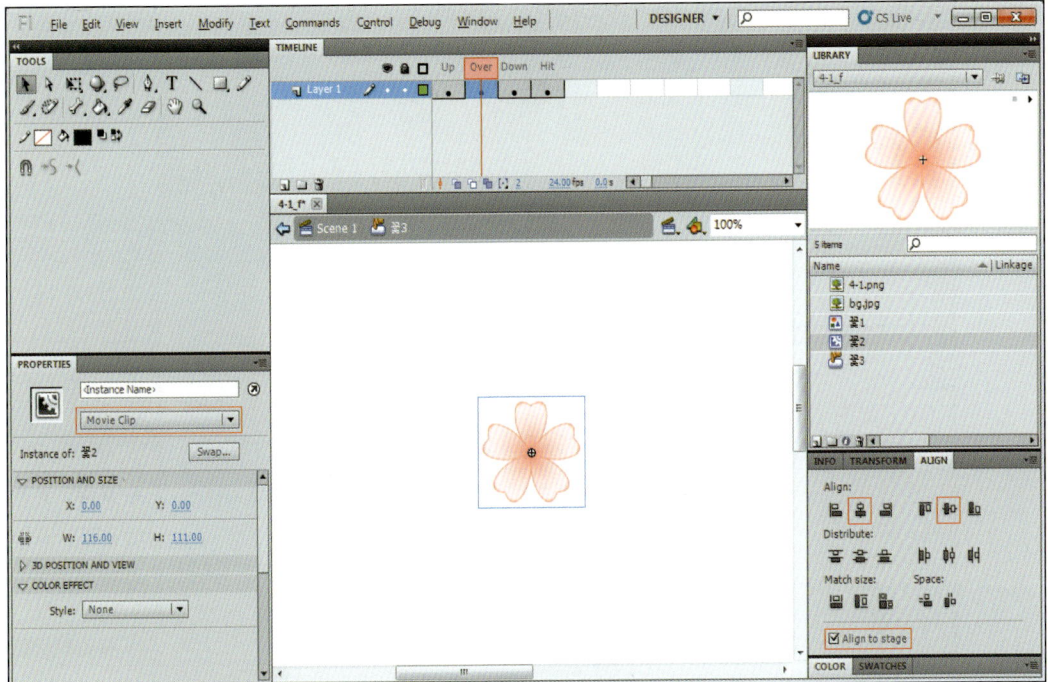

Down, Hit 프레임은 Up 프레임과 같은 그래픽심벌이 배치된 상태로 그대로 두고 스테이지 왼쪽 상단의 Scene1을 클릭하여 심벌편집창을 빠져 나옵니다.

라이브러리에 등록된 버튼 심벌(꽃3)을 스테이지로 드래그하여 배치합니다.

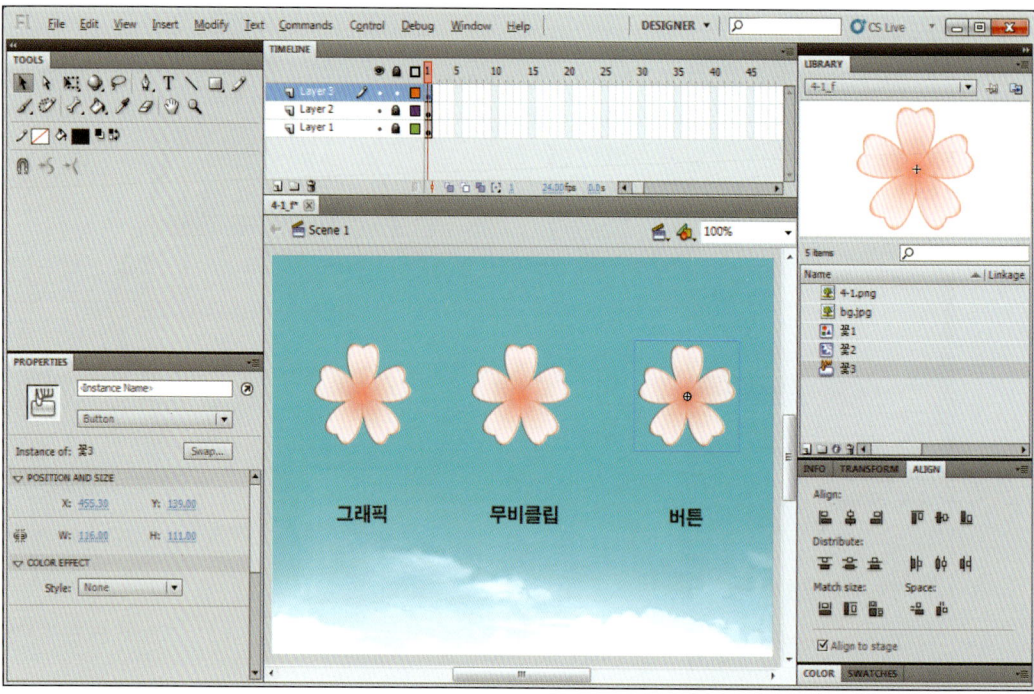

테스트 무비 [Crtl + Enter]를 하여 결과를 확인합니다. 아무 움직임 없이 등록한 그래픽 심벌은 그대로 가만히 있는 상태이고, 회전하는 모션트윈을 적용한 무비클립은 스스로 회전하는 상태, 그리고 버튼심벌은 마우스를 올리면 회전하는 상태로 바뀌는 것을 확인할 수 있습니다.

정리하기

심벌의 특성(재사용)

심벌은 재사용 목적으로 많이 사용합니다. 예를 들어 유치원의 게시판을 만들어야 한다고 가정합니다. 게시판을 꽃밭 컨셉으로 꾸미기 위해 꽃과 나무, 나뭇잎 등이 필요 할 것입니다. 이 때, 색지를 이용해 꽃모양을 만들고 오려서 게시판에 붙여야 합니다. 꽃모양이 10개 정도가 필요하다면 10개 분량의 종이와 노력이 필요합니다. 하나 하나 꾸며나갈 때마다 종이를 오려 새로 만들어 붙여야 한다는 것입니다. 이렇게 하면 많은 노력과 더불어 사용되는 종이 양도 늘어갈 것입니다.

그런데, 이 유치원에는 요술 바구니가 있습니다. 이 요술 바구니에는 꽃, 나무, 나뭇잎 등의 필요한 모양들이 미리 만들어져 담겨있습니다. 꽃을 하나 꺼내어 게시판을 꾸미고 또 필요하다면 계속 나오는 요술 바구니입니다. 만약 이런 바구니가 있다면 꽃모양을 새로 만들고 오려내는 작업을 하지 않아도 되고 그만큼 사용되는 종이의 양도 절약할 수 있을 것입니다. 이해가 되시나요? 예를 든 요술 바구니와 같이 플래시에는 라이브러리와 심벌이 있습니다. 만약, 꽃모양이 필요하다면 한 번만 만들어 심벌로 등록하여 라이브러리에 보관해두고, 필요할 때마다 꺼내어 사용하기만 하면 된다는 것입니다. 이 때, 심벌은 아무리 많이 꺼내어 사용한다 해도 파일의 용량은 늘어나지 않는 것입니다.

다음은 셰이프로 직접 그려서 여러번 사용한 경우와 심벌로 등록하여 사용한 경우 용량의 변화를 비교한 것입니다. 아래의 비교를 통하여 셰이프는 용량이 늘어나는 반면, 심벌로 등록한 경우는 아무리 많이 사용해도 용량의 변화가 없음을 확인 할 수 있습니다.

셰이프로 여러개 그려서 사용한 경우

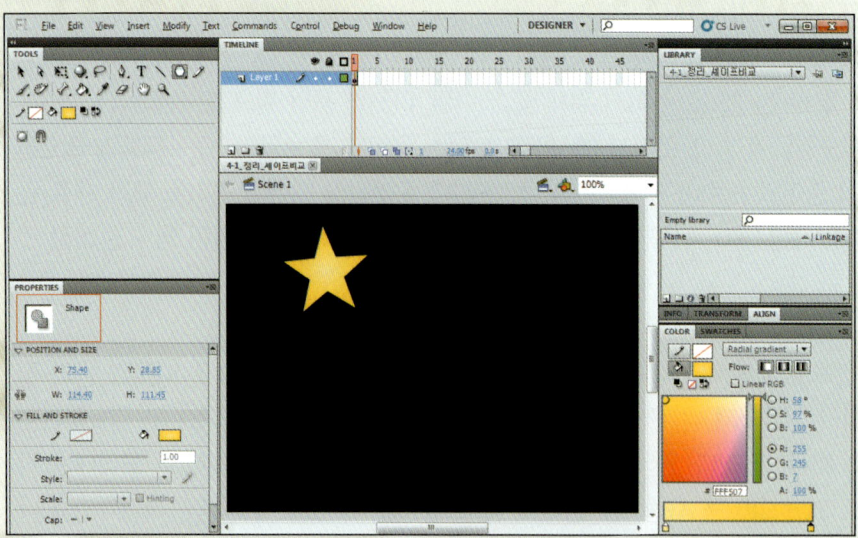

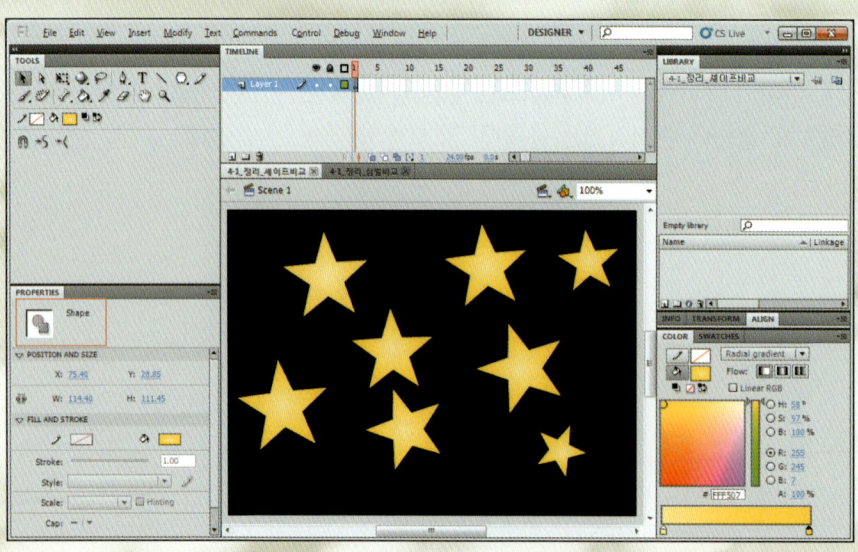

심벌로 등록해서 사용한 경우

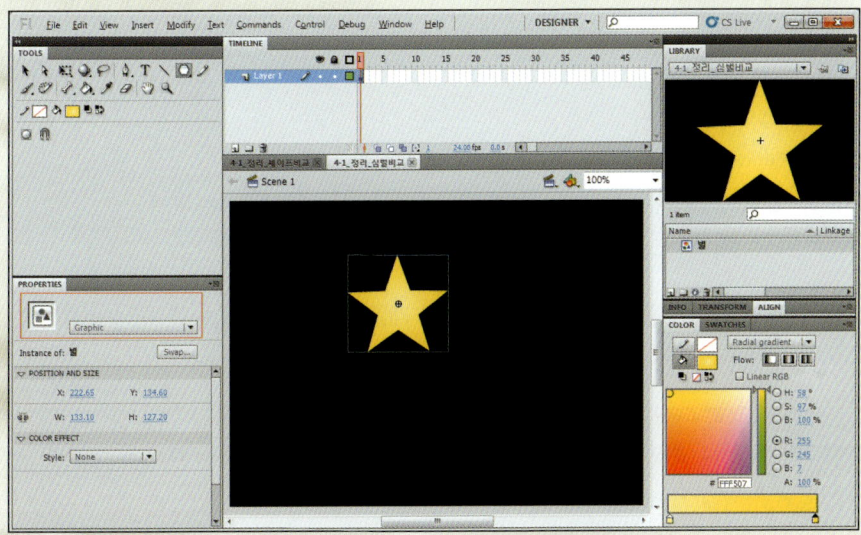

PART 04 심벌의 이해

Practice 4-2 그래픽 심벌과 무비클립 심벌의 차이점

실습파일 4-2.fla

1 그래픽 심벌과 무비클립 심벌의 차이점을 알 수 있다.
2 심벌 편집 상태와 스테이지 상태를 구별할 수 있다.

① 실습파일 4-2.fla를 연후, 스테이지에 배치된 그래픽 심벌 두 개를 확인할 수 있습니다. 하나는 그래픽 심벌로 만들 것이고, 나머지 하나는 무비클립 심벌로 만들어 차이점을 비교하고자 합니다.

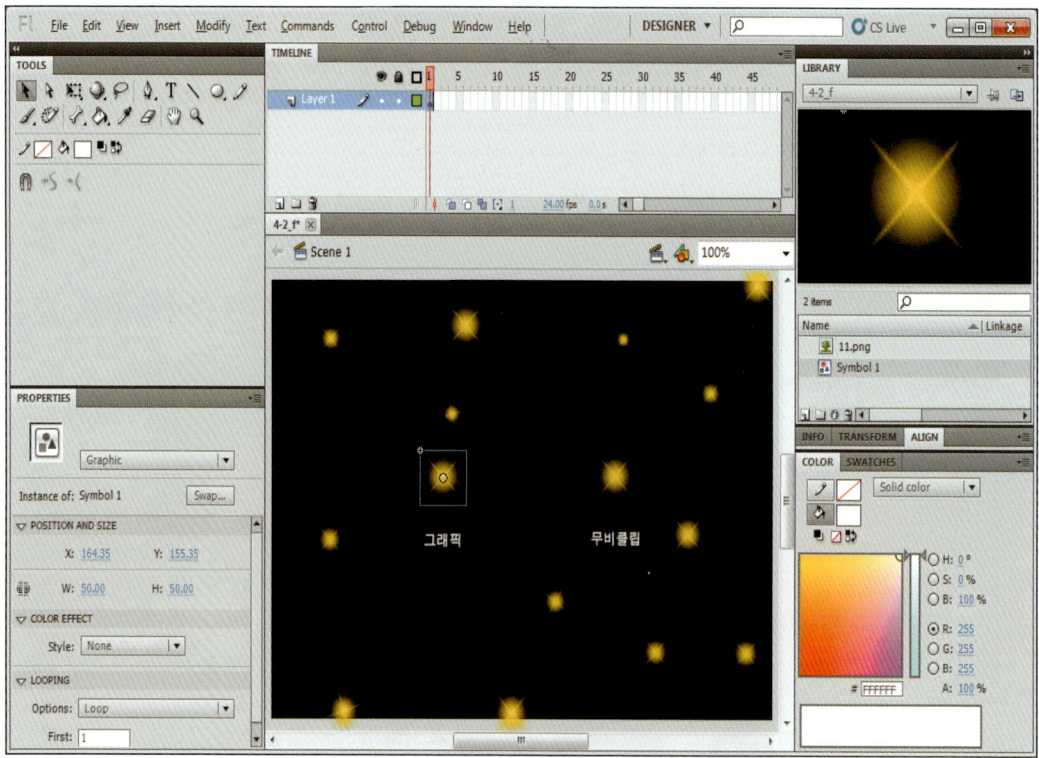

② 왼쪽 그래픽 심벌을 선택하고 F8 을 누른 후, '별1'을 입력하고 Type은 Graphic으로 선택하여 심벌을 등록합니다.

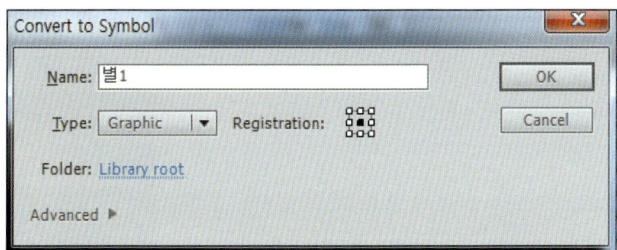
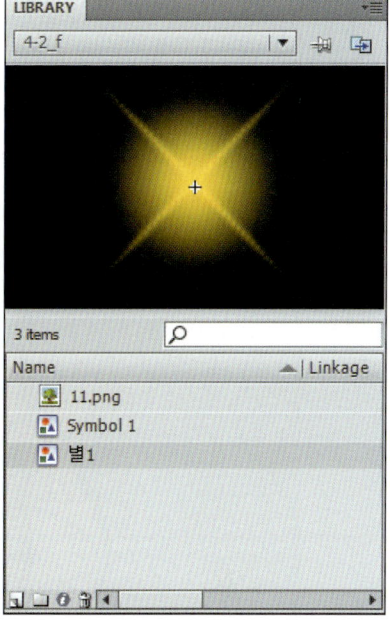

③ 오른쪽 그래픽 심벌을 선택하고 F8 을 누른 후, '별2'을 입력하고 Type은 Movie Clip으로 선택하여 심벌을 등록합니다.

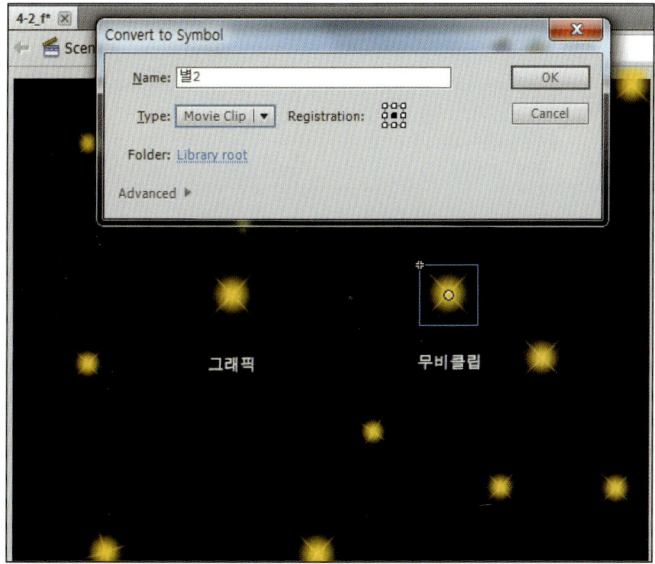
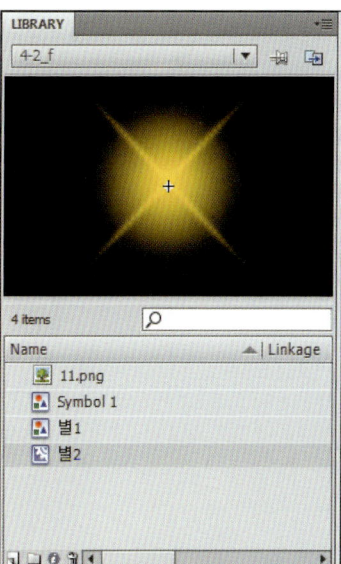

그래픽 심벌 '꽃1'을 더블클릭하면 그림과 같이 심벌 편집 상태로 들어갑니다.

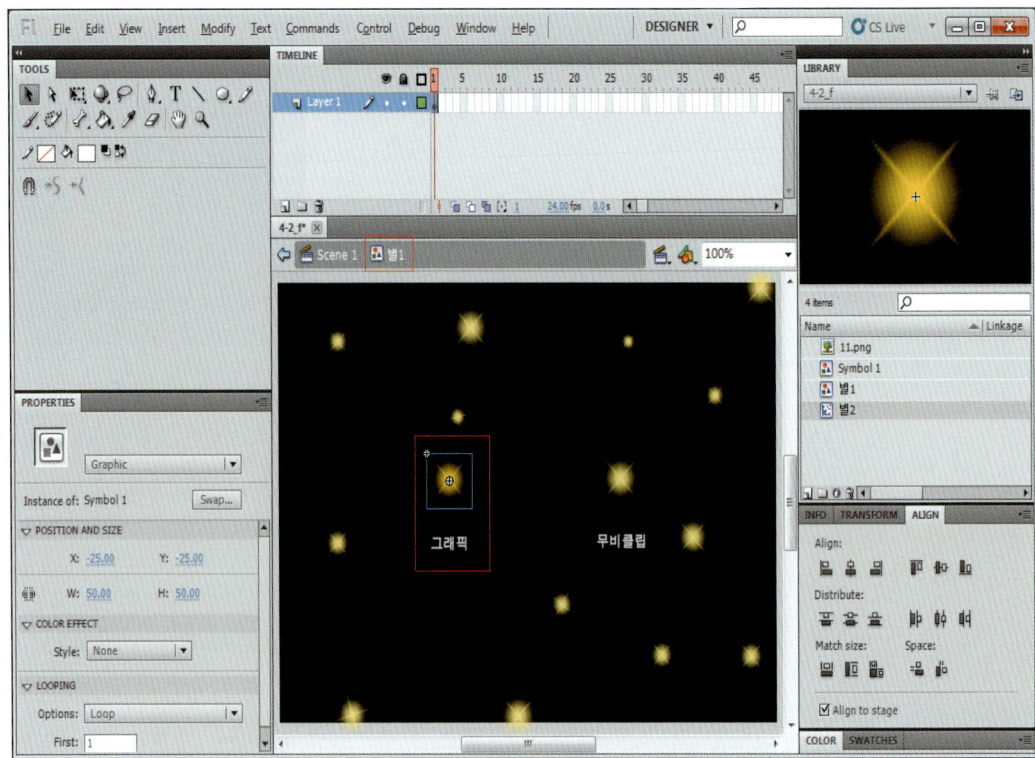

스테이지에서 심벌을 더블클릭한 경우(심벌 편집상태) : 스테이지 상의 다른 요소들은 색이 연해지며 비활성화 상태가 됩니다.

⑤ 타임라인의 30프레임을 클릭하고 키프레임 F6 을 추가한 후, 프레임 위에서 마우스 오른쪽 버튼을 눌러 [Create Classic Tween]을 적용하고 Rotate를 CW로 설정합니다.

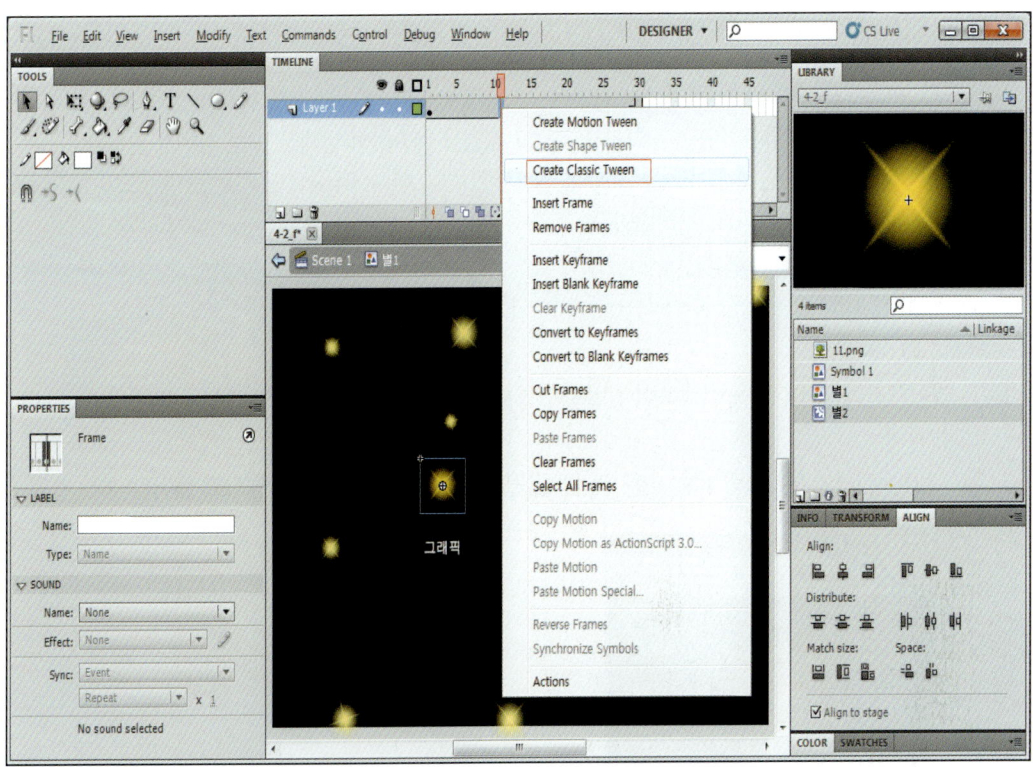

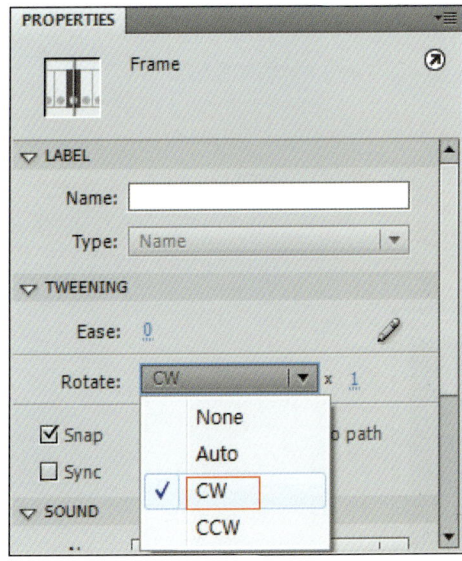

Enter를 쳐서 회전하는 별을 확인할 수 있습니다.

Enter를 치면 플레이헤드가 무비가 적용된 프레임을 지나가며 스테이지 상에서 바로 확인할 수 있습니다.

PART 04 심벌의 이해 **131**

Scene1을 클릭하면 스테이지 상태로 돌아갈 수 있습니다. 스테이지로 돌아가면 외관상으론 처음 상태와 바뀐 것이 없습니다. 즉, 지금까지 스테이지와는 별개의 공간이라 볼 수 있는 심벌 편집창에서 심벌 내에 애니메이션을 적용한 것입니다.

흔히 심벌을 만들고 실수로 심벌을 더블클릭하는 경우, 심벌 편집 상태로 들어갑니다. 이런 경우, 타임라인의 모양이 같고, 스테이지 상의 오브젝트들이 비활성 상태이긴 하지만 그대로 다 보이기 때문에 자신이 어느 상태에 있는지 확인하지 않고 작업을 계속하여 낭패를 보는 경우가 생깁니다.

스테이지의 상단에 있는 작업 상태를 항상 확인해야 하며, 더 중요한 사항은 여러분이 심벌에 대해 정확히 이해하여야 하는 부분입니다.

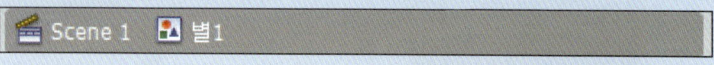

다음은 라이브러리에서 심벌을 선택하여 심벌 편집창으로 들어가 작업해 보겠습니다.

 라이브러리의 무비클립 심벌 '별2'의 썸네일을 더블클릭하여 심벌 편집창으로 들어갑니다.

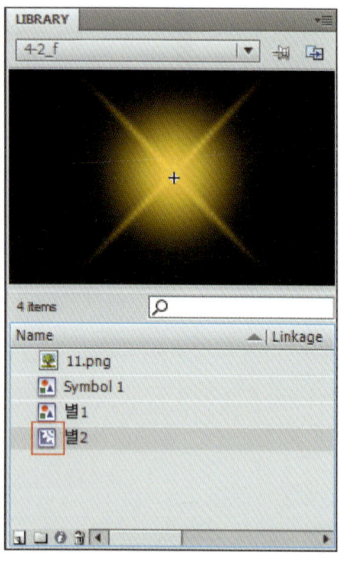

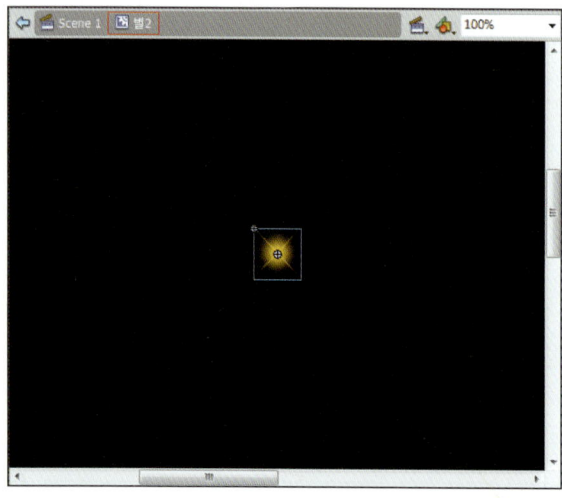

7 타임라인의 30프레임에 키프레임 F6 을 추가하고 [Create Classic Tween]을 적용합니다.

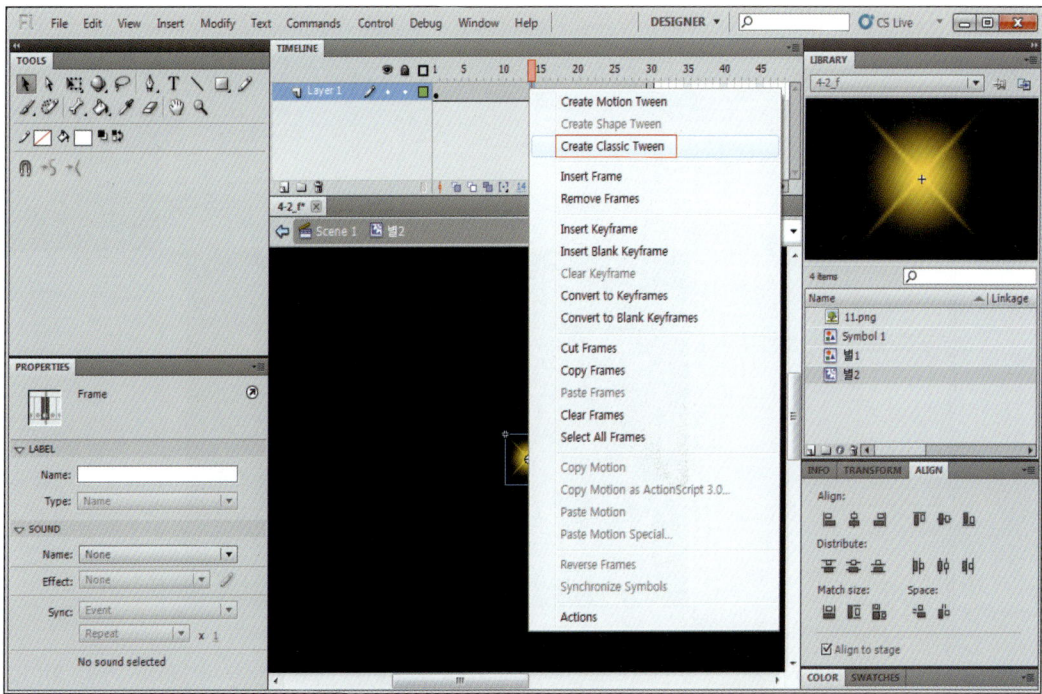

8 그림과 같이 Rotate를 CW로 설정합니다.

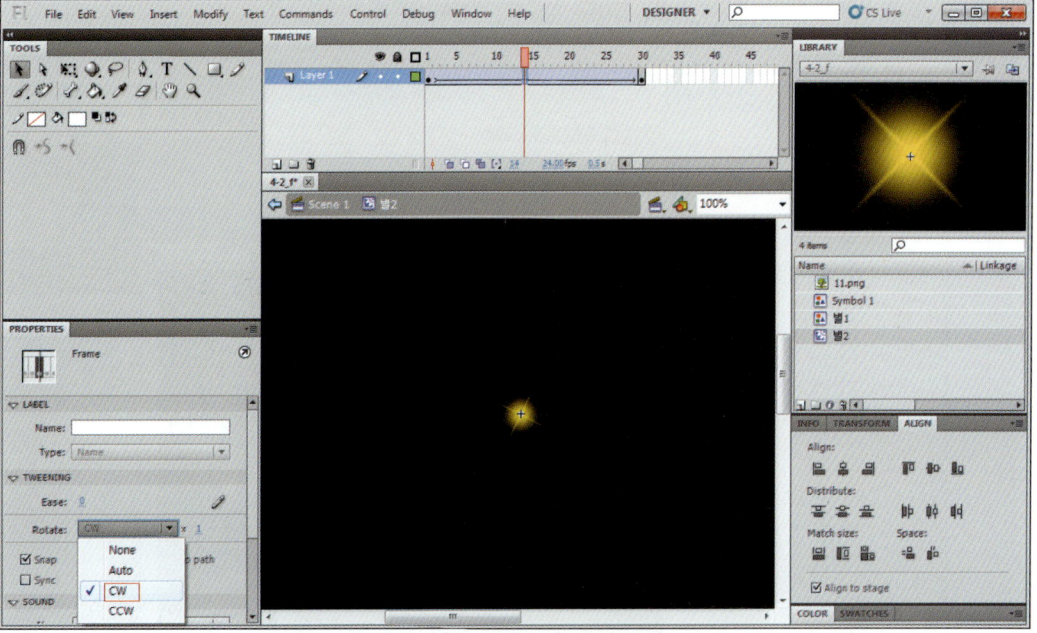

⑨ Scene1을 클릭하여 스테이지로 돌아가면 타임라인이나 스테이지 상의 오브젝트들은 처음과 변한 것이 없음을 확인할 수 있습니다. Crtl + Enter 를 쳐서 테스트 무비를 하여 결과를 확인해 봅니다.

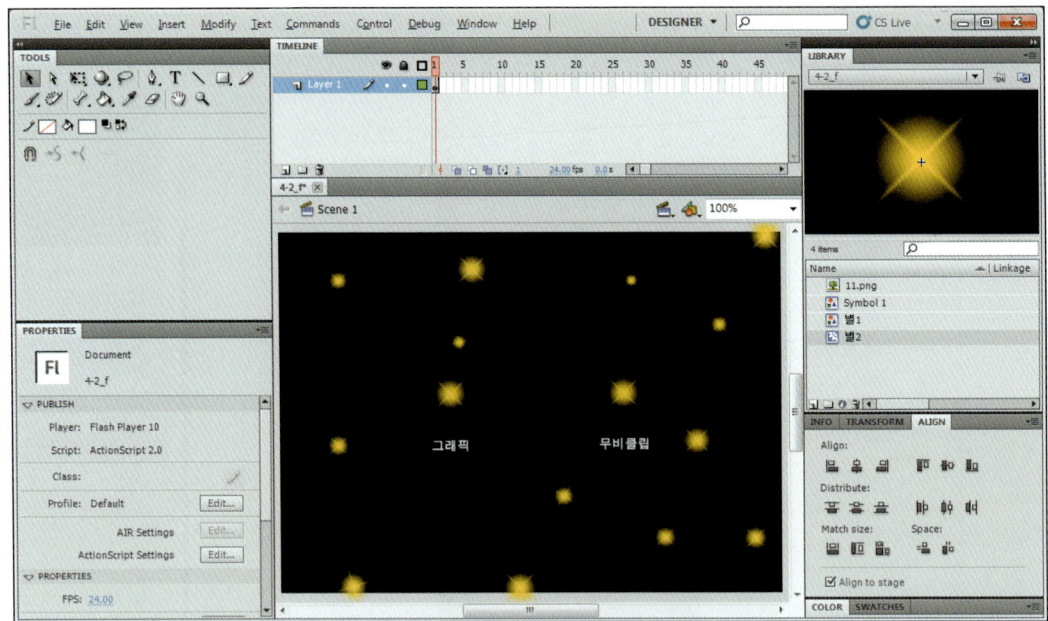

테스트 무비 Crtl + Enter 결과 그래픽심벌은 움직이지 않는 반면, 무비클립은 회전하는 것을 확인할 수 있습니다.

⑩ 타임라인의 30프레임에 프레임 F5 을 추가합니다.

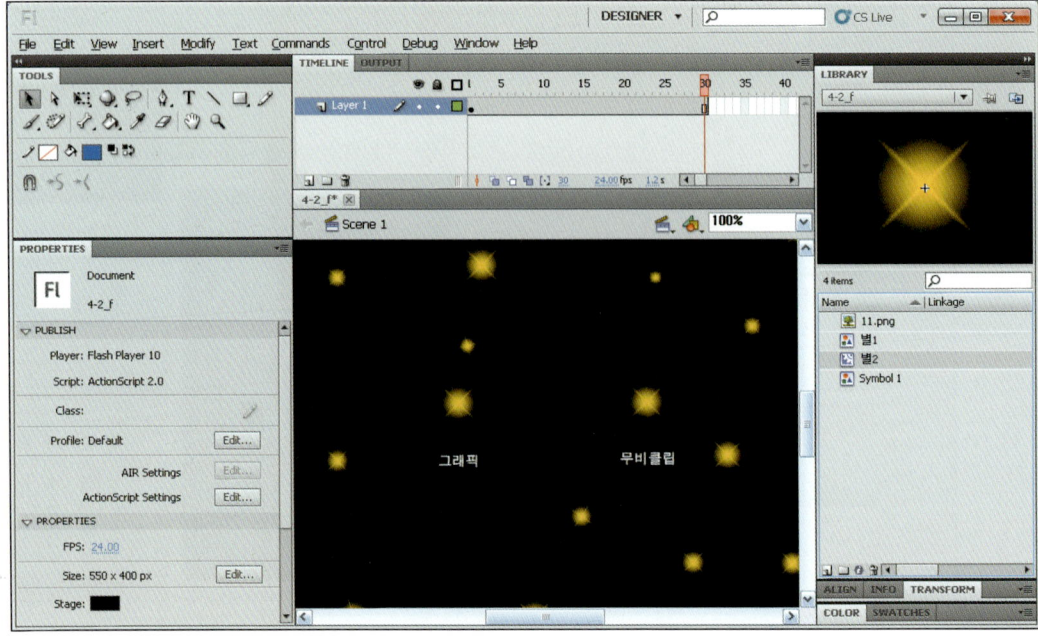

다시 한 번 테스트 무비를 하면 심벌 두 개가 같이 회전하는 것을 확인할 수 있습니다.

무비클립 심벌은 시간의 구애 없이 독립적인 애니메이션을 포함할 수 있습니다. 그래서, 위의 예제에서 확인했듯이 무비클립 심벌은 스테이지의 타임라인 프레임이 1프레임만 있어도 자체 애니메이션을 플레이 할 수 있습니다.

반면, 그래픽 심벌은 스테이지의 시간에 영향을 받아 같은 시간이 주어지면 동기화 되며, 스테이지의 프레임 수만큼 애니메이션이 플레이 됩니다.

Practice 4-3

블라인드 효과
(무비클립의 상속성)

실습파일 4-3.fla

1 무비클립을 중복하여 만들고 무비클립 간의 상속성 관계를 알 수 있다.
2 오브젝트의 위치와 크기를 속성 패널을 이용하여 설정할 수 있다.
3 플래시 스테이지와 오브젝트의 좌표를 이해하고 활용할 수 있다.

① 실습파일 4-3.fla를 연후, 두 개의 레이어에 배치된 두 장의 이미지가 있는 것을 확인할 수 있습니다. 테두리가 없는 사각형을 '마스크' 레이어에 그립니다. 이 때 색은 어떤 색이라도 상관없습니다.

② 선택도구(Select Tool)를 이용하여 사각형을 선택하고 나타나는 속성(PROPERTIES) 패널의 POSITION AND SIZE 속성값을 X:0 Y:0 W:50 H:400으로 설정합니다.

③ 사각형이 선택된 상태에서 F8 을 눌러 무비클립 심벌로 변환합니다. 이 때 Resistration은 그림과 같이 왼쪽 상단으로 선택합니다.

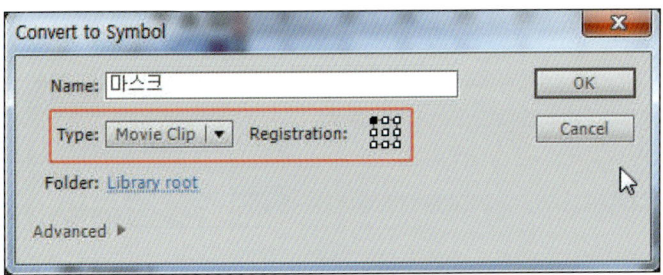

④ 스테이지의 사각형이 무비클립으로 변환되어 있는 것을 확인할 수 있습니다. 이제 스테이지에서 무비클립 편집상태로 들어가서 모션을 적용하도록 하겠습니다. 선택도구(Select Tool)를 이용하여 스테이지의 '마스크' 무비클립을 더블 클릭합니다.

⑤ '레이어1'의 30프레임에 키프레임 F6 을 추가합니다. 플레이헤드를 1프레임으로 이동한 후, 선택도구(Select Tool)를 이용하여 스테이지의 사각형을 클릭하면, 크기와 위치를 조절할 수 있는 POSITION AND SIZE 속성이 나타납니다. W : 1로 설정합니다.(W를 0으로 입력하여도 최소값 1이 됩니다.)

타임라인에서 오른쪽 버튼을 눌러 [Create Shape Tween]을 적용합니다.

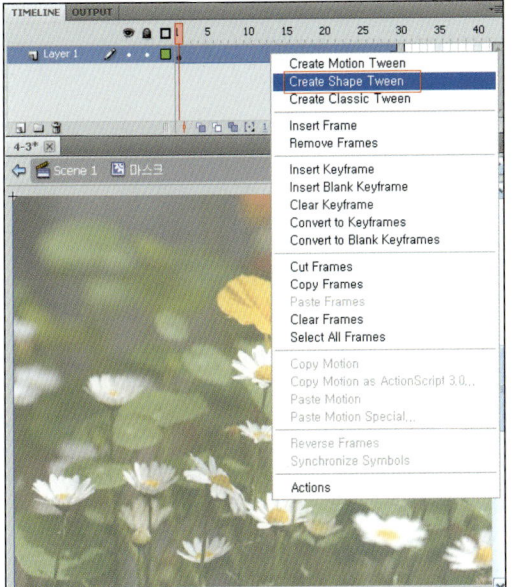 

Scene1을 클릭하여 스테이지로 돌아갑니다. 스테이지에서는 선으로만 남아있는 무비클립을 확인할 수 있습니다. 이제 라이브러리에 있는 마스크 무비클립을 스테이지 전체에 일정한 간격으로 배치해 보겠습니다.
라이브러리의 '마스크' 무비클립을 드래그하여 스테이지로 가져온 후, POSITION AND SIZE 속성에서 X:50 Y:0으로 설정합니다.

⑧ '마스크' 무비클립을 ⑦과 같이 반복하여 스테이지로 가져와 배치합니다.
이 때, X의 값을 50씩 증가시켜가며 450이 될 때까지 반복합니다.

테스트 무비 Crtl + Enter 를 하면 이미지 위에 무비클립이 동시에 나타났다 사라지는 것을 반복하고 있습니다.

⑩ '마스크' 레이어에서 오른쪽 버튼을 누르고 [Mask]를 적용합니다.

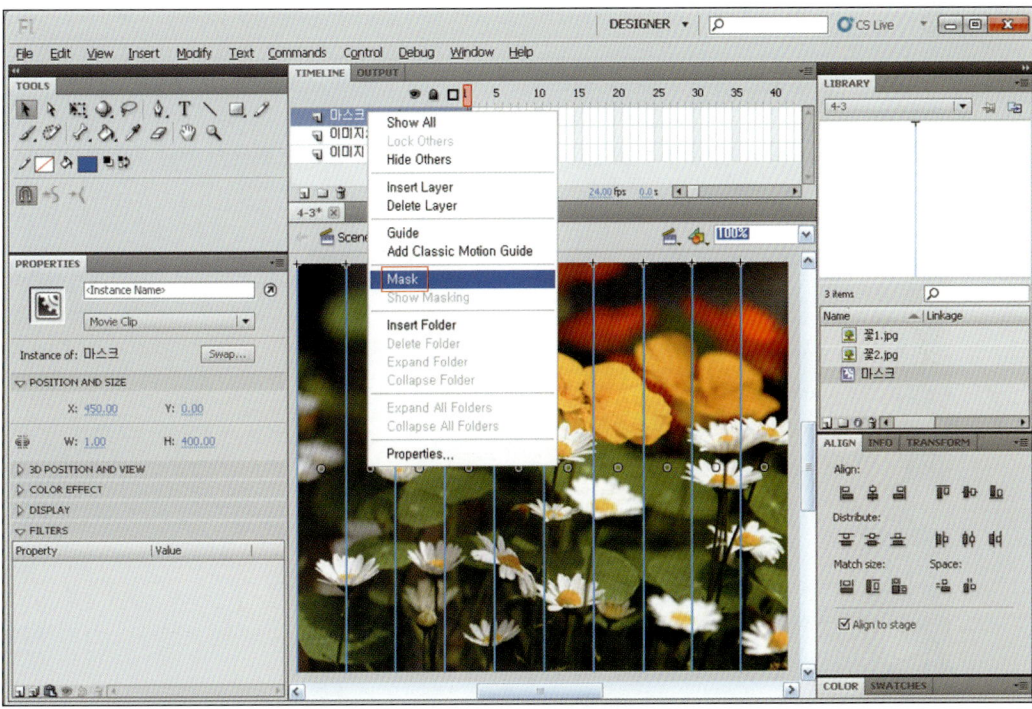

PART 04 심벌의 이해 **141**

11 테스트 무비 Crtl + Enter 를 하면 마스크가 적용되긴 했으나 왼쪽 하나만 적용된 것을 확인할 수 있습니다.

마스크 레이어에 여러개의 개체가 있는 경우, 하나만 적용됨

마스크 레이어에서 오른쪽 버튼을 눌러 체크된 Mask를 선택하여 마스크 상태를 해제하고, '마스크' 레이어의 Lock 상태를 클릭하여 해제합니다.

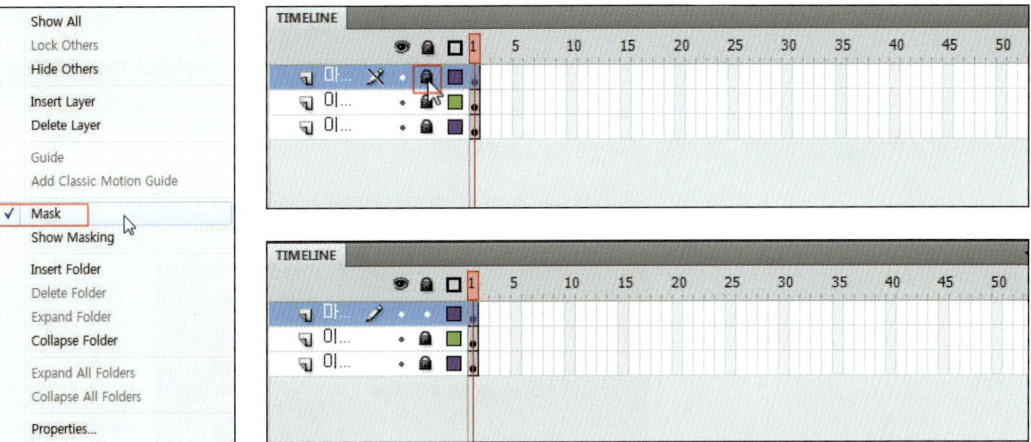

⑬ '마스크' 레이어의 무비클립들이 전부 선택된 상태에서 F8을 눌러 전체를 무비클립으로 변환합니다.

위의 ⑩번과 같이 '마스크' 레이어에 마스크를 적용합니다.
테스트 무비를 하면 마스크가 적용된 것을 확인할 수 있습니다.

이미지 전환 속도를 조정하고 싶을 때

'마스크' 무비클립을 편집하면 됩니다. 라이브러리에서 '마스크' 무비클립을 더블클릭하면 심벌편집창으로 들어가며, 여기에서 모션이 적용된 프레임을 늘이거나 줄이면 됩니다.

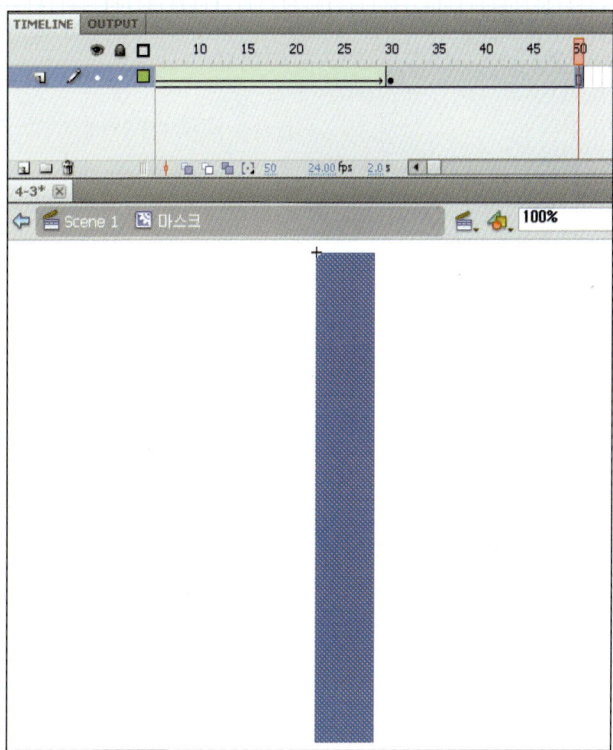

수정 후, 스테이지로 돌아가면 속도가 조절되어 있는 것을 확인할 수 있습니다.

이번 예제에서 심벌이 만들어진 순서를 살펴보면, '마스크' 무비클립을 만들고, 이 무비클립을 다시 '마스크전체' 무비클립으로 만든 것입니다. 그래서 먼저 만들어진 '마스크' 무비클립을 수정하면 그 다음에 만들어진 심벌에 적용이 되는 것입니다. 이와 같은 속성을 심벌의 상속성이라 합니다.

정리하기

플래시 스테이지 좌표

플래시 스테이지의 좌표는 왼쪽 위가 원점입니다.

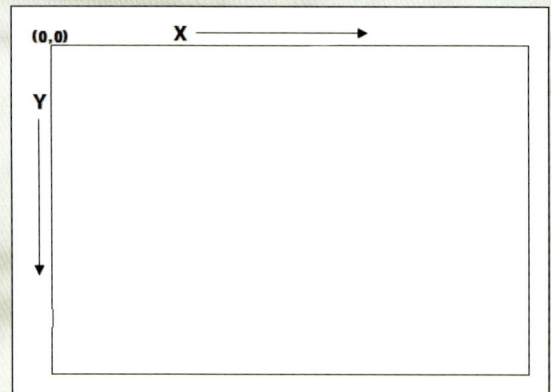

플래시 무비를 만들면서 오브젝트를 스테이지에 배치하고 모션을 주기 위해 옮기는 과정을 거쳐야 하는 경우가 많은데, 이 때, 플래시의 정확한 좌표를 알고 위의 예제에서 보았듯이 수치로 입력을 하는 것이 가장 정확한 방법입니다.

스테이지의 좌표와 함께 알아야 할 것이 셰이프나 심벌의 원점입니다. 셰이프 상태에서는 해당 오브젝트의 왼쪽 위가 원점이 되므로 스테이지의 좌표와 일치시키기가 좋습니다.

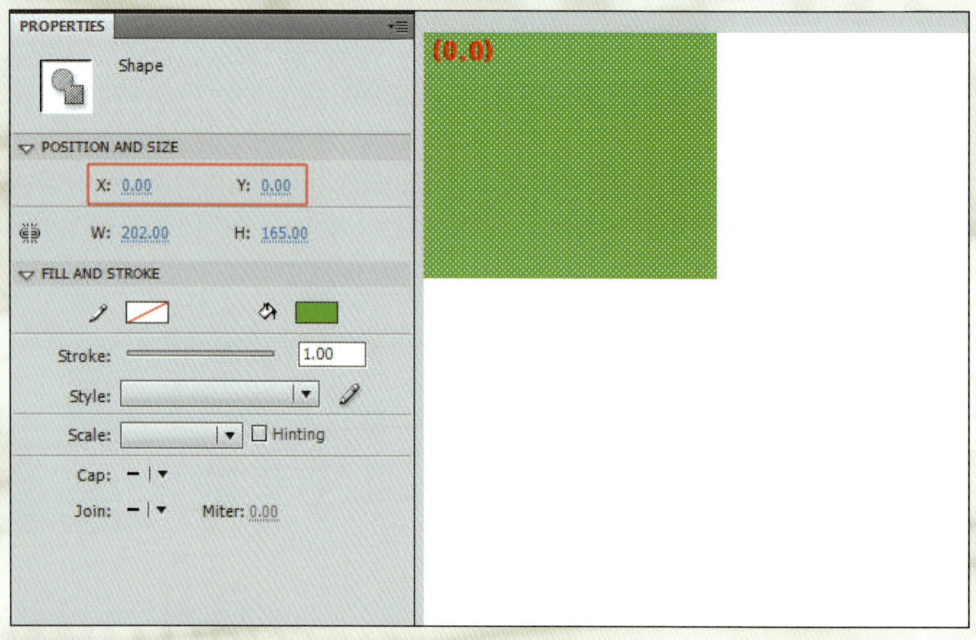

오브젝트가 셰이프일 때

오브젝트를 심벌로 변환하고자 F8을 눌러 나타나는 Convert to Symbol 창에서 Registration을 설정할 수 있습니다. Registration의 위치 설정에 따라 심벌의 원점이 바뀝니다.

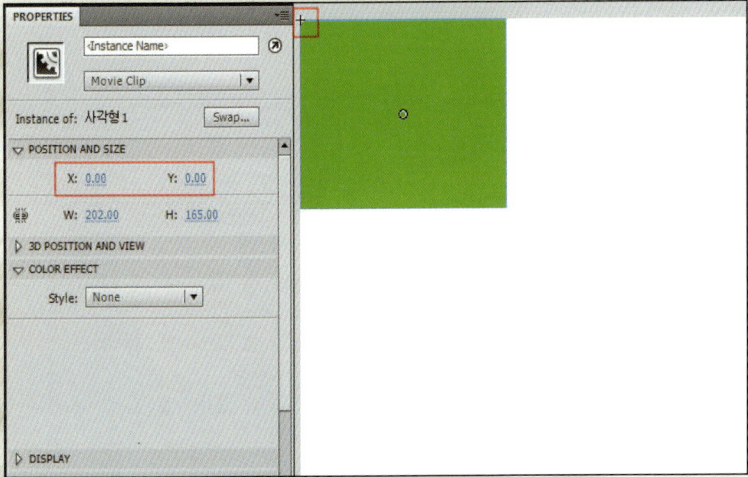

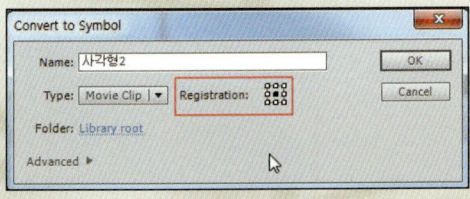

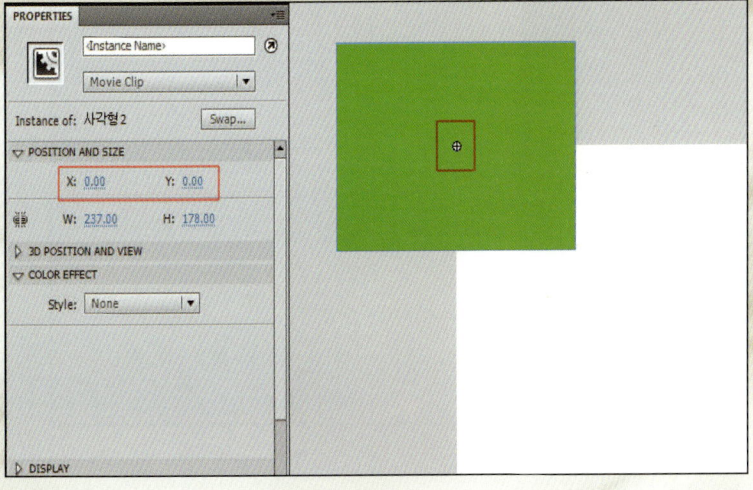

Crtl + F8 을 눌러 Create New Symbol로 들어간 경우는 스테이지의 중심점이 십자 모양(+)으로 표시되어 있는 것을 확인 할 수 있습니다.
여기에 오브젝트를 ALIGN패널을 이용하여 정렬하여 중심점을 알고 설정해 주는 것이 플래시 애니메이션을 만들 때에 편리합니다.

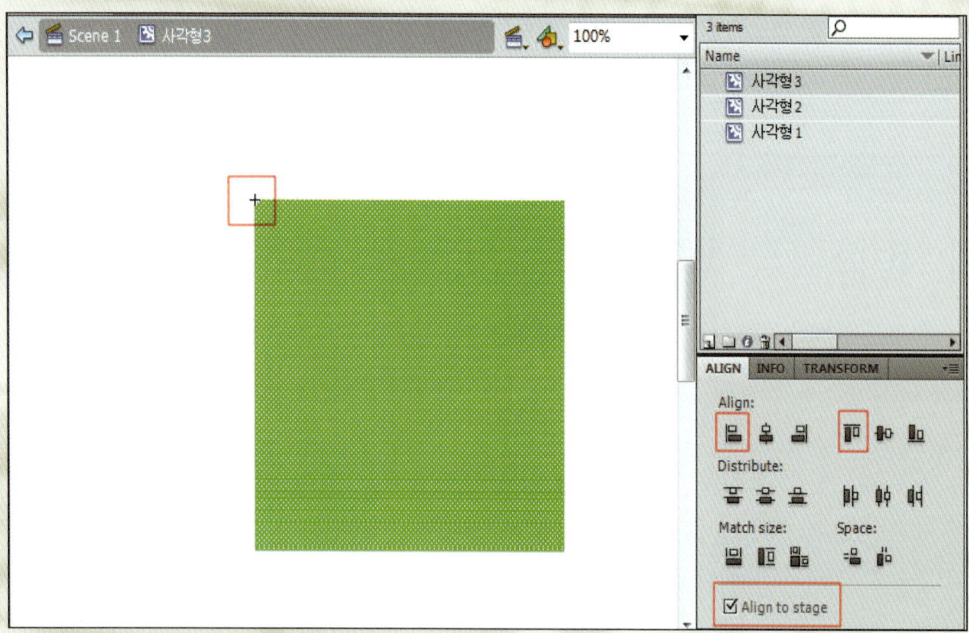

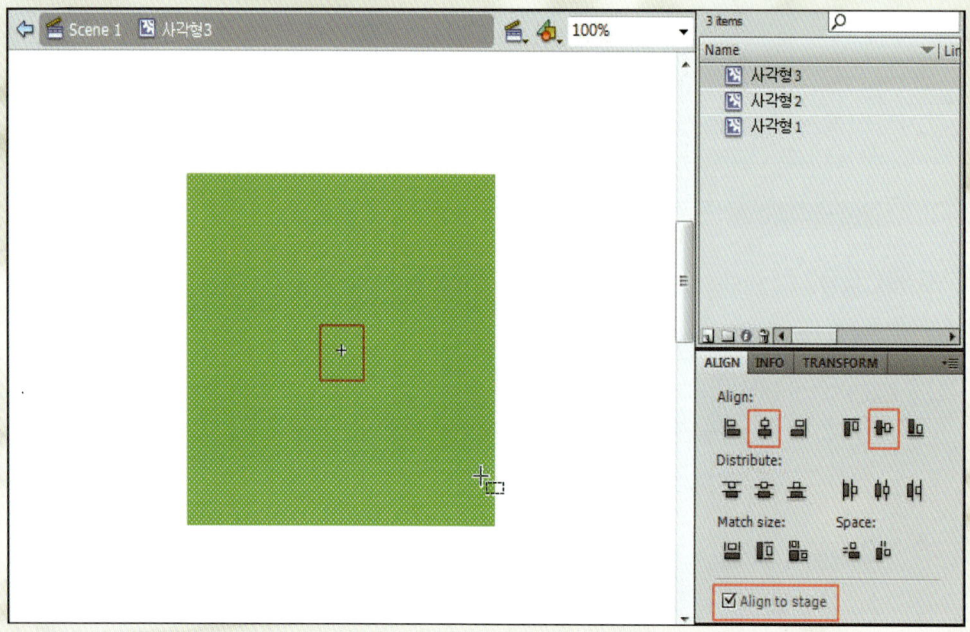

Practice 4-4

블라인드 효과
(stop 액션을 이용한 타임라인 제어)

실습파일 4-4.fla

1. 무비클립을 중첩하여 사용하고, 무비클립 간의 상호 관계를 이해할 수 있다.
2. stop() 액션을 사용하여 타임라인을 제어할 수 있다.

① 실습파일 4-4.fla를 열면, 두 개의 레이어에 각 각 이미지가 배치되어 있는 것을 확인할 수 있습니다. '마스크' 레이어를 추가하여 가로, 세로 50pixel의 테두리 없는 사각형을 그립니다.

② F8을 눌러 그림과 같이 Registration을 선택한 후, '사각형' 무비클립을 등록합니다.

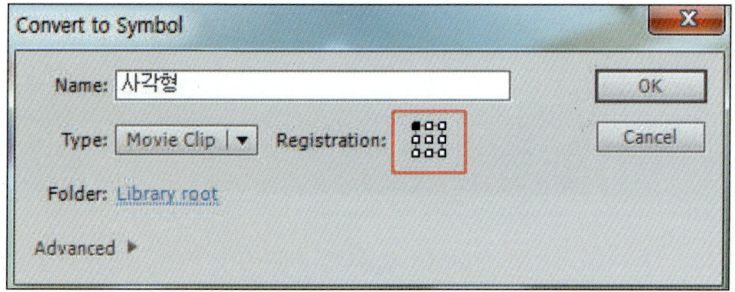

PART 04 심벌의 이해 **149**

③ '사각형' 무비클립을 Shift + Alt 를 누르고 오른쪽으로 복사합니다. 이 때, 오브젝트의 X좌표가 50이 되도록 합니다.(사각형 오브젝트의 크기가 50픽셀이므로)

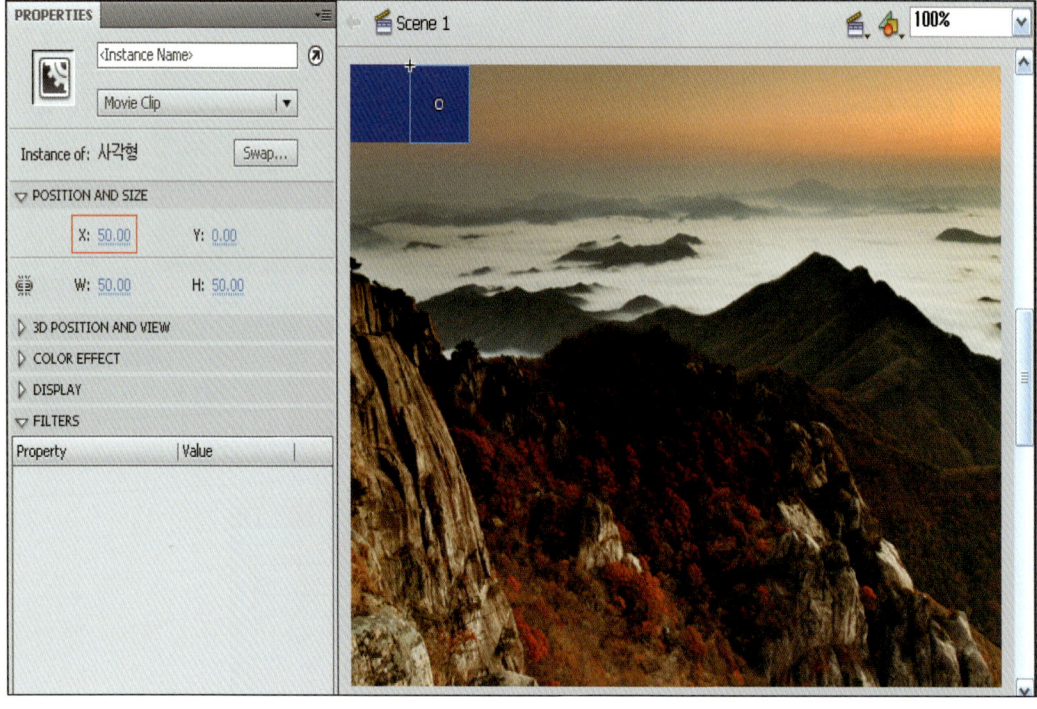

가로 방향으로 50픽셀씩 이동하여 스테이지가 꽉 채워질 때까지 반복합니다.

4 '사각형' 오브젝트를 전부 선택하고 F8 을 눌러 그림과 같이 '가로사각형' 무비클립을 등록합니다.

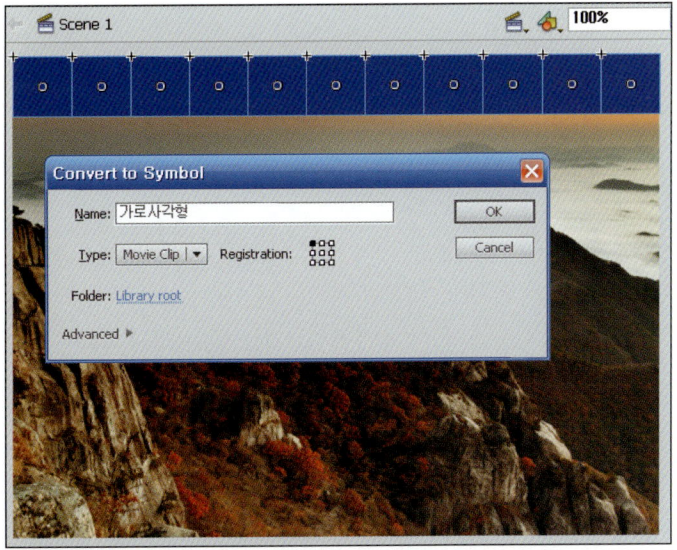
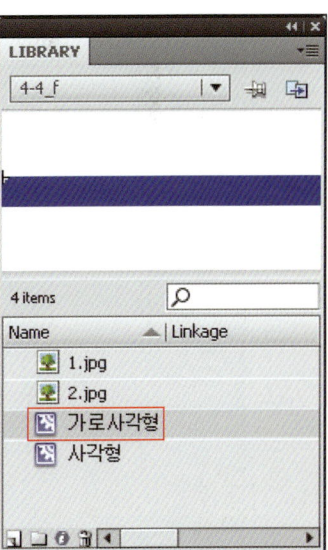

5 '가로사각형' 무비클립을 Shift + Alt 를 누르고 50픽셀 아래로 복사합니다. 그림과 같이 스테이지를 가득 채웁니다.

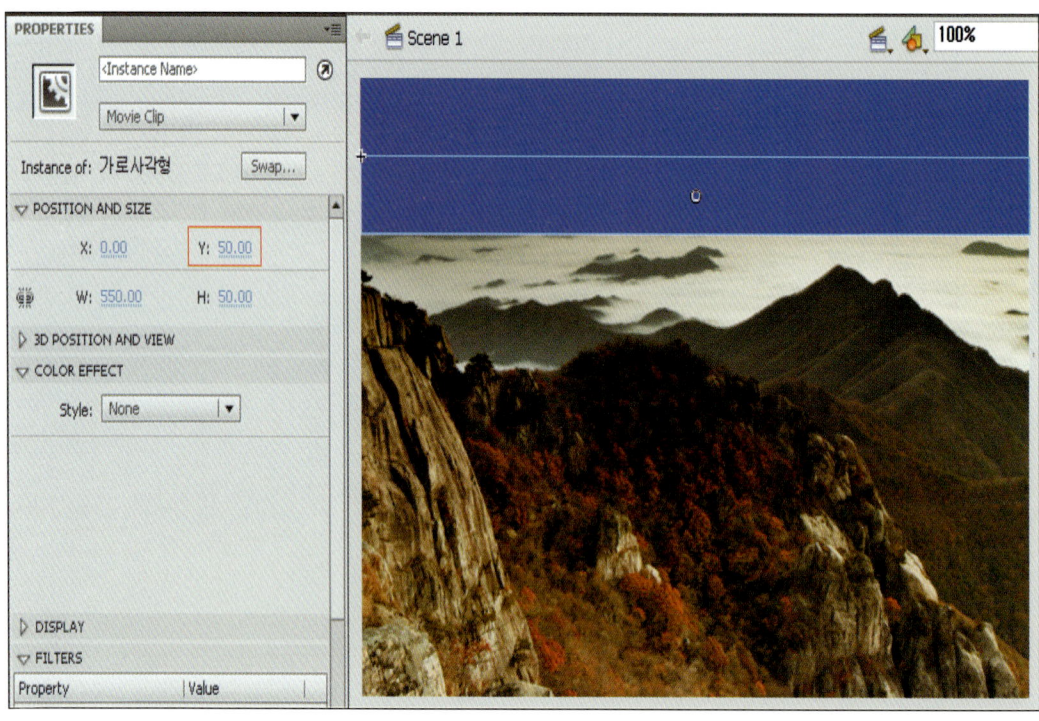

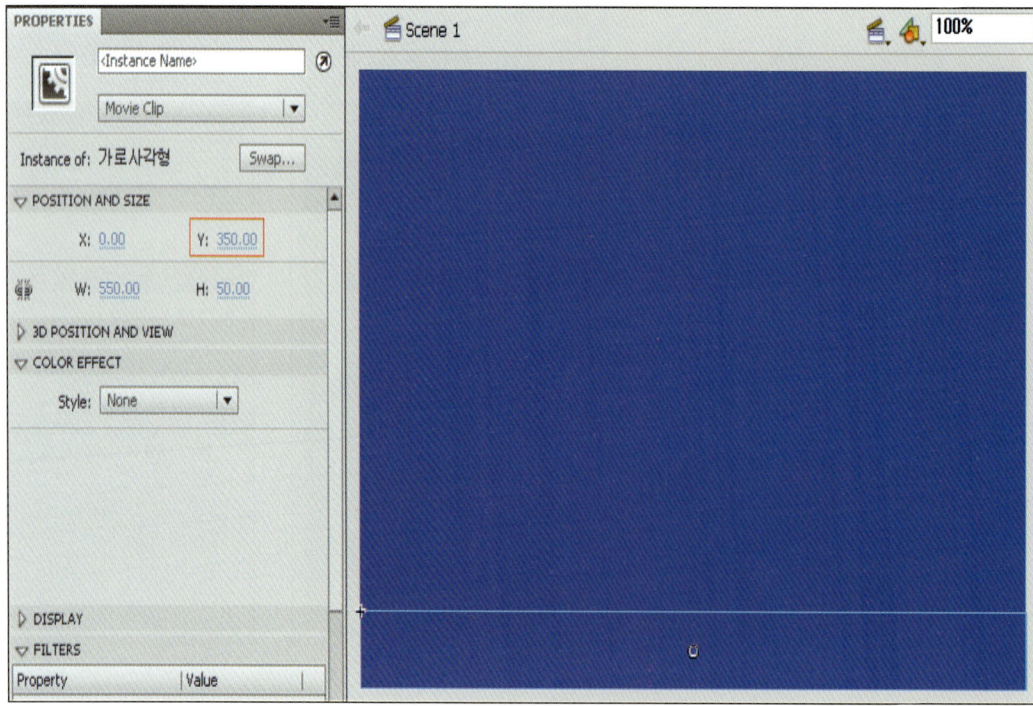

오브젝트를 전부 선택한 후, F8을 눌러 '전체사각형' 무비클립으로 등록합니다.

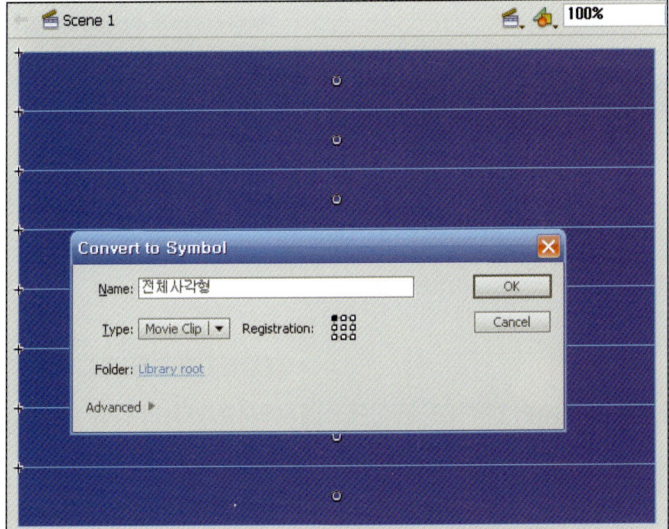
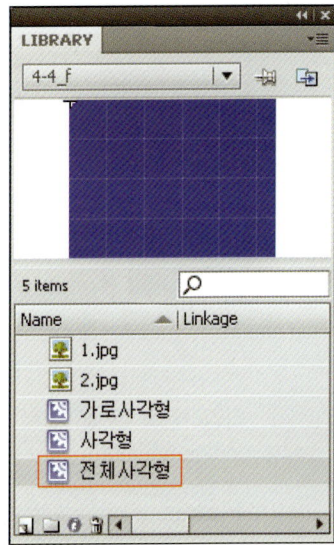

 라이브러리에서 '사각형' 무비클립의 썸네일을 더블클릭하여 심벌편집창으로 이동합니다.

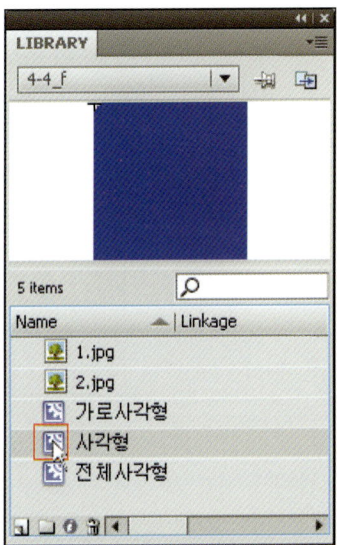
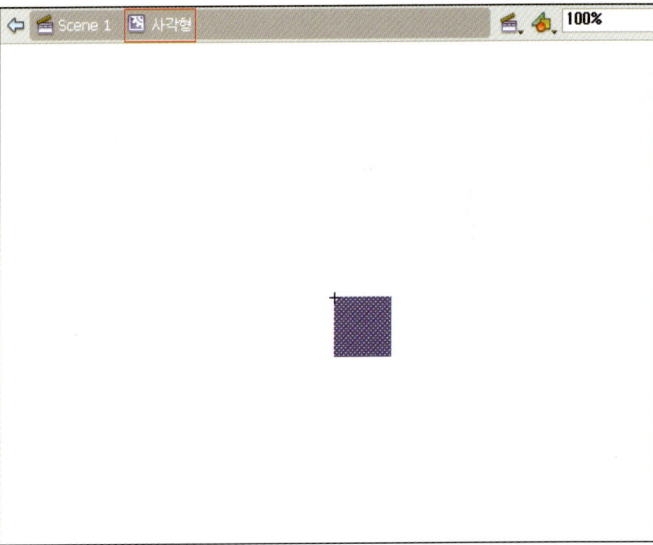

⑧ 타임라인의 15프레임에 키프레임 F6 을 추가합니다.

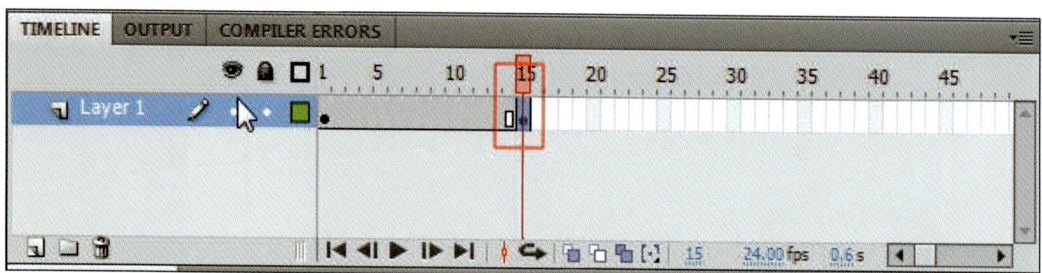

⑨ 타임라인의 1프레임으로 이동한 후, 사각형을 선택하고, PROPERTIES에서 W와 H의 값을 1로 변경합니다.

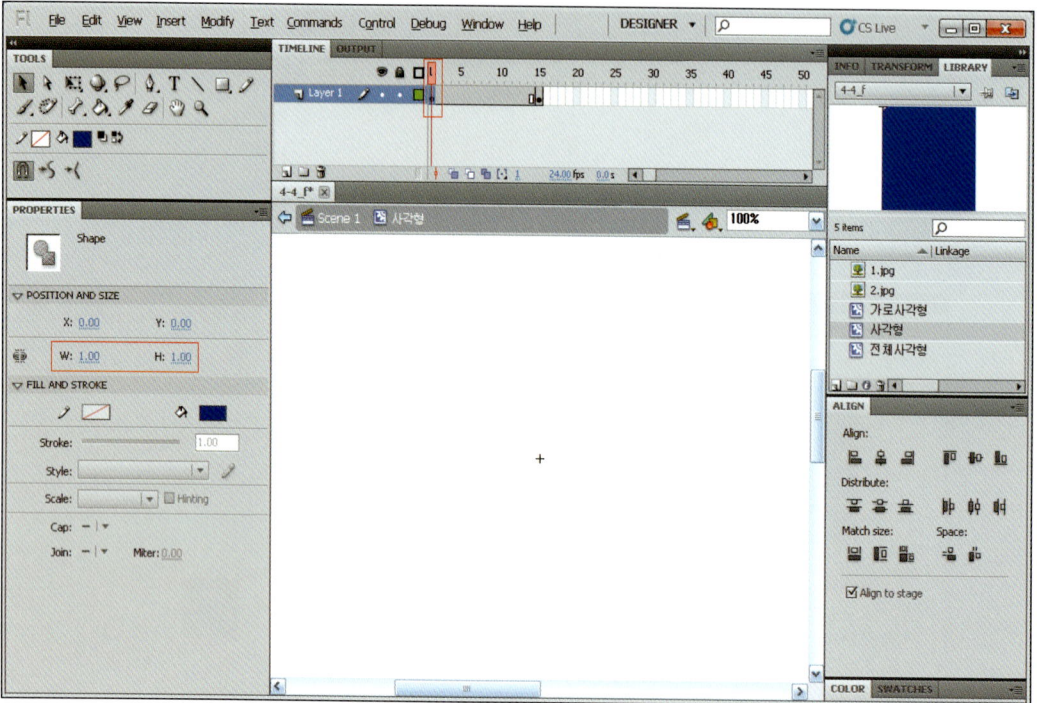

타임라인 1프레임과 15프레임 사이에서 오른쪽 버튼을 눌러 나타나는 팝업메뉴에서 [Create Shape Tween]을 선택하여 Shape Tween을 적용한 후, 15프레임에서 F9를 눌러 액션 패널에 그림과 같이 stop();를 입력합니다.

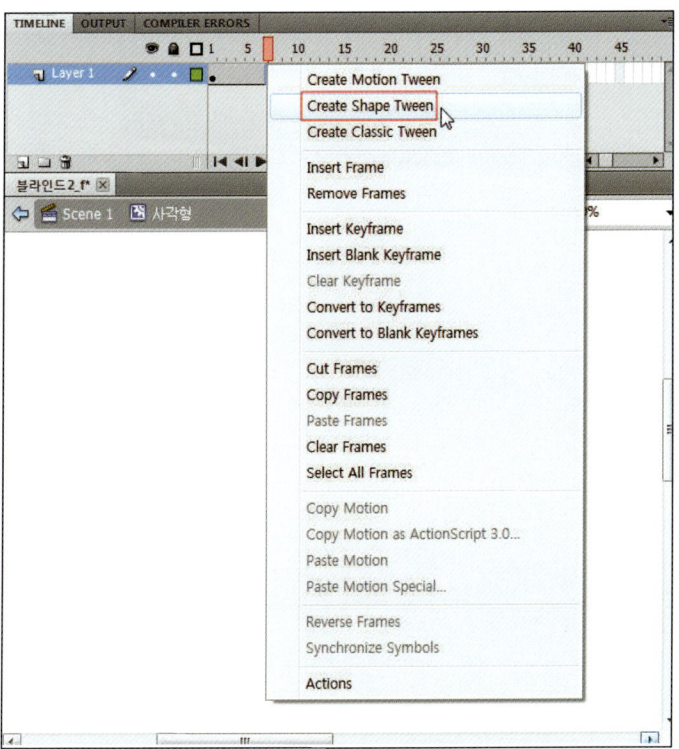

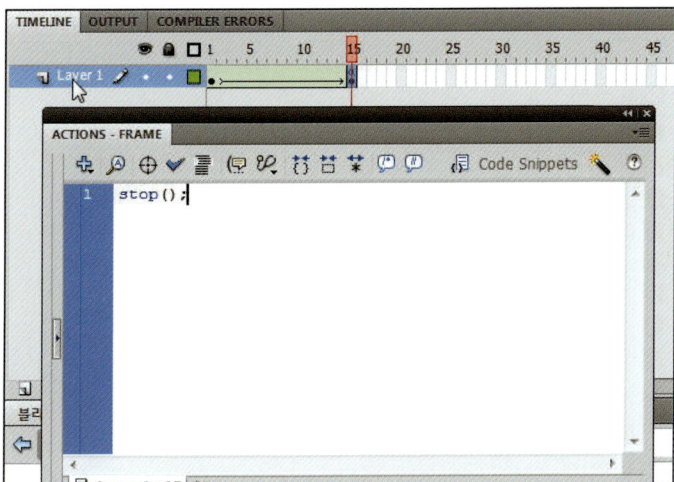

라이브러리에서 '가로사각형' 무비클립의 썸네일을 더블클릭하여 심벌편집창으로 들어갑니다.

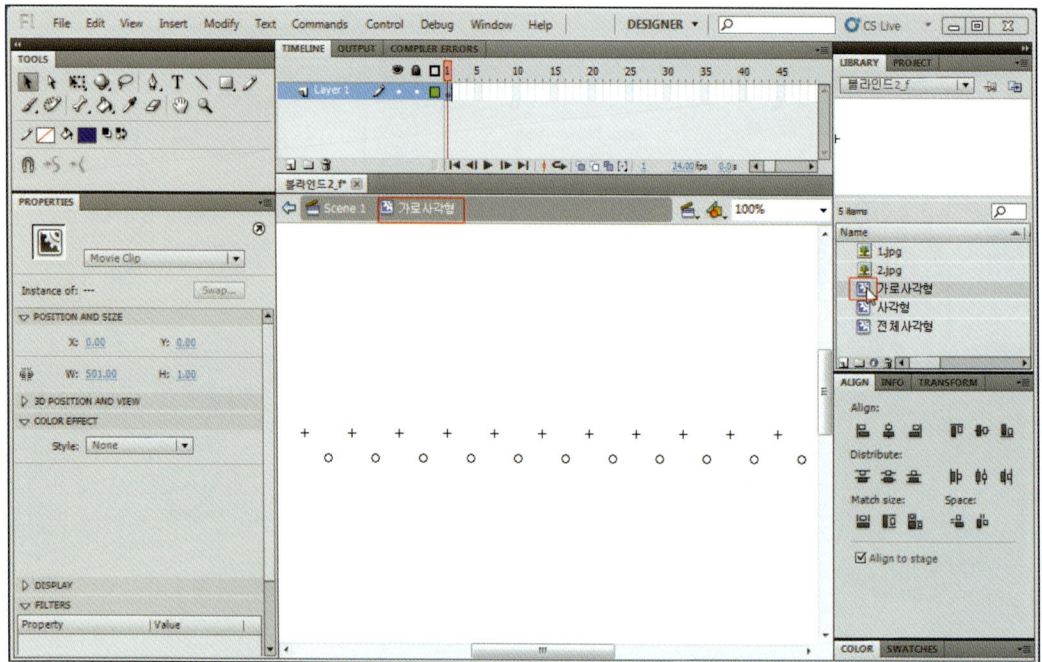

 1프레임의 오브젝트가 전체 선택된 상태에서 Crtl + Shift + D (Modify-Timeline-Distribute to Layer)를 눌러 그림과 같이 오브젝트들이 각 레이어로 흩어지도록 합니다.

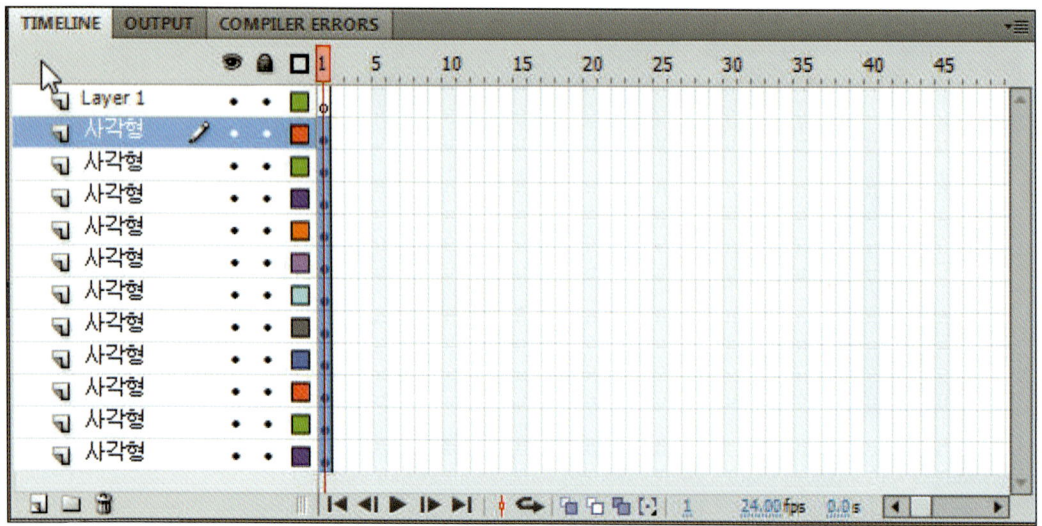

각 레이어를 5프레임씩 간격을 두어 그림과 같이 이동한 후, 50프레임이 동시에 끝날 수 있도록 프레임이 없는 곳을 F5 를 눌러 프레임을 추가합니다.

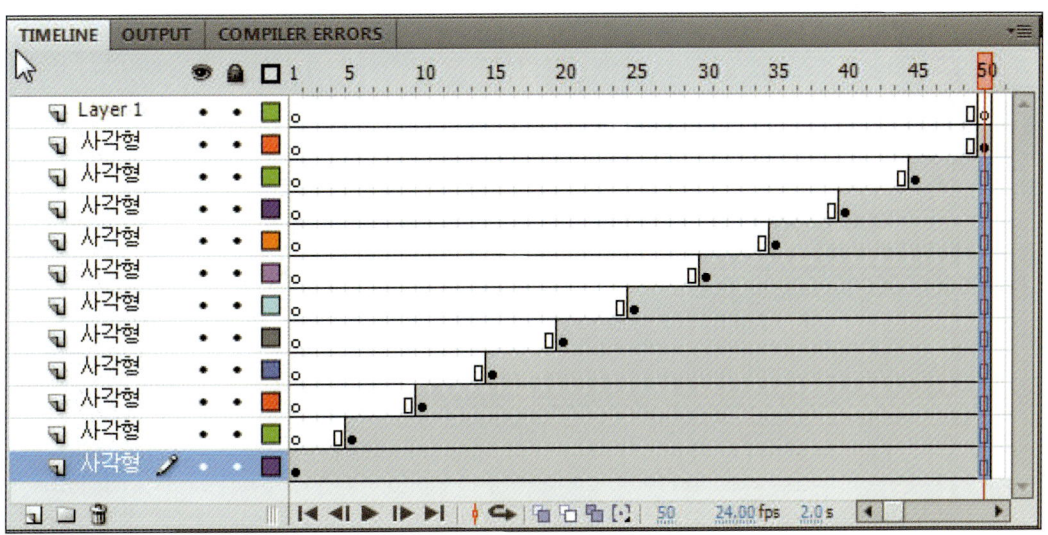

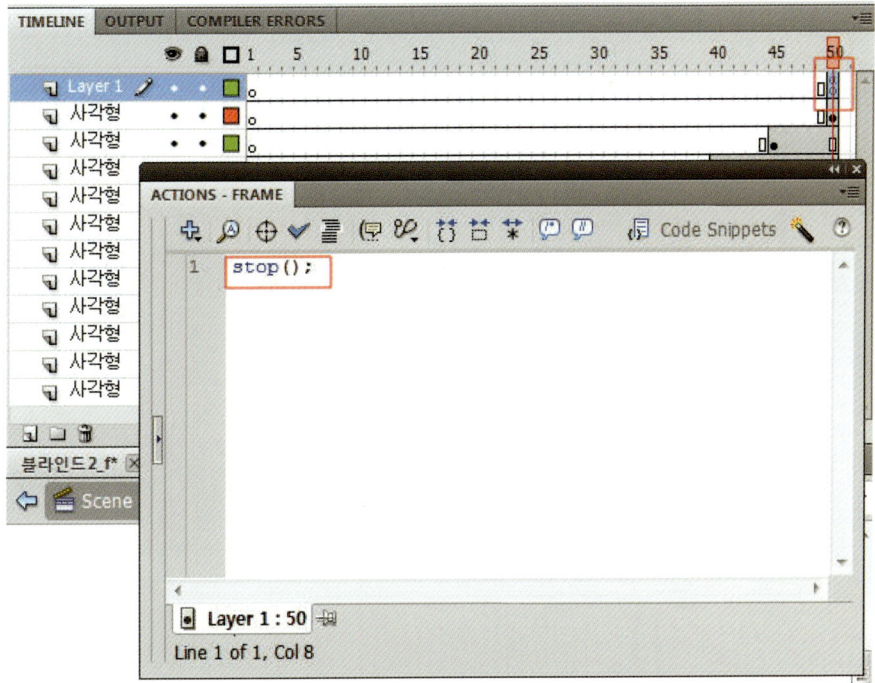 Layer1의 50프레임을 클릭한 후, F9 를 눌러 액션스크립트 패널이 나타나면, 그림과 같이 stop();을 입력합니다.

라이브러리에서 '전체사각형' 무비클립 썸네일을 더블클릭하여 심벌 편집창으로 들어간 후, 위의 ⑪~⑭와 같은 작업을 합니다.

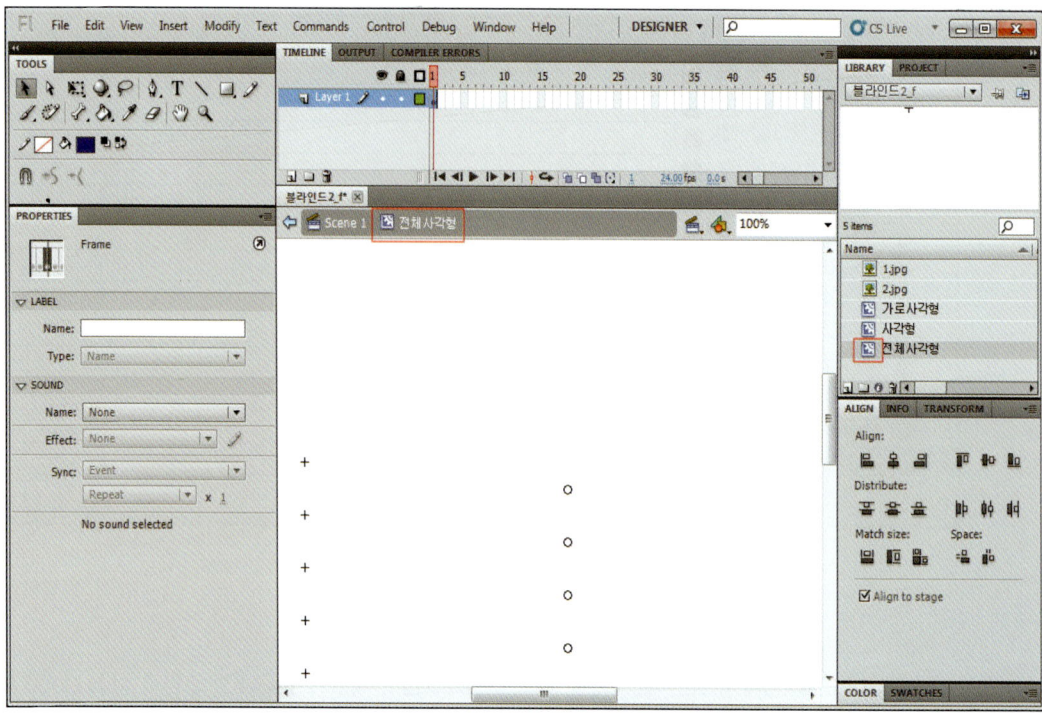

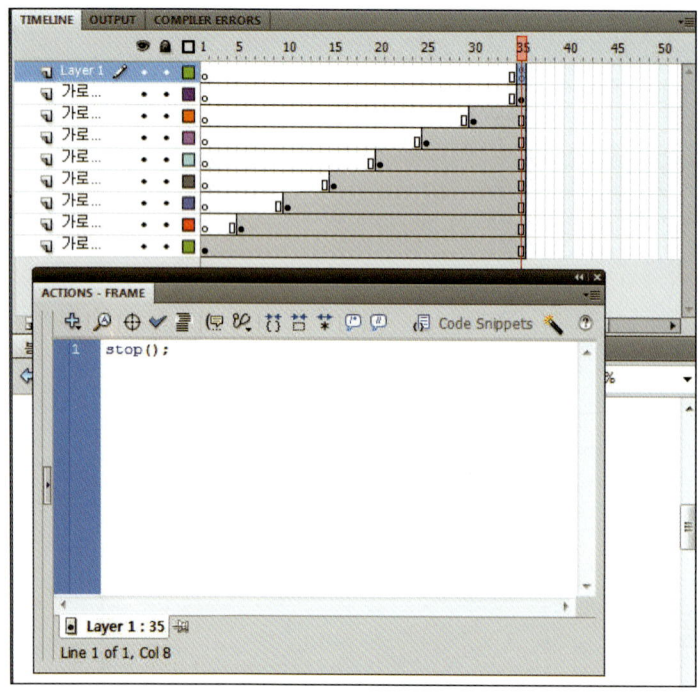

Scene1을 클릭하여 스테이지로 돌아간 후, '마스크' 레이어에서 오른쪽 버튼을 눌러 그림과 같이 'Mask'를 선택합니다.

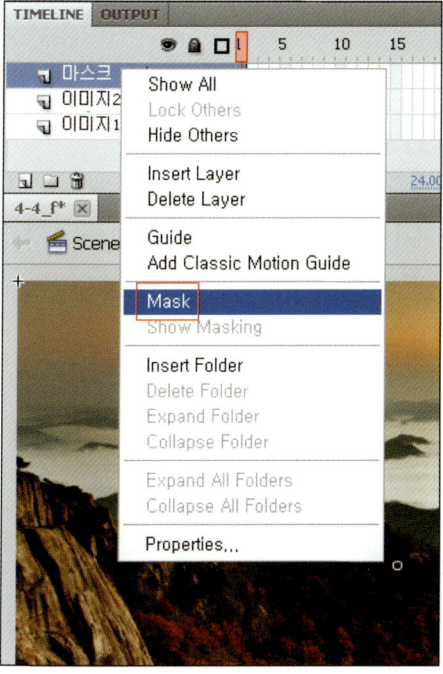

 테스트 무비 Crtl + Enter 를 하여 결과를 확인합니다.

> > > 정 리 하 기

stop();

실습파일 **4-4_정리.fla**

본 교재에서는 Action Script 3.0을 다룰 것입니다. Action Script 3.0에서 타임라인의 프레임에서 직접 제어하는 방식을 권장하지 않습니다. 하지만, 본 예제에서는 아직 Action Script를 배우지 않은 상태에서 무비클립의 움직임을 제어해야 할 필요성이 있어 간단한 stop()액션을 사용하였습니다. 이를 통하여 무비의 흐름과 키프레임의 기능을 익히는데 도움이 되리라 생각합니다.

다음의 예제(4-4_정리.fla)는 무비 실행창 내에서 보트가 왼쪽에서 오른쪽으로 반복하여 움직이고 있습니다.

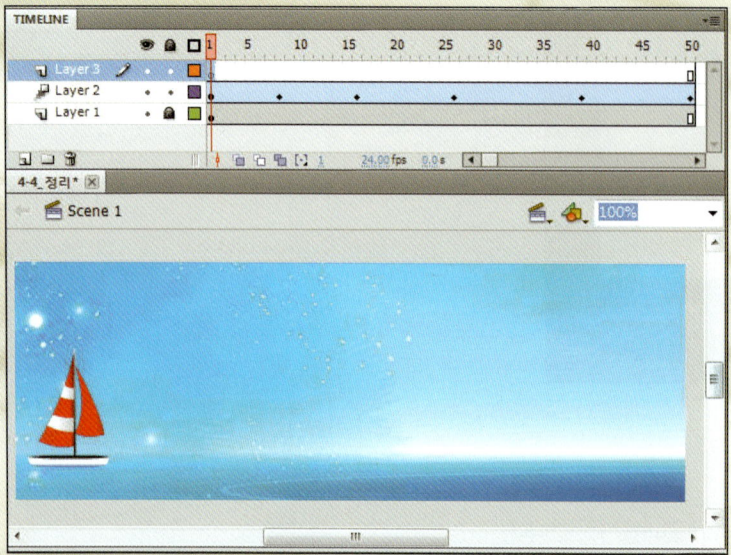

보트가 왼쪽에서 오른쪽 끝까지 가서 멈추도록 하기 위해 마지막 프레임인 50프레임에서 빈키프레임 F7 을 추가한 후 F9 를 눌러 액션스크립트 패널을 열고 stop();를 입력합니다.

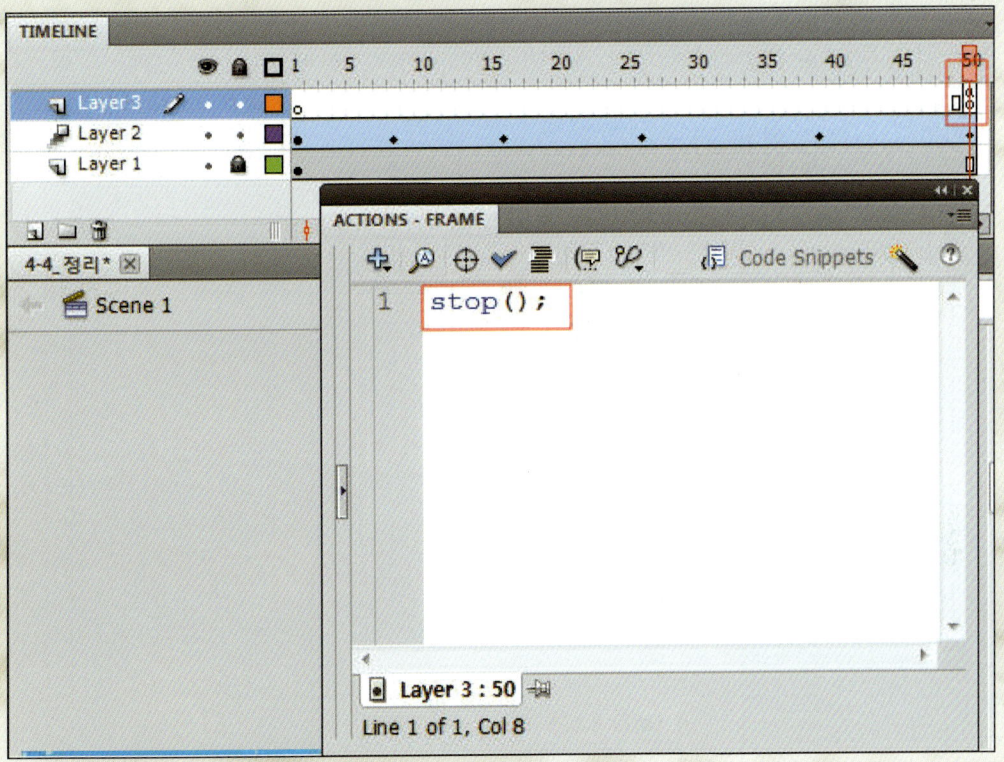

테스트 무비 Crtl + Enter 를 하면 보트가 오른쪽 끝에서 멈추는 것을 확인할 수 있습니다.

만약, 보트가 움직이는 중간에 멈추게 하고 싶다면 멈추고자 하는 프레임에 키프레임을 삽입하고 stop();액션을 입력하면 됩니다.

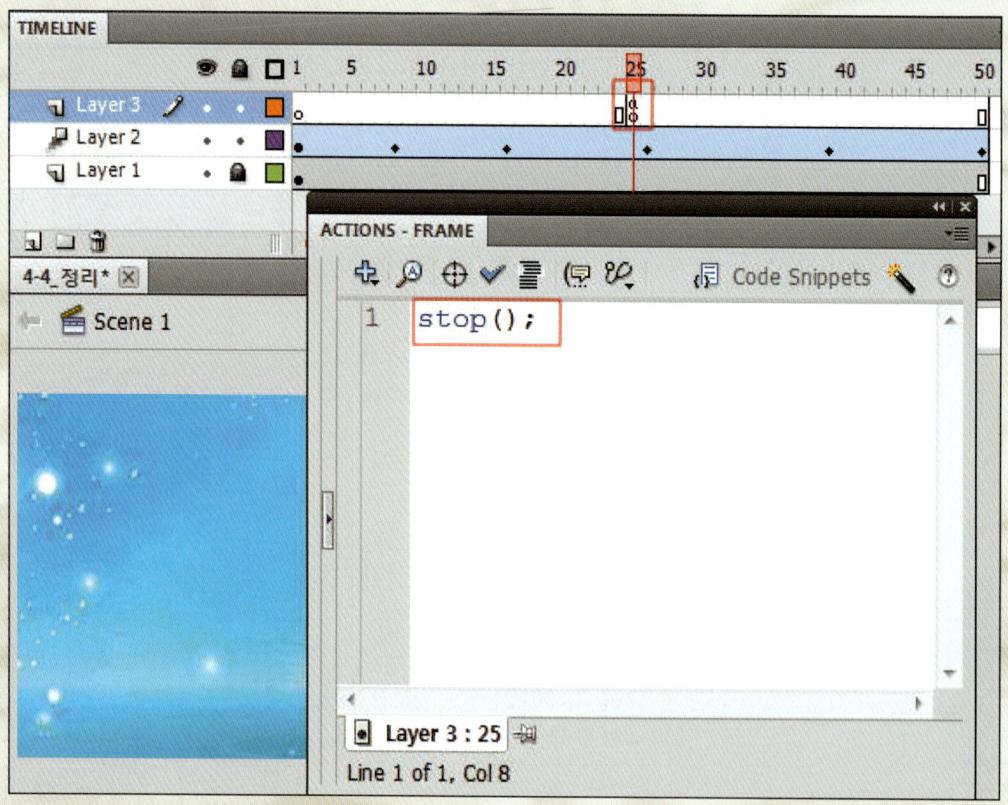

테스트 무비 [Crtl + Enter]를 하면 보트가 중간 지점에서 멈추는 것을 확인할 수 있습니다.

PART 05
Action Script 3.0

5-1 Display Object의 기본 속성
5-2 클래스 생성과 인스턴스를 스테이지에 배치하기
5-3 마우스 이벤트와 버튼을 이용한 무비클립 제어하기
5-4 startDrag() / stopDrag() 메서드
5-5 hitTestObject() / hitTestPoint() 메서드
5-6 Math Class의 메서드
5-7 다이나믹 텍스트 필드와 ENTER_FRAME 이벤트
5-8 TextField Class의 기본 속성과 TextFormat 객체
5-9 다이나믹 텍스트 필드와 대괄호 연산자 이용하여 동적인 객체명 사용하기
5-10 Grphics Class의 메서드
5-11 배열(Array)와 charAt 메서드
5-12 import된 사운드 재생을 위한 클래스
5-13 외부 사운드 파일 재생과 load() 메서드
5-14 Array Class와 Loader Class를 이용한 외부파일 재생

액션스크립트는 플래시에서 사용하는 프로그램 언어입니다. 지금까지 모션을 이용하여 애니메이션을 만들었는데, 이는 일방적으로 보여주는 수준이었습니다. 웹은 점점 진화하면서, 상호작용은 이제 일상화가 되었습니다. 플래시는 이러한 요구에 부응할 수 있는 액션스크립트가 있어왔기에 일찍부터 많은 사람들에게 사랑 받아왔습니다. 이제는 웹뿐만 아니라 Desktop, Mobile, TV 영역까지 확장되고 있어 RIA(Rich Internet Application)의 선두에 서게 되었습니다.

현재 플래시 액션스크립트의 버전은 3.0입니다. 액션스크립트 1.0, 2.0의 시대를 거치면서 RIA 제작 도구로서 선두주자로 굳혀왔으며, 이제는 3.0의 모습으로 완성도가 높은 프로그래밍 언어로 변모하여 애플리케이션 제작에도 널리 활용되고 있습니다. 프로그램을 한 번도 접하지 않은 상태라면, 사실상 개념을 잡기가 힘들 수 있습니다.

하지만, 우선은 실습파일을 하나 하나 따라가면서 정리된 개념을 함께 공부하신다면 도움이 되리라 생각합니다.

Practice 5-1 Display Object의 기본 속성

실습파일 5-1.fla

1 Display Object의 기본 속성을 이해 할 수 있다.
2 심벌과 인스턴스의 특징을 이해 할 수 있다.

1 실습파일 5-1.fla를 열고, 라이브러리의 'bird_yellow' 'bird_red' 무비클립심벌이 만들어져 있는 것을 확인할 수 있습니다. 라이브러리의 'bird_yellow'를 'bird' 레이어로 드래그하여 스테이지에 세 개의 심벌을 배치합니다.

② 스테이지의 첫 번째 'bird_yellow'를 클릭한 후, PROPERTIES의 Instance name에 'bird_y1'을 입력합니다.

두 번째, 세 번째 'bird_yellow'에도 Instance name에 'bird_y2' 'bird_y3'로 입력합니다.

③ 'action' 레이어의 1프레임을 클릭한 후, F9 를 눌러 액션 패널을 열어 다음과 같이 입력합니다.

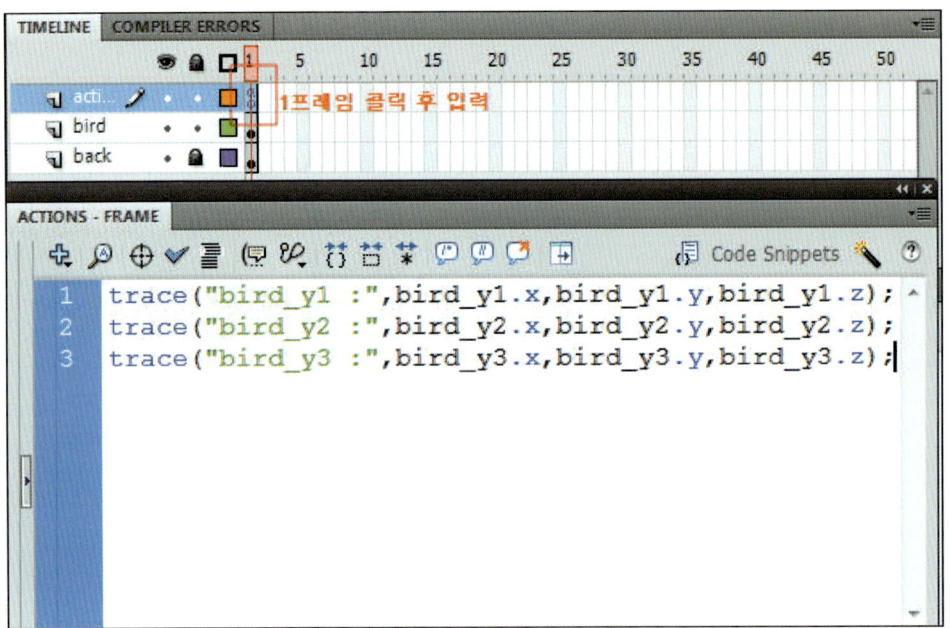

입력 후, 테스트무비 Crtl+Enter 를 하면 무비 실행 창과 함께 OUTPUT 패널에 스테이지에 있는 각 개체 (bird_yellow)의 x,y,z 좌표가 표시됩니다.

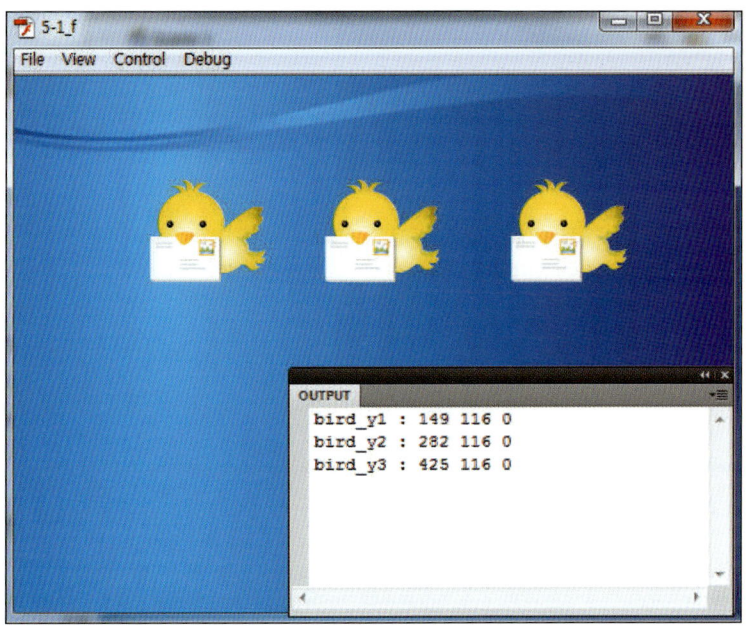

 'bird_y1' 의 x,y,z좌표를 대입하여 바꾸어 봅니다.
'bird_y2' 는 가로, 세로의 크기를 입력하고, 'bird_y3' 은 현재크기에서 2배 커지도록 다음과 같이 입력합니다.

```
1  trace("bird_y1 :",bird_y1.x,bird_y1.y,bird_y1.z);
2  trace("bird_y2 :",bird_y2.x,bird_y2.y,bird_y2.z);
3  trace("bird_y3 :",bird_y3.x,bird_y3.y,bird_y3.z);
4
5
6  bird_y1.x = 100;
7  bird_y1.y = 200;
8  bird_y1.z = 300;
9  trace("bird_y1 좌표 :",bird_y1.x,bird_y1.y,bird_y1.z);
10
11 bird_y2.width = 120;
12 bird_y2.height = 110;
13 trace("bird_y2 크기 :",bird_y2.width,bird_y2.height);
14
15 bird_y3.scaleX = 2;
16 bird_y3.scaleY = 2;
17 trace("bird_y3 크기 :",bird_y3.width,bird_y3.height);
```

line1~3 : 인스턴스 'bird_y1' 'bird_y2' 'bird_y3'의 현재 x, y, z 좌표를 출력하기 위해 trace명령을 사용합니다.

> **trace(parameter....)**
> 괄호 안의 파라미터를 그대로 OUTPUT 패널에 출력합니다. 파라미터들은 콤마(,)로 구분하여 나열하면, 나열된 순서대로 출력이 됩니다. 문자를 출력하고자 할 때에는 반드시 따옴표(" ")로 감싸주어야 합니다. trace 명령은 프로그램을 하면서 중간 과정을 체크하거나, 오류를 잡을 때 사용하면 유용합니다.

line6 : 'bird_y1'의 x좌표를 100으로 변경합니다.
line7 : 'bird_y1'의 y좌표를 200으로 변경합니다.
line8 : 'bird_y1'의 z좌표를 300으로 변경합니다.
line9 : line6~7에 의하여 변경된 좌표를 OUTPUT패널에 출력합니다.

> Z는 3차원의 값으로 깊이를 나타냅니다. 숫자가 커질수록 깊이가 깊어지므로 위치는 점점 중앙으로 이동하면서 크기가 작아집니다.

line11 : 'bird_y2'의 가로크기를 120pixel로 변경합니다.
line12 : 'bird_y2'의 세로크기를 110pixel로 변경합니다.
line13 : line11~12에 의하여 변경된 크기를 OUTPUT패널에 출력합니다.

line15 : 'bird_y3'의 현재 가로크기를 2배로 변경합니다.
line16 : 'bird_y3'의 현재 세로크기를 2배로 변경합니다.
line17 : line15~16에 의하여 변경된 크기를 OUTPUT패널에 출력합니다.

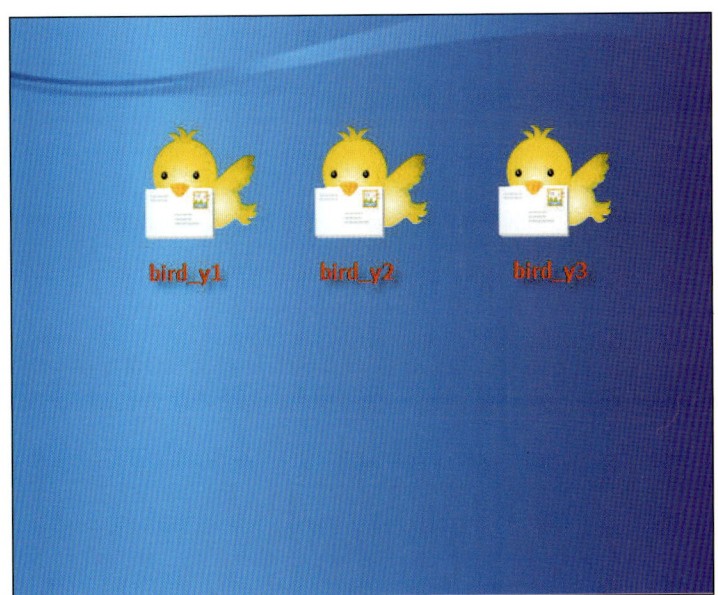

스테이지

실행화면

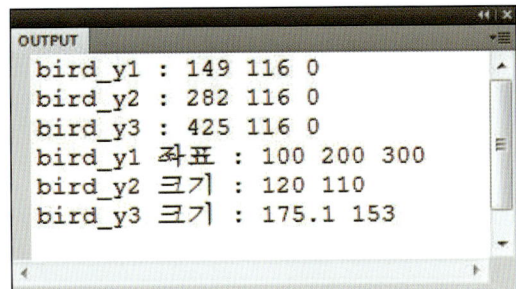

정 리 하 기

인스턴스(Instance)

실습파일 5-1_정리.fla

'4-1 정리하기'에서 심벌은 재사용을 하기에 편리하고, 재사용을 하여도 용량의 변화가 거의 없다고 하였습니다. 재사용을 위해 라이브러리에 있는 심벌을 드래그하여 스테이지로 배치한 상태를 인스턴스라고 합니다.

라이브러리에 있는 심벌을 원본이라 한다면, 스테이지로 드래그되어 나온 인스턴스를 복제본이라 할 수 있습니다. 원본은 같다 하더라도 인스턴스는 각각 다른 개체라 할 수 있습니다. 즉, 한 부모에게 태어난 쌍둥이가 생긴 것이 똑같다 하더라도 서로 다른 성격을 가진 개체라 할 수 있습니다.

라이브러리에 '꽃' 무비클립 심벌이 있습니다. 심벌을 스테이지로 세 번 드래그합니다.

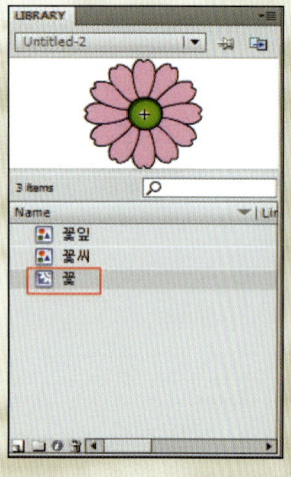

라이브러리에서 스테이지에 나와 있는 상태의 오브젝트를 인스턴스라고 하며, PROPERTIES에서 Inastance name을 입력함으로써 각 각 다른 이름을 부여하여 서로 다르게 변형하여 사용 할 수 있습니다.

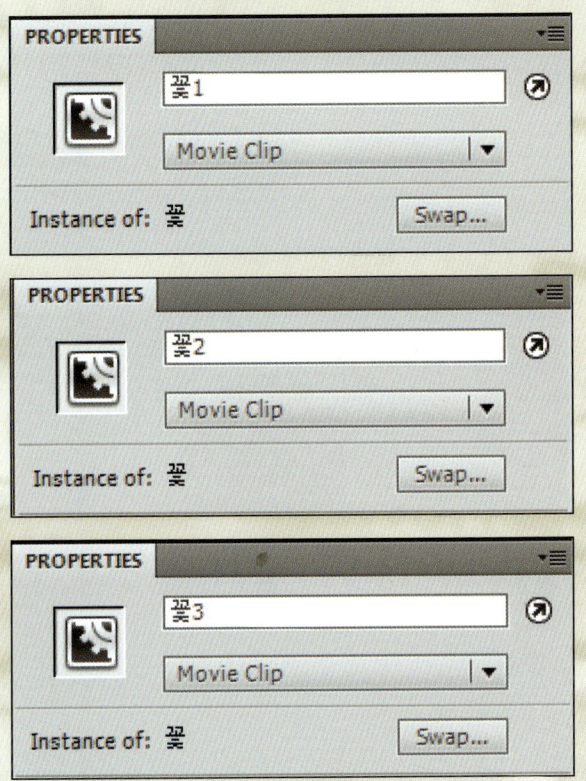

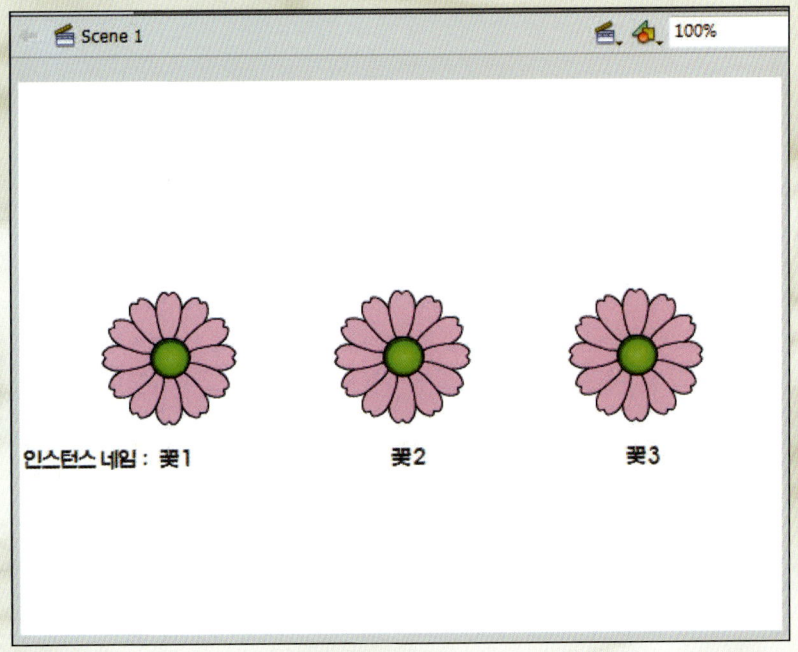

스테이지의 인스턴스에 각 각 색상, 밝기, 크기 등을 조정해 봅니다.
스테이지의 오브젝트는 복제된 개체이면서 서로 독립된 개체로서 취급되어지므로 작업내용에 맞게 바꾸어 각 각 다르게 제어 할 수 있습니다.

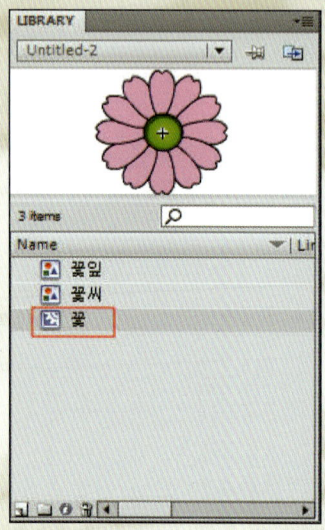

위에서 라이브러리의 심벌이 원본이라 했습니다. 라이브러리의 '꽃' 심벌의 썸네일에서 더블클릭하여 심벌편집창으로 들어가서 그림과 같이 수정하여 봅니다.

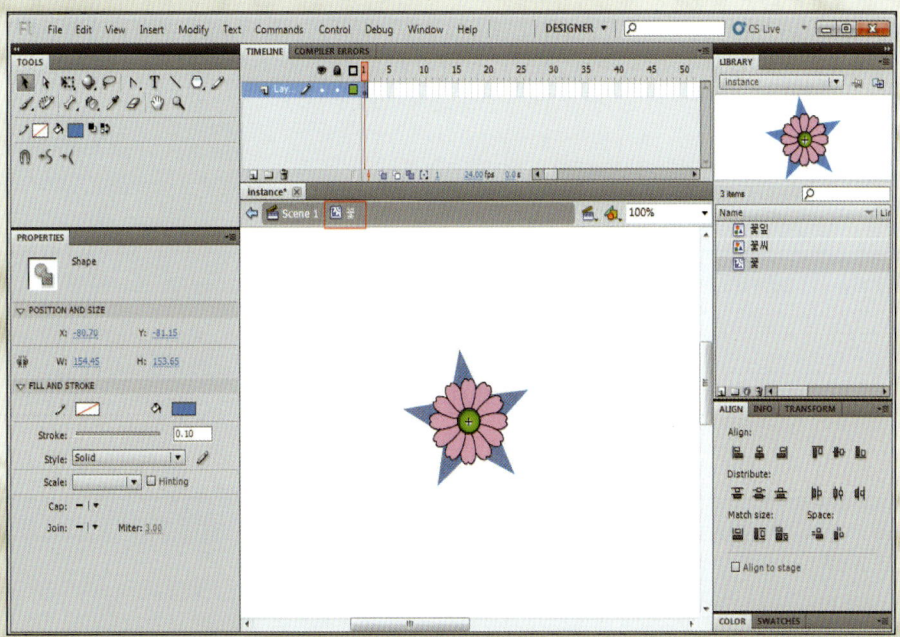

Scene1을 클릭하여 스테이지로 돌아오면, '꽃' 심벌의 편집창에서 추가한 별이 스테이지의 모든 인스턴스에 적용된 것을 확인할 수 있습니다.

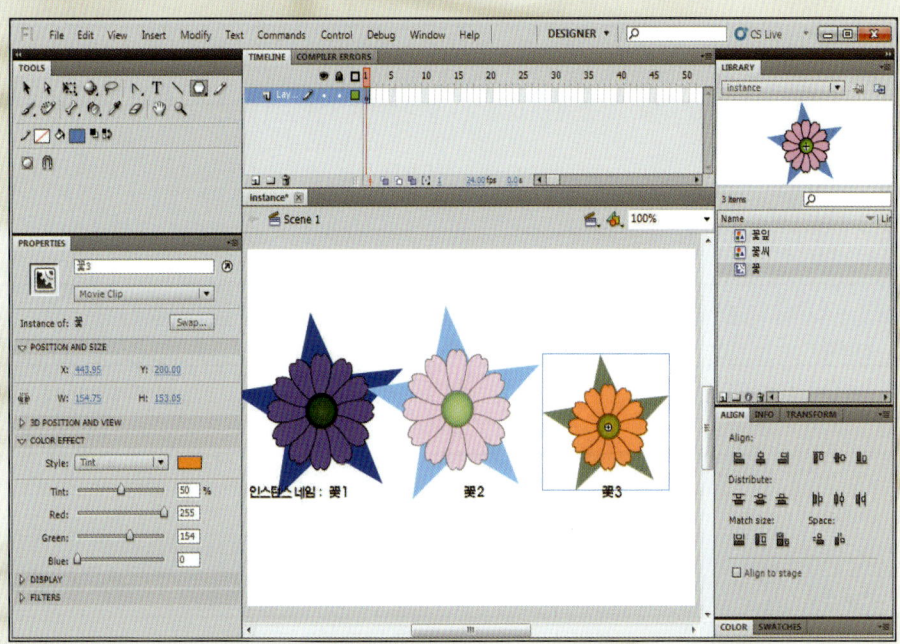

Display Object 기본 속성 정리

오브젝트의 기본 속성으로 해당 개체의 위치, 크기, 투명도, 회전 속성 등이 있습니다. 이를 액션 스크립트로 제어하여 애니메이션을 구현할 수 있습니다.

다음은 이러한 기본 속성을 정리한 것입니다.

좌표 속성

속성	설명
x	해당 오브젝트의 현재 x좌표를 나타냅니다.
y	해당 오브젝트의 현재 y좌표를 나타냅니다.
z	3차원의 값으로 오브젝트의 현재 깊이를 나타냅니다.

크기 속성

속성	설명
width	해당 오브젝트의 가로 크기를 픽셀 단위로 나타냅니다.
height	해당 오브젝트의 세로 크기를 픽셀 단위로 나타냅니다.
scaleX	해당 오브젝트 가로크기를 1로 기준잡아, 가로 크기를 배율로 나타냅니다.
scaleY	해당 오브젝트 세로크기를 1로 기준잡아, 세로 크기를 배율로 나타냅니다.

투명도 속성

속성	설명
alpha	해당 오브젝트의 현재 투명도를 나타냅니다. (기본값이 1이며, 100% 보이는 상태를 나타냄)

회전속성

2D 회전속성

속성	설명
rotation	해당 오브젝트의 회전한 값을 나타냅니다.

3D 회전속성

속성	설명
rotationX	해당 오브젝트가 3D를 기준으로 X축 회전한 값을 나타냅니다.
rotationY	해당 오브젝트가 3D를 기준으로 Y축 회전한 값을 나타냅니다.
rotationZ	해당 오브젝트가 3D를 기준으로 Z축 회전한 값을 나타냅니다.

Practice
5-2
클래스 생성과 인스턴스를 스테이지에 배치하기

실습파일 5-2.fla

1 Display Object의 기본 속성을 이해 할 수 있다.
2 액션 스크립트를 이용하여 무비클립을 스테이지에 배치할 수 있다.

1 실습파일 5-2.fla를 열고, 라이브러리에 'clover' 무비클립심벌이 만들어져 있는 것을 확인할 수 있습니다. 라이브러리에서 'clover' 무비클립을 선택하여 오른쪽 버튼을 누르면 나타나는 메뉴에서 Properties를 선택합니다.

 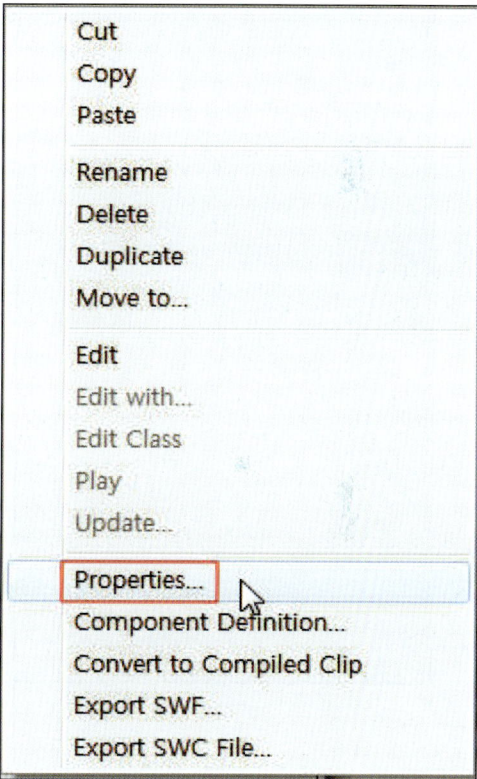

② Properties 창에서 Advanced를 눌러 창을 확장한 후, 그림과 같이 Export for ActionScript를 체크합니다. 무비클립과 같은 이름의 Class가 자동 생성됨을 확인할 수 있습니다.

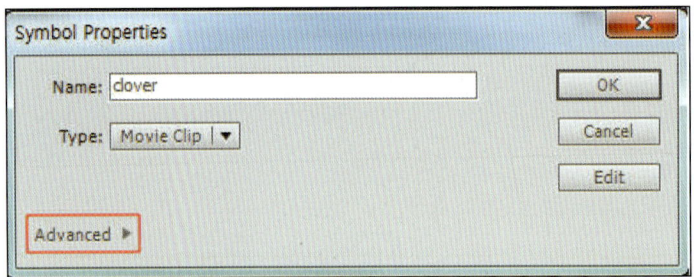

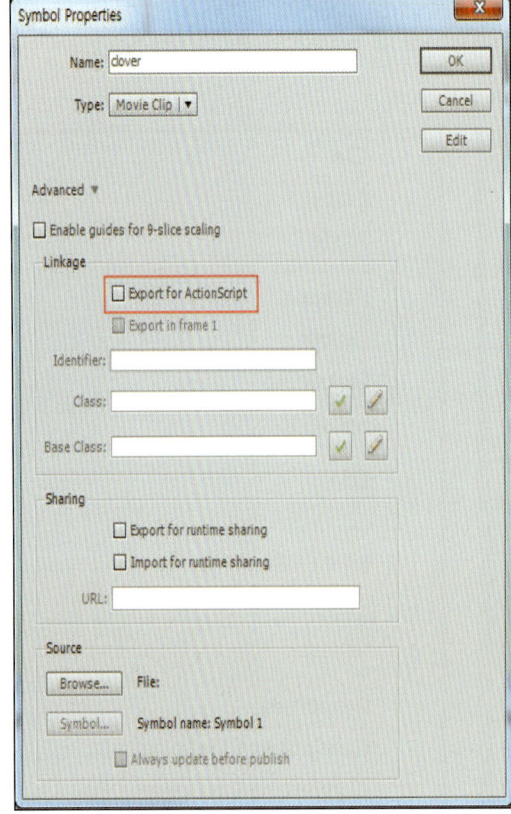 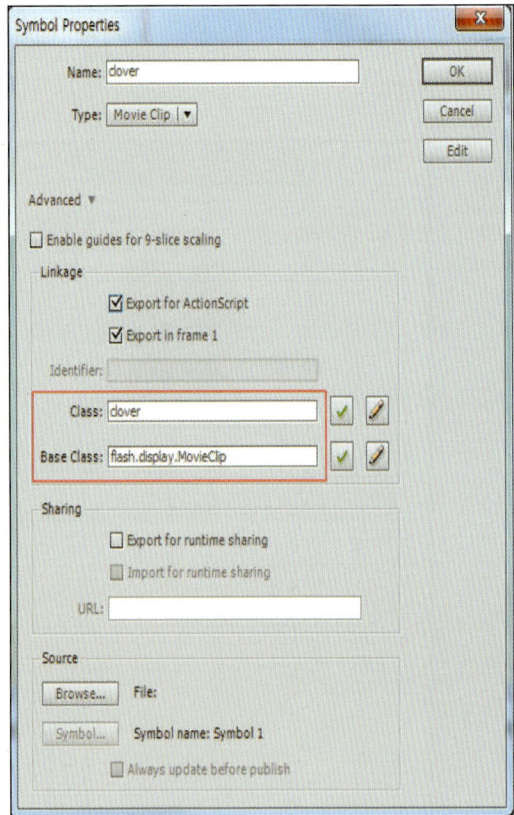

3 다음과 같은 경고창이 뜬다면 OK를 누릅니다.
라이브러리에 'clover' 라는 이름이 등록되어진 것을 확인할 수 있습니다.

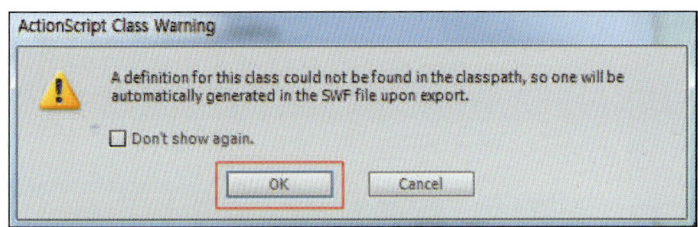

4 타임라인에서 새 레이어를 생성한 후, 이름을 'action' 으로 합니다.
레이어가 생성되면, 1프레임을 클릭하고 F9 를 누르면, Action 패널이 뜹니다.

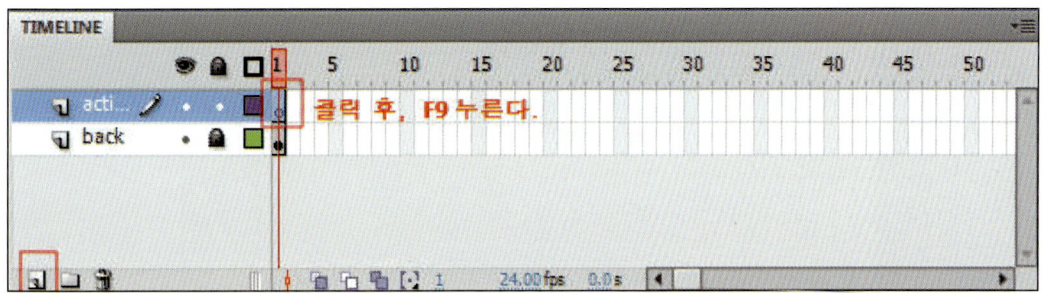

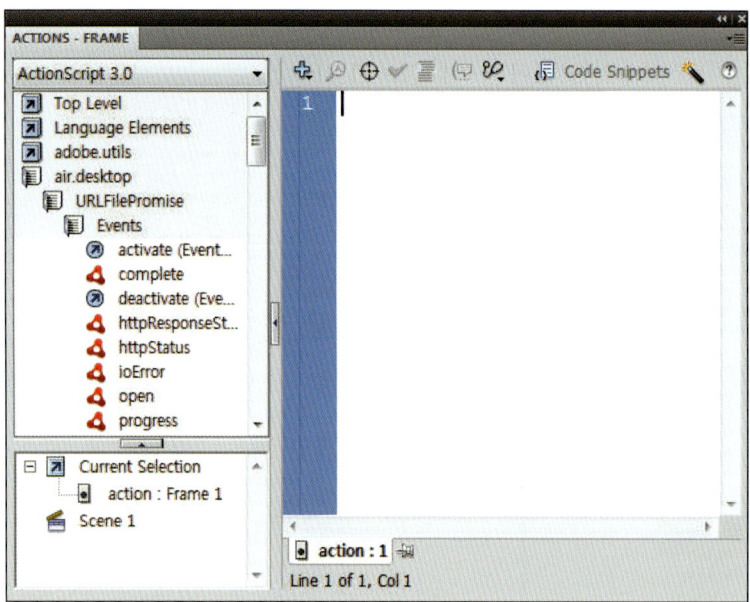

5 Action패널에 다음과 같이 입력합니다.

> var obj:MovieClip = new clover();

Action패널에 그림과 같이 `var obj:` 까지 치면 코드힌트가 나타납니다. 한 글자씩 더 칠 때마다 입력하고자 하는 단어에 근접한 목록이 나타나므로 방향키를 이용하여 입력 코드를 선택하면 됩니다. 입력하고자 하는 MovieClip-flash.display를 선택하고 Enter 를 치면 1라인에 그림과 같이 `import flash.display.MovieClip;` 이 자동 입력됩니다.

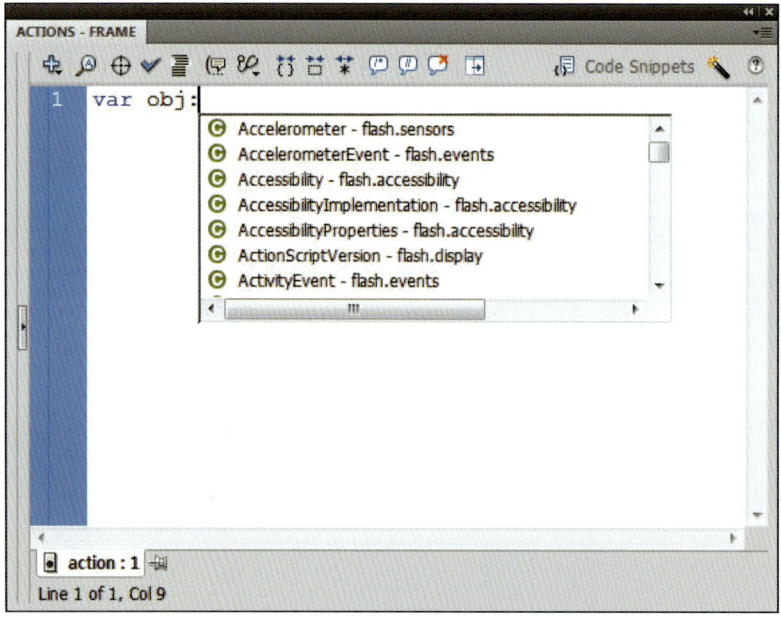

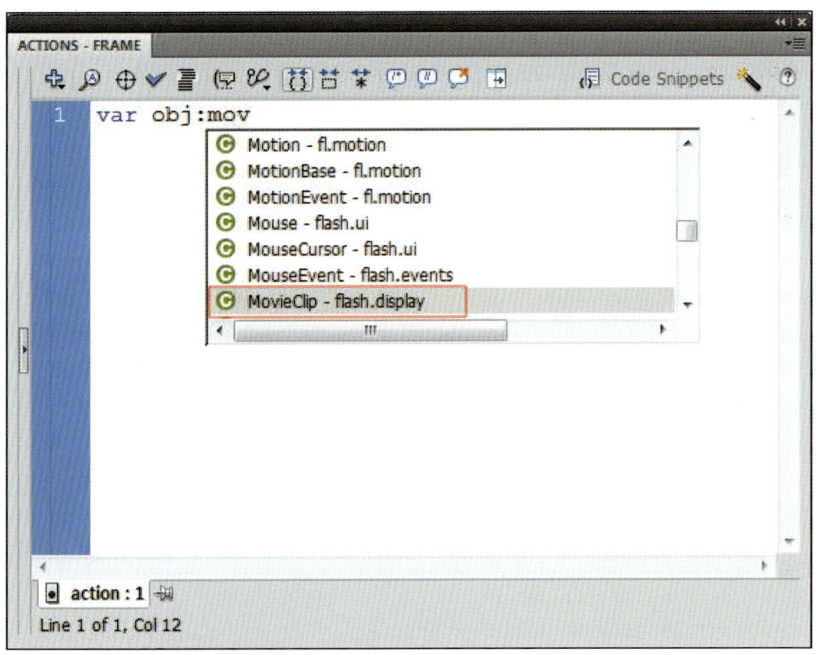

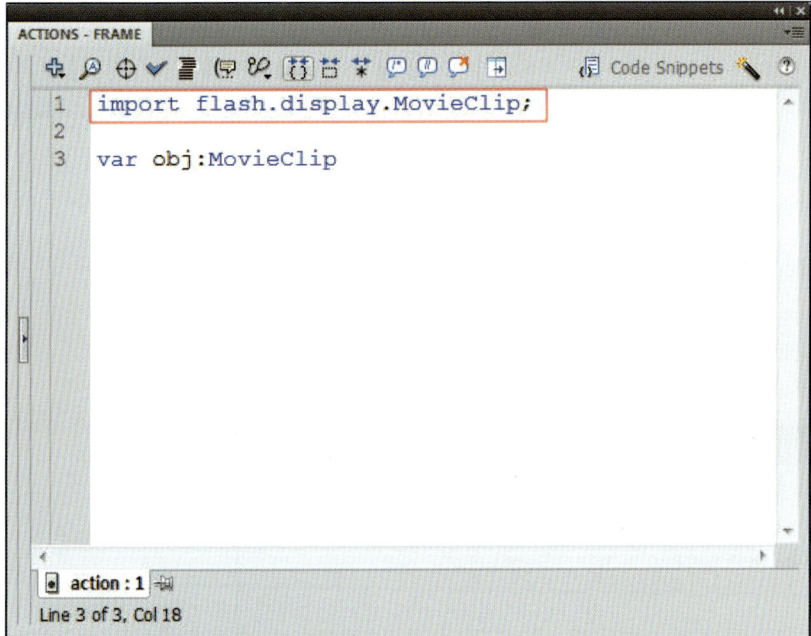

이어서 클래스 객체를 생성하기 위해 [=new clover();]를 입력합니다.

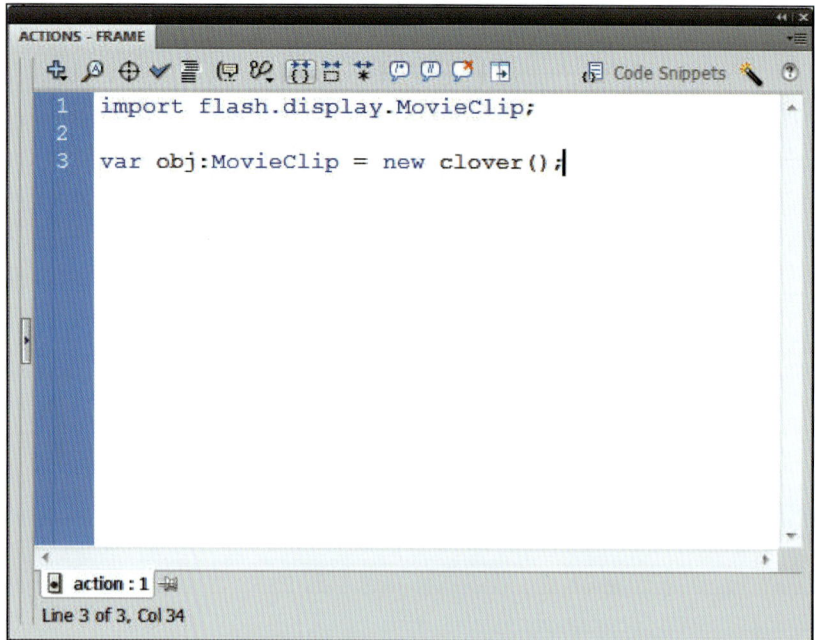

만약, 코드 힌트가 나타나지 않거나, 사라졌을 때에는 Crtl + Spacebar 를 누르면 다시 나타납니다.

 다음 라인에 그림과 같이 입력합니다.

this.addChild(obj);

테스트무비 Crtl+Enter 를 하여 무비를 확인하면, 클로버가 창의 왼쪽 위에 잘려서 나타나는 것을 확인할 수 있습니다. 이는 무비클립의 위치를 따로 정해주지 않았으므로 스테이지의 원점(0,0)에 나타나게 되는 것입니다.

무비클립의 중심점의 좌표가 (0,0)이므로 스테이지의 왼쪽의 좌표(0,0)에 맞춰져서 나타납니다.

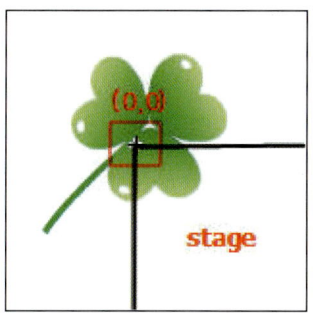

 오브젝트 x, y 좌표를 다음과 같이 입력합니다.

```
import flash.display.MovieClip;

var obj:MovieClip = new clover();
obj.x = 150;
obj.y = stage.stageHeight/2;
this.addChild(obj);

var obj_ro:MovieClip = new clover();
obj_ro.x = 250;
obj_ro.y = stage.stageHeight/2;
this.addChild(obj_ro);

var obj_al:MovieClip = new clover();
obj_al.x = 350;
obj_al.y = stage.stageHeight/2;
this.addChild(obj_al);
```

line1: 플래시 디스플레이 오브젝트의 무비클립 클래스를 사용함을 선언합니다.
line3: obj라는 변수이름으로 무비클립 오브젝트를 생성합니다.
line4: obj 오브젝트의 x좌표를 150픽셀로 이동합니다.
line5: obj 오브젝트의 y좌표를 스테이지 높이의 가운데로 이동합니다.
line6: obj 오브젝트를 화면에 보이게 합니다.
line8~11: obj_ro라는 변수이름으로 무비클립 오브젝트를 생성한 후, x좌표는 250, y좌표는 스테이지의 세로 중앙에 나타나도록 합니다.
line13~16: obj_al라는 변수이름으로 무비클립 오브젝트를 생성한 후, x좌표는 350, y좌표는 스테이지의 세로 중앙에 나타나도록 합니다.

위의 결과로 세 개의 클로버 오브젝트가 화면에 나타납니다.

다음 그림과 같이 각 오브젝트에 알파 속성, 회전 속성값을 입력합니다.

```
1  import flash.display.MovieClip;
2
3  var obj:MovieClip = new clover();
4  obj.x = 150;
5  obj.y = stage.stageHeight/2;
6  obj.alpha = 0.2;
7  this.addChild(obj);
8
9  var obj_ro:MovieClip = new clover();
10 obj_ro.x = 250;
11 obj_ro.y = stage.stageHeight/2;
12 obj_ro.rotation = 90;
13 this.addChild(obj_ro);
14
15 var obj_al:MovieClip = new clover();
16 obj_al.x = 350;
17 obj_al.y = stage.stageHeight/2;
18 obj_al.rotationX = 45;
19 this.addChild(obj_al);
```

line6 : 첫 번째 클로버(변수명 : obj)가 투명해집니다.(20%)
line12 : 두 번째 클로버(변수명 : obj_ro)가 시계방향으로 오브젝트의 중심점을 회전축으로 하여 90도 회전합니다.
line18 : 세 번째 클로버(변수명 : obj_al)가 x축을 회전축으로 하여 45도 회전합니다.

위의 결과로 세 개의 클로버가 다음과 같이 화면에 나타납니다.

Practice 5-3

마우스 이벤트와 버튼을 이용한 무비클립 제어하기

실습파일 5-3.fla

1. 마우스 이벤트의 종류를 알고 활용할 수 있다.
2. 버튼을 이용하여 무비클립을 제어할 수 있다.

1 실습파일 5-3.fla를 열고, 스테이지에 배치된 무비클립의 인스턴스 네임을 확인합니다.

무비클립	인스턴스 네임
	balloon
	btn_left
	btn_right
	btn_up
	btn_down
	btn_stop

〈인스턴스 네임〉

'action' 레이어의 1프레임을 클릭한 후, F9 를 눌러 액션스크립트 패널이 나타나면, 다음과 같이 입력합니다.

```
import flash.events.MouseEvent;

btn_right.addEventListener(MouseEvent.MOUSE_DOWN,rightDownListener);

function rightDownListener(event:MouseEvent):void{
    balloon.x += 10;
}
```

> CS5에서 import문은 코드 힌트를 이용하여 입력할 경우, 자동생성되므로 별도로 입력하지 않아도 됩니다. 그러므로 세번째라인부터 코드힌트를 이용하여 입력을 하면 됩니다.

line1 : Interactive Object 클래스의 마우스 이벤트를 사용함을 선언합니다.
line3 : btn_right 버튼을 클릭하면 rightDownListener 함수를 호출하도록 합니다.
line5 : rightDownListener 함수를 선언하여 작성합니다. line3에서 호출한 함수입니다.
line6 : rightDownListener 함수의 내용으로 한 번 실행될 때마다 balloon의 현재 x좌표의 값이 10씩 증가합니다. 즉, balloon이 오른쪽으로 10픽셀만큼 이동합니다.

테스트무비 Crtl + Enter 를 하여 확인하면 오른쪽 버튼을 누를 때마다 balloon이 오른쪽으로 이동하는 것을 확인할 수 있습니다.

❸ 방향 버튼을 이용하여 balloon이 상,하,좌,우로 움직이고, 가운데 배치한 정지버튼을 누르면 처음의 위치로 돌아오도록 하기 위해 다음과 같이 입력합니다.

```
import flash.events.MouseEvent;

var positionX:Number = balloon.x;
var positionY:Number = balloon.y;

btn_right.addEventListener(MouseEvent.MOUSE_DOWN,rightDownListener);
btn_left.addEventListener(MouseEvent.MOUSE_DOWN,leftDownListener);
btn_up.addEventListener(MouseEvent.MOUSE_DOWN,upDownListener);
btn_down.addEventListener(MouseEvent.MOUSE_DOWN,downDownListener);
btn_stop.addEventListener(MouseEvent.MOUSE_DOWN,stopDownListener);

function rightDownListener(event:MouseEvent):void{
    balloon.x += 10;
}

function leftDownListener(event:MouseEvent):void{
    balloon.x -= 10;
}

function upDownListener(event:MouseEvent):void{
    balloon.y -= 10;
}

function downDownListener(event:MouseEvent):void{
    balloon.y += 10;
}

function stopDownListener(event:MouseEvent):void{
    balloon.x = positionX;
    balloon.y = positionY;
}
```

line3 : 변수 positionX를 선언하여 balloon의 처음 x좌표를 기억하도록 합니다.
line4 : 변수 positionY를 선언하여 balloon의 처음 y좌표를 기억하도록 합니다.
line7 : btn_left 버튼을 클릭하면 leftDownListener 함수를 호출하도록 합니다.
line8 : btn_up 버튼을 클릭하면 upDownListener 함수를 호출하도록 합니다.
line9 : btn_down 버튼을 클릭하면 downDownListener 함수를 호출하도록 합니다.
line10 : btn_stop 버튼을 클릭하면 stopDownListener 함수를 호출하도록 합니다.
line16~18 : line7에서 호출한 함수로 leftDownListener 함수입니다. 한 번 실행될 때마다 balloon의 현재 x좌표의 값이 10씩 감소합니다. 즉, balloon이 왼쪽으로 10픽셀만큼 이동합니다.
line20~22 : line8에서 호출한 함수로 upDownListener 함수입니다. 한 번 실행될 때마다 balloon의 현재 y좌표의 값이 10씩 감소합니다. 즉, balloon이 위쪽으로 10픽셀만큼 이동합니다.
line24~26 : line9에서 호출한 함수로 downDownListener 함수입니다. 한 번 실행될 때마다 balloon의 현재 y좌표의 값이 10씩 증가합니다. 즉, balloon이 아래쪽으로 10픽셀만큼 이동합니다.
line28~31 : line10에서 호출한 함수로 stopDownListener 함수입니다. line3,4에서 positionX와 positionY변수에 balloon의 초기 좌표값을 넣어두었으므로 이 초기 좌표값이 현재의 balloon의 x,y 좌표에 대입되어 처음의 위치로 돌아갑니다.

테스트무비 Crtl + Enter 를 하여 확인하면 버튼을 누를 때마다 balloon이 상, 하, 좌, 우로 이동하는 것과 가운데 위치한 정지버튼을 누르면, 처음의 위치로 돌아감을 확인할 수 있습니다.

Practice 5-4
startDrag() / stopDrag() 메서드

실습파일 5-4.fla

1 startDrag() / stopDrag() 메서드를 사용하여 무비클립의 위치를 옮길 수 있다.

① 실습파일 5-4.fla를 열고, 스테이지에 배치된 무비클립의 인스턴스 네임을 확인합니다.

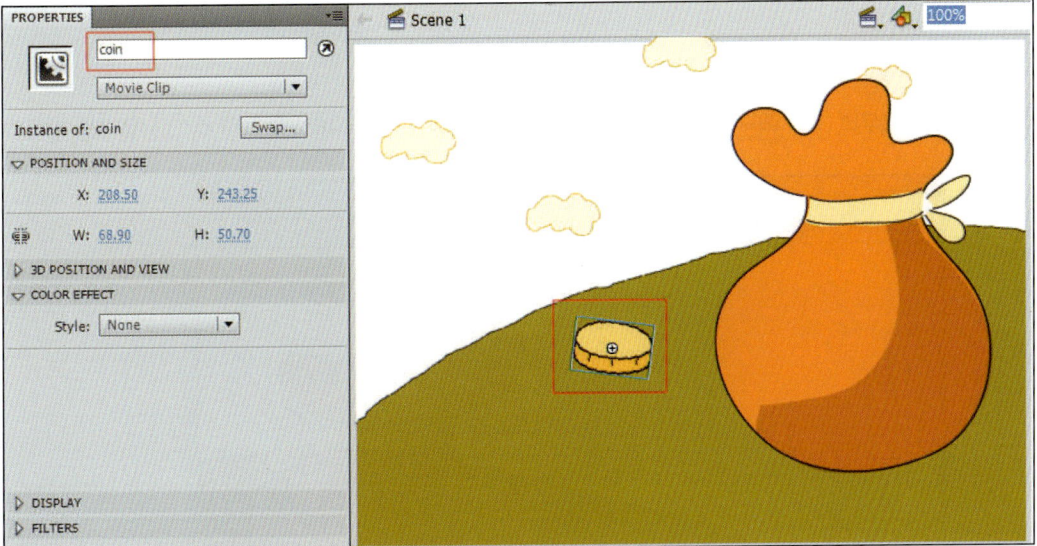

② 'action' 레이어에서 F9를 눌러 나타나는 action패널에 다음과 같이 코드를 입력합니다.

```
import flash.events.MouseEvent;

coin.addEventListener(MouseEvent.MOUSE_DOWN,down);


function down(event:MouseEvent):void{
    coin.startDrag(false);
    coin.addEventListener(MouseEvent.MOUSE_UP,up);
}

function up(event:MouseEvent):void{
    coin.stopDrag();
    stage.removeEventListener(MouseEvent.MOUSE_UP,up);
}
```

line3 : 인스턴스 coin을 마우스로 클릭했을 때, down함수를 호출합니다.

line6~9 : down 함수의 내용
line6 : down 함수를 선언합니다.
line7 : 인스턴스 coin의 드래그를 시작합니다.
line8 : 인스턴스 coin을 마우스로 클릭했다 떼었을 때 up함수를 호출합니다.

line11~14 : up 함수의 내용
line11 : up 함수를 선언합니다.
line12 : 인스턴스 coin의 드래그를 멈춥니다.
line13 : 스테이지의 MOUSE_UP 이벤트를 제거합니다.

3 테스트무비 Crtl + Enter 를 한 후, 마우스로 동전을 드래그하여 주머니로 옮길 수 있음을 확인합니다.

정리하기

startDrag() / stopDrag()

메서드	설명
startDrag(lockCenter:Boolean, bounds:Rectangle)	드래그를 시작합니다. lockCenter : true 또는 false(또는 생략)의 값을 가집니다. true인 경우, 마우스의 좌표가 object의 중심점에 일치하여 드래그됩니다. false(또는 생략)인 경우 마우스를 클릭한 지점을 중심으로 드래그됩니다. bounds : object가 이동할 수 있는 영역입니다. Rectangle클래스를 이용하여 범위를 지정합니다. 영역을 지정하지 않으면 모든 영역으로 이동할 수 있습니다.
stopDrag()	드래그를 멈춥니다.

Practice 5-5

hitTestObject() / hitTestPoint() 메서드

실습파일 5-5.fla

1 hitTestObject() 와 hitTestPoint()의 기능을 알고 이를 이용하여 오브젝트의 접촉을 감지하여 속성을 변화시킬 수 있다.
2 if문의 사용법을 알고 이를 적용할 수 있다.

1 실습파일 5-5.fla를 열고, 스테이지에 배치된 무비클립의 인스턴스 네임을 확인합니다.

❷ 'action' 레이어에서 F9 를 눌러 나타나는 action패널에 다음과 같이 코드를 입력합니다.
코드는 위의 5-4코드에 그림의 빨간 테두리가 있는 부분을 추가합니다.

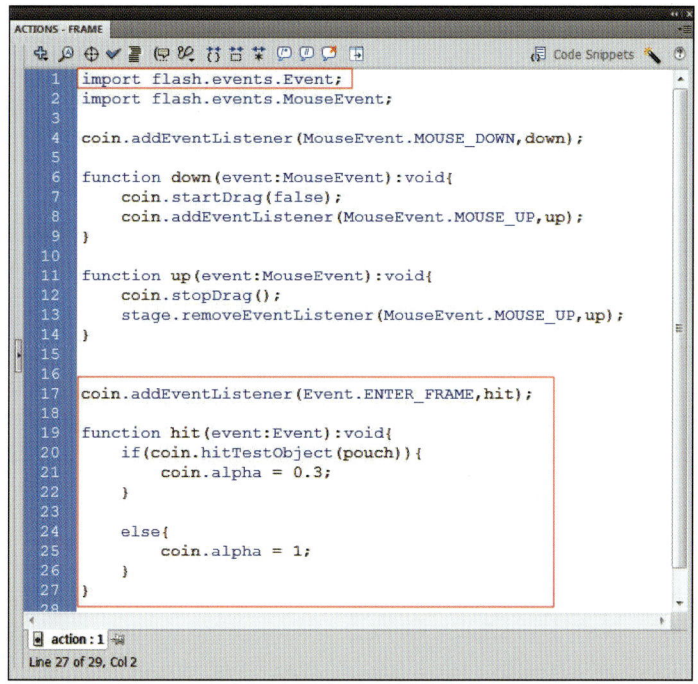

line17 : 이벤트가 발생할 때마다, hit 함수를 호출합니다. 즉, 마우스로 코인을 누르는 순간, 마우스를 드래 그하는 순간, 마우스를 떼는 순간, 모두가 이벤트가 발생하는 것입니다. 이러한 매 순간을 체크하 여 이벤트가 발생한 것으로 인식하고 hit함수를 호출하는 것입니다. 이렇게 매순간의 이벤트를 체 크하므로 부드러운 애니메이션이 만들어지는 것입니다.

line19 : hit 함수를 선언합니다.

line20~26 : 인스턴스 coin이 인스턴스 pouch와 접촉하면 coin의 알파값을 30%로 바꾸고, coin이 pouch와 접촉하지 않으면 coin이 100% 보입니다.

❸ 테스트무비 Crtl + Enter 를 한 후, 마우스로 동전을 드래그하여 주머니에 닿으면 동전이 흐려지고, 동전이 주 머니에서 떨어지면 다시 원래의 상태로 돌아가는 것을 확인할 수 있습니다.

정리하기

hitTestObject() / hitTestPoint()

메서드	설명
hitTestObject(obj:DisplayObject)	오브젝트 간의 접촉을 감지합니다. obj : 디스플레이 오브젝트와 접촉 여부만 체크하여 true 또는 false값을 반환합니다. hitTestPoint(x:Number, y:Number, shapeFlag:Boolean)
hitTestPoint(x:Number, y:Number, shapeFlag:Boolean)	x, y 좌표값이 오브젝트와 접촉했는지를 체크합니다. shapeFlag : true이면 좌표값이 오브젝트와 접촉했는지를 체크하는 것이고, false이면 좌표값이 오브젝트와 접촉하지 않았는지를 체크하여 true 또는 false값을 반환합니다.

hitTestPoint() 사라지는 동전

무비클립의 인스턴스 네임을 coins로 설정하고 다음과 같이 액션스크립트 코드를 입력합니다.

실습파일
5-5_정리_if.fla
5-5_정리_elseif.fla

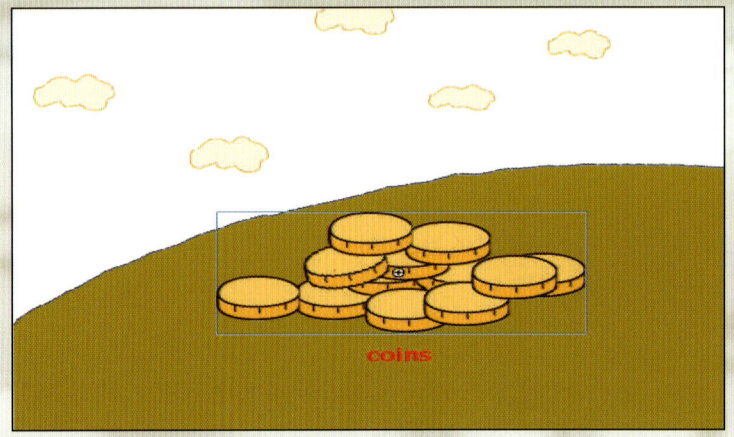

```
import flash.events.Event;

coins.addEventListener(Event.ENTER_FRAME, over);

function over(event:Event):void{
    if(coins.hitTestPoint(mouseX,mouseY,true)){
        coins.alpha = 0;
    }else{
        coins.alpha = 1;
    }
}
```

line5~11 : 현재 마우스의 좌표가 coins에 접촉했으면, coins의 알파값을 0%가 되도록 하여 사라지며, 아니면 coins의 알파값이 100%가 됩니다.

마우스포인터가 오브젝트에 닿지 않았을 때

마우스포인터가 오브젝트에 닿았을 때

if문

대표적인 조건문으로 조건에 따라 실행되어야 할 명령어가 적을 때 사용합니다.

① if(조건식) {
    조건식의 결과가 참일 때, 실행해야 할 명령어
    }

조건식의 결과가 참일 때, 실행해야 할 명령어를 실행하고, 결과값이 거짓일 때는 명령어는 실행되지 않습니다.

```
import flash.events.Event;

coins.addEventListener(Event.ENTER_FRAME,over);

function over(event:Event):void{
    if(coins.hitTestPoint(mouseX,mouseY,true)){
        coins.alpha = 0;
    }
}
```

 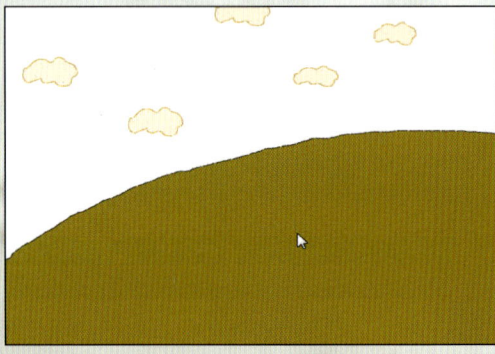

동전이 사라진 후 다시 마우스의 위치를 옮겨도 다시 실행해야할 명령어가 없으므로 동전은 다시 나타나지 않습니다.

② if(조건식) {
　　조건식의 결과가 참일 때, 실행해야 할 명령어
　　}
　else{
　　조건식의 결과가 거짓일 때, 실행해야 할 명령어
　　}

```
import flash.events.Event;

coins.addEventListener(Event.ENTER_FRAME,over);

function over(event:Event):void{
    if(coins.hitTestPoint(mouseX,mouseY,true)){
        coins.alpha = 0;
    }else{
        coins.alpha = 1;
    }
}
```

마우스 포인터가 동전에 닿으면 동전이 사라지고 동전에서 멀어지면 다시 동전이 나타납니다.

③ if(조건식1) {
   조건식1의 결과가 참일 때, 실행해야 할 명령어
   }
   else if(조건식2){
   조건식2의 결과가 참일 때, 실행해야 할 명령어
   }
   else if(조건식3){
   조건식3의 결과가 참일 때, 실행해야 할 명령어
   }
   else{
   위의 조건식에 모두 거짓일 때, 실행해야 할 명령어
   }

```
import flash.events.Event;

addEventListener(Event.ENTER_FRAME,over);

function over(event:Event):void{
    if(coin1.hitTestPoint(mouseX,mouseY,true)){
        pouch.alpha = 0;
    }
    else if(coin2.hitTestPoint(mouseX,mouseY,true)){
        pouch.alpha = 0.3;
    }
    else if(coin3.hitTestPoint(mouseX,mouseY,true)){
        pouch.alpha = 0.7;
    }
    else {
        pouch.alpha = 1;
    }
}
```

마우스 포인터가 coin1에 닿으면 주머니가 사라지고 coin2에 닿으면 주머니 투명도가 30%가 되며, coin3에 닿으면 주머니 투명도가 70%가 되며 마우스 포인터가 동전에 닿지 않으면 주머니는 100% 보이게 됩니다.

Practice 5-6 | Math Class의 메서드

실습파일 5-6.fla

1. for문의 사용법을 알고 활용할 수 있다.
2. Math Class의 메서드를 이용하여 별을 불규칙하게 배치할 수 있다.

1 실습파일 5-6.fla를 열고, 라이브러리에 'star' 무비클립에 Star 클래스가 생성되어 있는 것을 확인합니다.(방법은 Practice 5-2 참고)

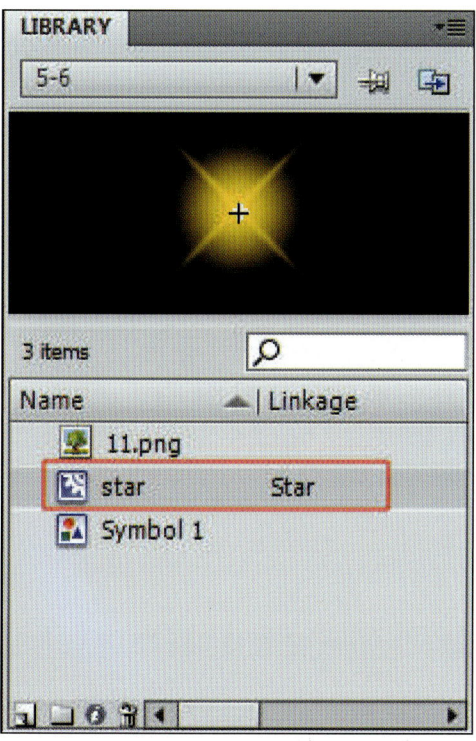

스테이지에 20개의 별을 랜덤하게 나타나도록 하기 위해 다음과 같이 액션스크립트를 입력합니다.

```
import flash.display.MovieClip;

var count:int = 20;

for (var i:int = 0; i<count; i++){
    var starM:MovieClip = new Star();
    starM.x = Math.random()*stage.stageWidth;
    starM.y = Math.random()*stage.stageHeight;
    starM.scaleX = starM.scaleY = Math.random()*0.5+0.5;
    starM.rotation = Math.random()*360;
    this.addChild(starM);
}
```

line3 : 변수 count를 선언합니다. 변수형은 정수형이며, 초기값은 20입니다.
line5 : 정수형 변수 i의 초기값은 0이며, i가 count보다 작은 동안, i를 1씩 증가시켜 for문 안의 명령을 수행합니다.
line6 : 변수 starM을 무비클립형으로 선언하고 새로운 클래스 객체를 생성합니다.
line7 : starM의 x좌표에 0과 스테이지의 가로폭 사이의 숫자를 무작위로 대입합니다.
line8 : starM의 y좌표에 0과 스테이지의 높이 사이의 숫자를 무작위로 대입합니다.
line9 : starM의 가로,세로 크기가 50~100% 사이의 값으로 같은 비율로 무작위로 대입됩니다.
line10 : starM의 회전값에 0~360도 사이의 값이 무작위로 대입됩니다.
line11 : starM을 스테이지에 나타나도록 합니다.

❸ 테스트 무비 Crtl + Enter 를 하면, 별이 무작위로 나타나 Crtl + Enter 를 할 때 마다 다르게 나타나는 것을 확인할 수 있습니다.

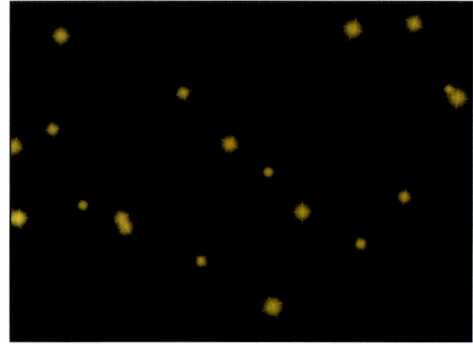 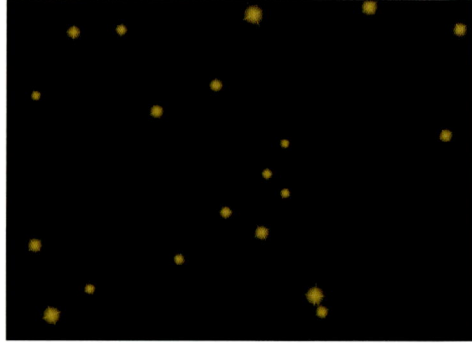

위에서 별들이 크기와 회전, 위치는 무작위로 배치가 되지만, 움직임이 일률적인 것을 확인할 수 있습니다. 좀 더 변화있게 표현하기 위해 다음의 액션스크립트를 입력합니다.

```
import flash.display.MovieClip;

var count:int = 20;

for (var i:int = 0; i<count; i++){
    var starM:MovieClip = new Star();
    var num:int = Math.ceil(Math.random()*starM.totalFrames);
    starM.x = Math.random()*stage.stageWidth;
    starM.y = Math.random()*stage.stageHeight;
    starM.scaleX = starM.scaleY = Math.random()*0.5+0.5;
    starM.rotation = Math.random()*360;
    this.addChild(starM);
    starM.gotoAndPlay(num);
}
```

line7 : 변수 num을 정수형으로 선언하고, Math.random()메서드를 이용하여 생성된 숫자를 starM의 전체프레임과 곱한 후, 프레임 번호는 소수점이 없어야 하므로 Math.ceil() 메서드를 이용하여 무조건 올림하여 변수 num에 대입합니다.(Math class의 ceil, random 메서드에 대한 설명은 '정리하기'를 참고하세요)
line13 : 무비클립 starM의 num 프레임으로 이동하여 재생합니다.(num : line7에서 만들어진 임의의 프레임 번호)

⑤ 테스트 무비 [Crtl+Enter]를 하면, 별이 무작위로 나타나며, 별의 움직임이 서로 다른 시점에서 시작하는 것을 확인할 수 있습니다.

정리하기

for문

반복적인 작업을 처리할 때 사용합니다.

```
var 변수명 : 변수형
for(변수명 = 초기값; 조건식; 증감식) {
    반복될 명령어
}
```

```
import flash.display.MovieClip;

for(var i:int = 0;i<10;i++){
    var mc:MovieClip = new Leaf();
    mc.x = i * 50 + 50;
    mc.y = 200;
    mc.rotation = i * 30;
    this.addChild(mc);
}
```

i는 변수로 for문의 실행 횟수를 조절하기 위해 사용됩니다.
위의 예제에서 i는 초기값이 0이며, 한번에 1씩 증가하여 매번 10보다 작은 지를 체크한 후, 명령을 10회 실행합니다. 즉, 위의 결과로 나뭇잎의 처음 위치 x:50 y:200에서 x좌표가 50씩 이동하고 회전각이 30도씩 증가하여 다음과 같이 10개의 나뭇잎이 스테이지에 나타납니다.

Math Class

수학 연산을 할 수 있는 메서드를 포함하고 있습니다.
삼각함수, 올림, 반올림, 내림, 랜덤, 절대값 등의 함수가 여기에 속합니다.

메서드	설명
Math.sin(x:number)	x의 사인 값을 라디안 단위로 변환하여 반환합니다.
Math.cos(x:number)	해당 오브젝트의 현재 y좌표를 나타냅니다.
Math.tan(x:number)	x의 탄젠트 값을 라디안 단위로 변환하여 반환합니다.
Math.ceil(x:number)	x의 값에서 소수가 있는 경우 올림을 합니다.
Math.floor(x:number)	x의 값에서 소수가 있는 경우 내림을 합니다.
Math.round(x:number)	x의 값에서 소수가 있는 경우 반올림을 합니다.
Math.abs(x:number)	x의 절대값을 구합니다.
Math.random()	0~1 사이의 수(0이상 1미만)를 무작위로 반환합니다.

Practice 5-7

다이나믹 텍스트 필드와 ENTER_FRAME 이벤트

실습파일 5-7.fla

1 TextField에 동적으로 문자를 나타나도록 할 수 있다.
2 ENTER_FRAME 이벤트에 대해 알 수 있다.

 실습파일 5-7.fla를 열고, 인스턴스 네임을 확인합니다.

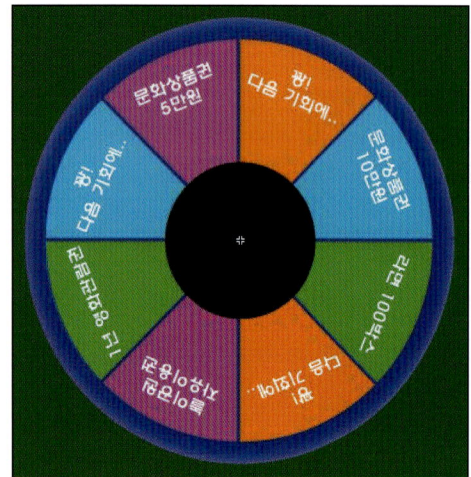

인스턴스 네임 : rotationBoard

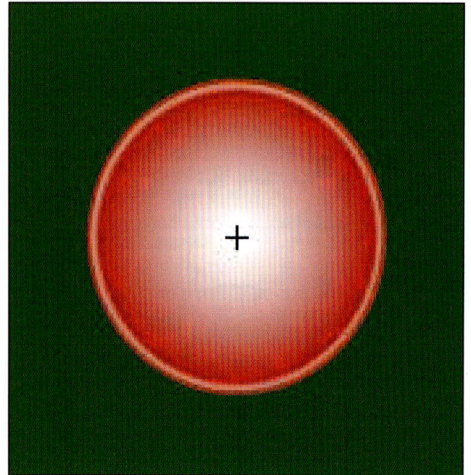

인스턴스 네임 : changeButton

액션스크립트 패널에 다음과 같이 코드를 입력합니다.

```
import flash.events.Event;

rotationBoard.addEventListener(Event.ENTER_FRAME, rotate);

function rotate(event:Event):void{
    rotationBoard.rotation += 15;
}
```

line3 : enterFrame 이벤트를 등록합니다. 이벤트가 발생하면 함수 rotate를 실행합니다.
line5~7 : 함수 rotate를 선언합니다.
line6 : rotationBoard의 각도를 오른쪽으로 15도씩 증가시킵니다.

위의 결과로 rotationBoard가 회전하는 것을 확인할 수 있습니다.

❸ 도구상자의 TextTool을 선택한 후, 회전판의 중앙에 'STOP'라고 입력합니다. 이 때 PROPERTIES에서 그림과 같이 'Dynamic Text'를 선택하고 인스턴스 네임은 'txt'로 입력합니다.

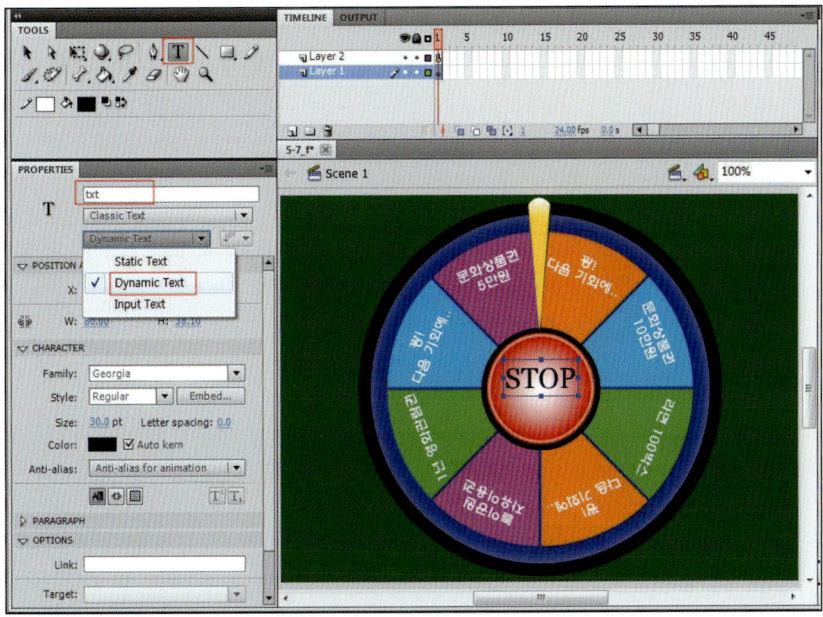

액션스크립트 코드를 다음과 같이 추가합니다.

```
import flash.events.Event;
import flash.events.MouseEvent;

rotationBoard.addEventListener(Event.ENTER_FRAME,rotate);

function rotate(event:Event):void{
    rotationBoard.rotation += 15;
}

changeButton.buttonMode = true;

changeButton.addEventListener(MouseEvent.CLICK,changeRotation);

function changeRotation(event:MouseEvent):void{
    if(txt.text == "PLAY"){
        txt.text = "STOP";
        rotationBoard.addEventListener(Event.ENTER_FRAME,rotate);
    }
    else{
        txt.text = "PLAY";
        rotationBoard.removeEventListener(Event.ENTER_FRAME,rotate);
    }
}
```

line10 : changeButton 개체가 버튼모드가 되어 마우스 포인트를 올렸을 때, 손모양이 나오도록 합니다.

line12 : MouseEvent의 CLICK이벤트를 등록합니다. changeButton을 클릭하면 changeRotation함수가 실행됩니다.

line14~23 : changeRotation 함수를 선언합니다.

line15~18 : 인스턴스 txt의 text가 "PLAY"이면 txt의 값을 "STOP"으로 바꾸고 enterFrame 이벤트를 등록하여 rotate함수를 실행합니다.

line19~22 : txt의 text가 "PLAY"가 아니면, txt의 값을 "PLAY" 바꾸고 enterFrame 이벤트를 제거합니다.

❺ 테스트 무비 Crtl + Enter 를 하여 확인하면, 애니메이션은 동작하나, "PALY"글자가 정상적으로 나타나지 않고, OUTPUT 패널에 다음과 같은 메시지가 나타나는 것을 확인 할 수 있습니다.

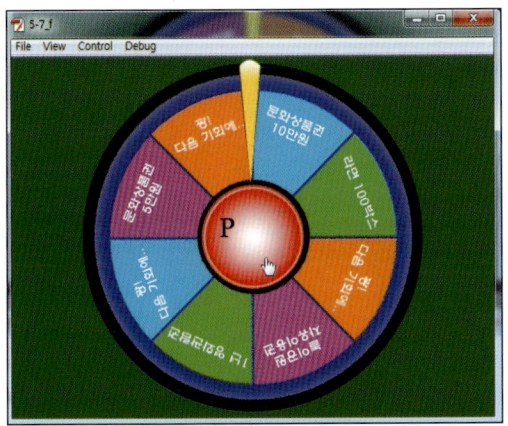

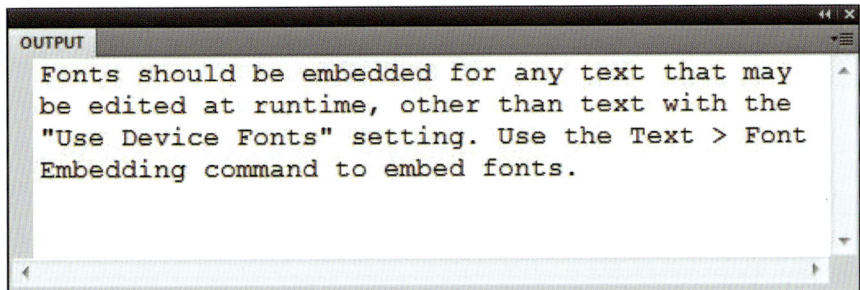

메시지의 내용은 스테이지에 놓여진 폰트를 embed시키라는 것입니다. 이는 폰트가 없는 다른 사용자들에게도 원하는 폰트로 보여질 수 있도록 하기 위한 것입니다.

❻ PROPERTIES에서 'Embed' 를 누르면 나타나는 창에 다음 그림과 같이 설정합니다.

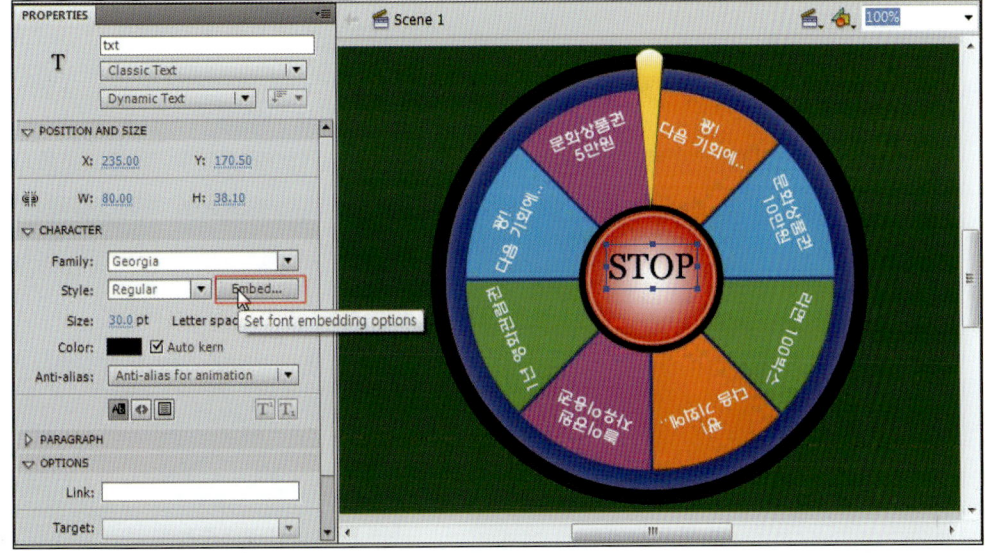

PART 05 Action Script 3.0 **205**

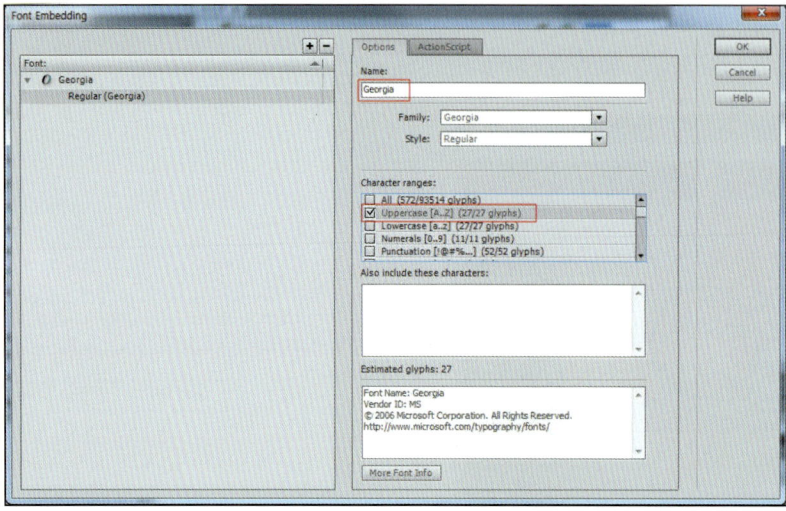

라이브러리에 폰트가 등록되는 것을 확인할 수 있습니다.

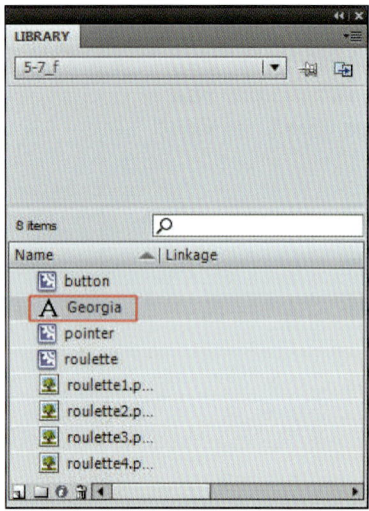

 테스트 무비 Crtl + Enter 를 하여 확인해 봅니다.

정리하기

Event.ENTER_FRAME 이벤트

실습파일 5-7_정리.fla

DisPlayObject 클래스에 종속된 이벤트로 재생 헤드가 새 프레임에 들어갈 때 전달됩니다. 즉, fps(frame per second)가 24이면, 1초에 24번 화면이 바뀌게 되며, 이에 맞추어 enterFrame 이벤트가 발생하므로 fps수치가 높을수록 좀 더 자연스러운 무비가 생성됩니다.

다음 예제는 enterFrame 이벤트가 발생하여 snow개체가 15도씩 회전하면서 counter가 8이 되면, 등록된 이벤트를 제거한 후, '-The End-'를 출력하는 액션스크립트 코드입니다.

```
import flash.events.Event;

this.addEventListener(Event.ENTER_FRAME,enterF);
var i:int = 1;
function enterF(event:Event):void{
    if(i<=8){
        snow.rotation += 15;
        counter.text=String(i++);
    }
    else{
        this.removeEventListener(Event.ENTER_FRAME,enterF);
        counter.text="- The End -";
    }
}
```

이 예제를 실행하기 앞서 무비의 설정된 fps(frame per second)를 1로 설정합니다.

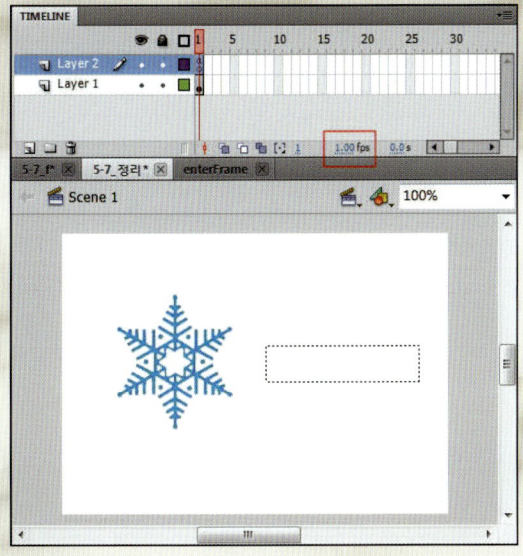

이제 테스트 무비 [Crtl + Enter] 를 하여 결과를 확인해 봅니다. 결과는 snow개체가 1초에 한 번씩 15도씩 회전하고, 숫자가 1부터 8까지 바뀌는 것을 확인할 수 있습니다.

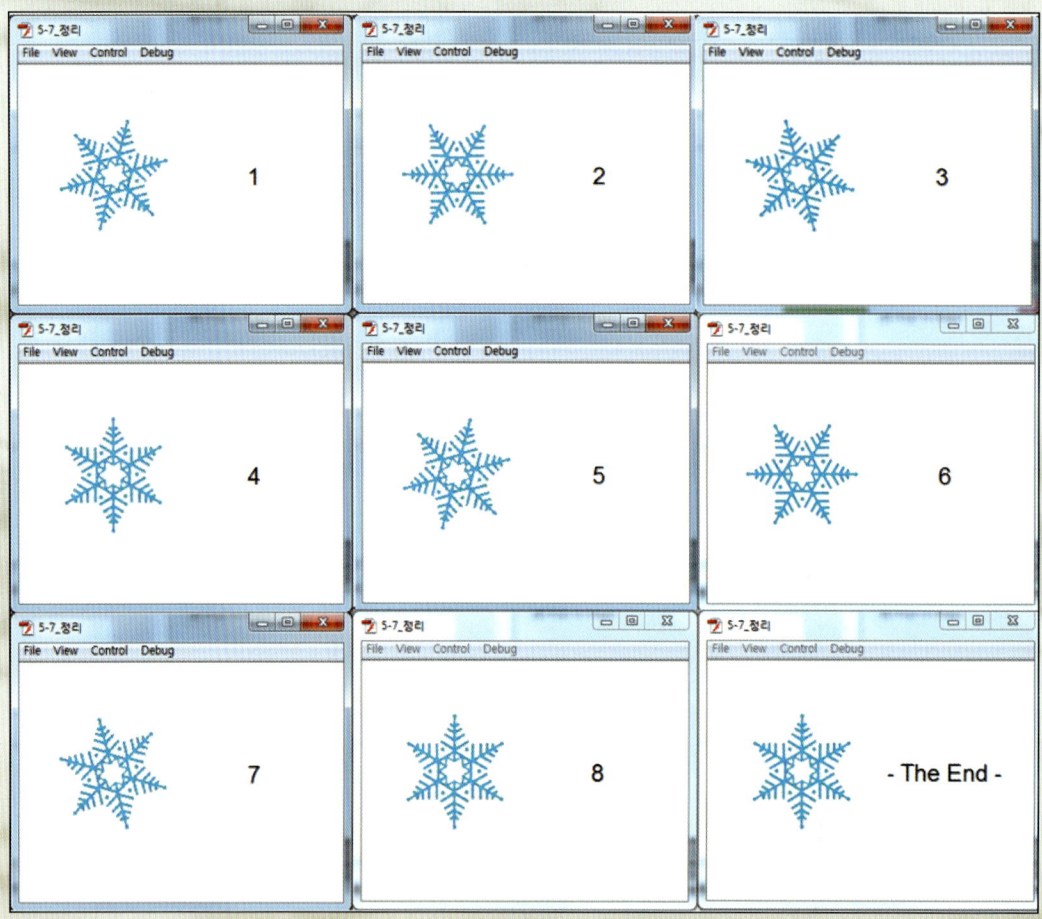

다음은 fps를 15, 24, 32로 설정하여 각각을 테스트해 봅니다. 결과는 수치가 높을수록 회전의 움직임이 빠르고 자연스러울 것입니다. 이는 처음 fps가 1일 때, 플레이 헤드가 재생을 1초에 한 번 하므로 초당 enterFrame이벤트가 한 번 발생하기 때문입니다.

fps가 15이면, 초당 15프레임을 재생하는 속도이므로, snow를 15도 움직이는데, 1/15초가 소요되므로 속도가 빨라집니다. 이런 원리로 24fps는 1/24초, 32fps는 1/32초에 15도가 움직이므로 fps의 설정값에 따라 애니메이션의 속도가 달라집니다.

TextField

텍스트를 무비에 사용하는 경우, 해당 폰트가 없는 사용자들은 원래의 폰트상태로 볼 수 없습니다. 이 때 해당 폰트를 Embed하여 어떤 사용자라도 원래의 폰트상태로 볼 수 있도록 할 수 있습니다.

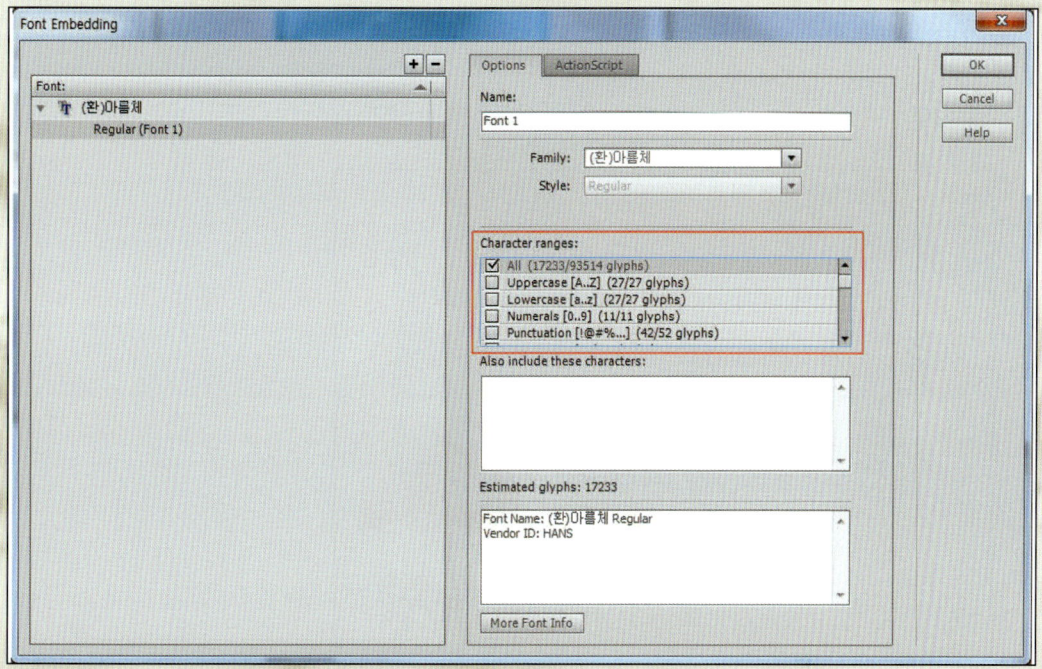

위의 그림처럼 font embedding을 하는 경우, Character ranges는 그림에서는 'All'이 선택되어 있는데, 만약 영문 대문자만 사용한다면 아래에 있는 'Uppercase'를 선택하여 파일의 용량을 줄입니다. 이렇게 사용할 문자를 세부적으로 지정할 수 있으므로 적절히 사용하여 파일 용량을 줄일 수 있습니다.(영어 대문자, 소문자, 숫자, 특수문자, 일본어, 한글 등을 선택 할 수 있습니다.)

Practice
5-8

TextField Class의 기본 속성과 TextFormat 객체

실습파일 5-8.fla

1 TextField Class의 기본 속성을 알고 이용할 수 있다.
2 TextFormat 객체를 이용하여 글자 모양 꾸미기를 할 수 있다.

 실습파일 5-8.fla를 열고, 라이브러리에서 [New Font...]를 클릭합니다.

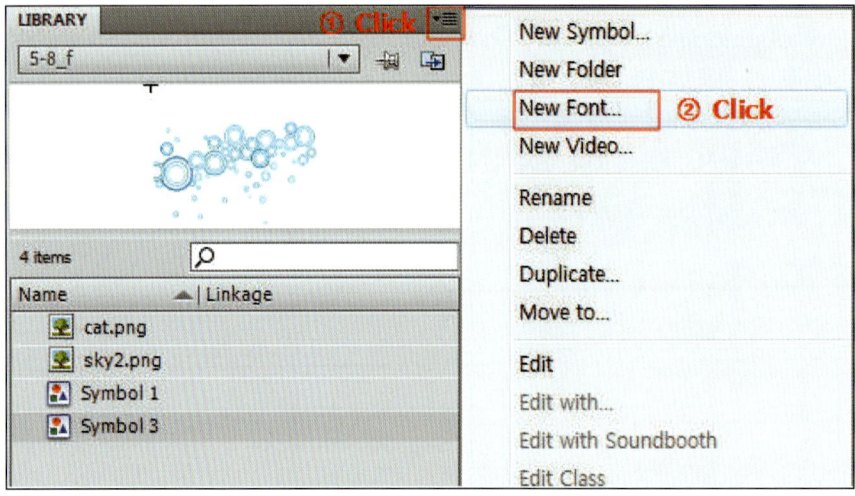

210 처음 시작하는 플래시 따라하면서 마스터하기

② 그림과 같이 폰트를 선택하고 이름을 지정한 후, 사용할 폰트의 세부내용을 선택합니다.

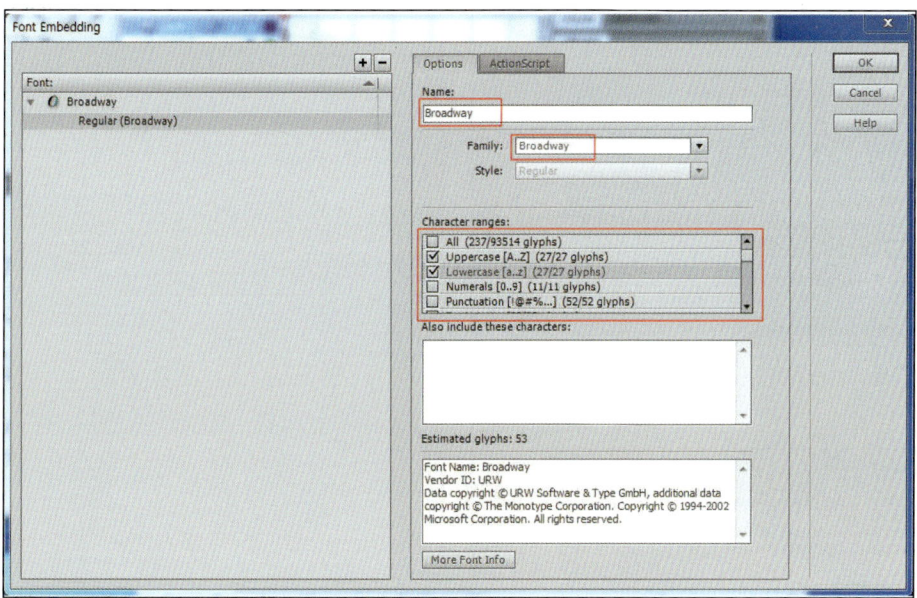

③ 다음 그림과 같이 클래스를 등록하고 'OK'를 누른 후 라이브러리를 확인하면 폰트가 등록되어 있습니다.

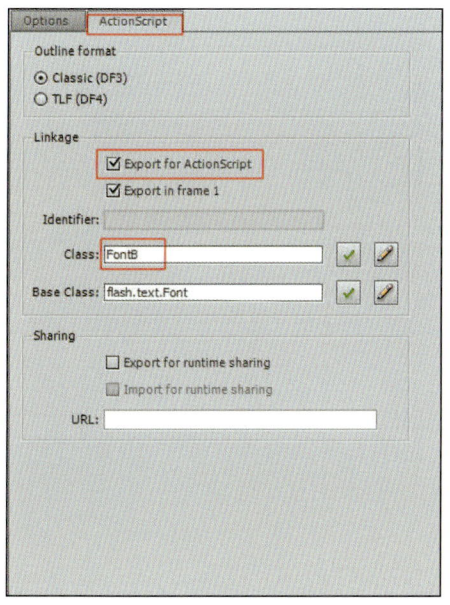 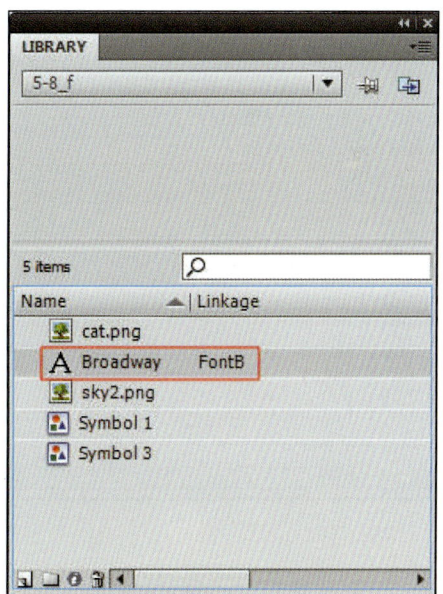

같은 방법으로 사용할 폰트를 하나 더 등록합니다.

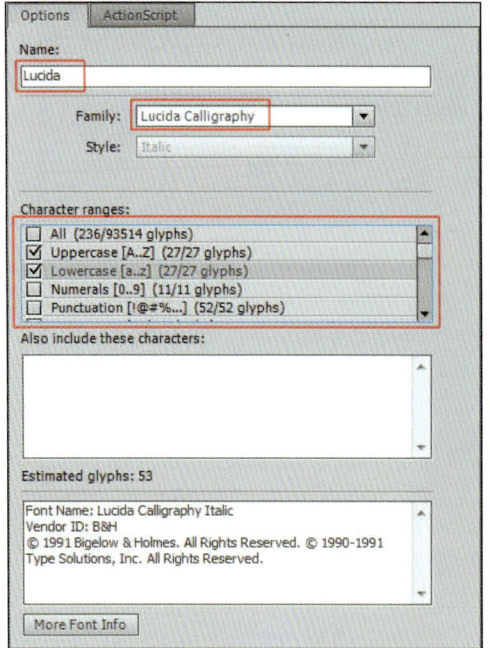
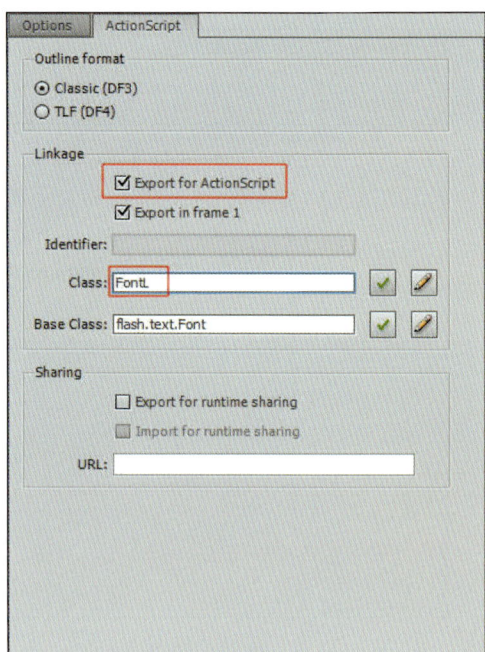

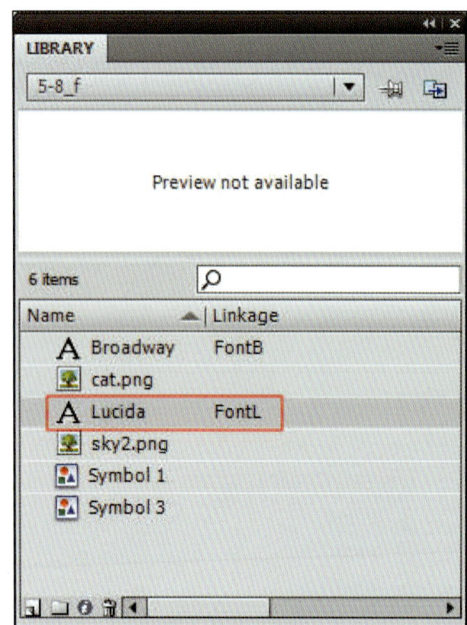

액션 패널을 열어 다음과 같이 액션스크립트를 입력합니다.

```
1  import flash.text.TextFormat;
2  import flash.text.Font;
3  import flash.text.TextField;
4
5  var style1:TextFormat = new TextFormat();
6  var font1:Font = new FontB();
7  style1.color = 0xccffff;
8  style1.size = 30;
9  style1.font = font1.fontName;
10
11 var txt1:TextField = new TextField();
12 txt1.x = 160;
13 txt1.y = 80;
14 txt1.autoSize = TextFieldAutoSize.CENTER;
15 txt1.background = true;
16 txt1.backgroundColor = 0x0000ff;
17 txt1.defaultTextFormat = style1;
18 txt1.text = "Summer";
19 txt1.embedFonts = true;
20 this.addChild(txt1);
```

line5 : style1의 이름으로 TextFormat 객체를 생성합니다. 즉, style1은 TextFormat Class의 여러 가지 기본 속성(정리 참조)을 사용하여 글자를 꾸밀 내용을 지정한 내용을 대표하는 이름입니다. 뒤에 오는 line7~9의 내용이 style1의 설정 값입니다.

line6 : font1의 이름으로 라이브러리에 등록된 폰트(FontB) 객체를 생성합니다. 즉, font1은 라이브러리에 등록한 FontB클래스의 폰트입니다.

line7~8 : 폰트의 색상과 사이즈를 지정합니다.

line9 : font1에 등록된 폰트 이름을 style1의 폰트로 객체를 생성합니다. 즉, style1의 폰트는 font1의 'Broadway'입니다.

line11 : txt1의 이름으로 TextField 객체를 생성합니다. 즉, txt1은 TextFiels Class의 여러 가지 기본 속성(정리 참조)을 사용하여 동적으로 문자를 표현할 수 있습니다. 뒤에 오는 line12~19의 내용이 txt1의 설정 값입니다.

line12~13 : txt1이 stage에 나타날 때 참조할 x, y 위치 값입니다.

line14 : 글자의 가운데를 기준으로 txt1의 텍스트 필드의 크기가 글자 크기에 맞추어 자동으로 조정됩니다.

line15~16 : txt1의 배경색을 사용하도록 지정하고, 배경색을 설정합니다.

line17 : txt1의 텍스트 필드의 기본 서식을 style1으로 지정합니다. 즉, txt1의 텍스트 필드에 입력되는 글자는 모두 style1의 서식이 지정되어 보입니다.

line18 : txt1의 내용을 입력합니다. 이 때 문자열은 따옴표로 감싸줍니다.

line19 : txt1 텍스트 필드가 라이브러리에 등록된 폰트를 사용하도록 합니다.

line20 : txt1의 내용을 화면에 나타나도록 합니다.

테스트 무비 Crtl + Enter 를 하여 결과를 확인하여 봅니다.

다음 그림과 같이 액션스크립트를 추가합니다.

```
1  import flash.text.TextFormat;
2  import flash.text.Font;
3  import flash.text.TextField;
4
5  var style1:TextFormat = new TextFormat();
6  var style2:TextFormat = new TextFormat();
7  var font1:Font = new FontB();
8  var font2:Font = new FontL();
9  style1.color = 0xccffff;
10 style1.size = 30;
11 style1.font = font1.fontName;
12
13 style2.color = 0xff0033;
14 style2.size = 45;
15 style2.bold = true;
16 style2.font = font2.fontName;
17
18 var txt1:TextField = new TextField();
19 txt1.x = 160;
20 txt1.y = 80;
21 txt1.autoSize = TextFieldAutoSize.CENTER;
22 txt1.background = true;
23 txt1.backgroundColor = 0x0000ff;
24 txt1.defaultTextFormat = style1;
25 txt1.text = "Summer";
26 txt1.embedFonts = true;
27 this.addChild(txt1);
28
29 var txt2:TextField = new TextField();
30 txt2.x = 90;
31 txt2.y = 130;
32 txt2.autoSize = TextFieldAutoSize.LEFT;
33 txt2.defaultTextFormat = style2;
34 txt2.text = "Festival";
35 txt2.embedFonts = true;
36 this.addChild(txt2);
37
38 var style3:TextFormat = new TextFormat();
39 style3.color = 0x6600ff;
40 style3.size = 35;
41 style3.bold = false;
42
43 txt2.setTextFormat(style3,1,7);
```

line6 : style2의 이름으로 TextFormat 객체를 생성합니다.
line8 : font2의 이름으로 라이브러리에 등록된 폰트(FontL) 객체를 생성합니다.
line13~16 : style2의 기본 속성을 지정합니다.
line29~line36 : txt2 객체를 생성하고, txt2의 기본 속성을 지정한 후 내용을 입력하고 화면에 표시되도록 합니다.

line38 : style3의 이름으로 TextFormat 객체를 생성합니다.
line39~41 : style3의 기본 속성을 지정합니다.

line43 : txt2 텍스트('Festival')의 2번째 글자부터 7번째 글자까지 style3 텍스트 포맷을 적용하여 서식을 변경합니다.(텍스트의 순서는 0부터 시작하므로 두 번째 매개변수 1은 두 번째 문자인 'e'부터 시작함을 의미합니다. 마지막 매개변수인 7은 Index+1의 값이므로 7번째 문자인 'a'을 의미합니다.)

 테스트 무비 `Crtl + Enter` 를 하여 결과를 확인하면 문자가 지정된 위치, 지정된 서식으로 나타나는 것을 확인할 수 있습니다.

정 리 하 기

TextField Class

기본 속성

속성	설명
autoSize : String	텍스트 필드의 자동크기 조절 및 정렬을 제어합니다.
background : Boolean	텍스트 필드에 배경색이 지정될지 여부를 나타냅니다.
backgroundColor : unit	텍스트 필드의 배경색을 지정합니다.
border : Boolean	텍스트 필드에 테두리가 있는지에 대한 여부를 나타냅니다.
borderColor : unit	텍스트 필드의 테두리색을 지정합니다.
htmlText : String	텍스트 필드 내용에 HTML코드를 넣습니다.
length : int	텍스트 필드의 문자 수입니다.(읽기 전용)
selectable : Boolean	텍스트 필드를 선택할 수 있는 지에 대한 여부를 나타냅니다.
text : String	텍스트 필드에 입력된 현재 문자열입니다.
textColor : unit	텍스트 필드의 텍스트 색상을 지정합니다.
type : String	텍스트 필드의 유형을 나타냅니다. TextFieldType.INPUT: input 텍스트 필드로 사용할 경우 TextFieldType.DYNAMIC : input 텍스트 필드로 사용하다가 원상태로 변경할 경우(기본값이 dynamic입니다.)

정리하기

TextFormat Class

기본 속성

속성	설명
align : String	단락의 정렬을 나타냅니다.
blockIndent : int	문단의 들여쓰기를 픽셀단위로 나타냅니다.
bold : Boolean	텍스트를 굵게 표시할 것인지에 대한 여부를 나타냅니다.
bullet : Boolean	텍스트가 블릿 목록임을 나타냅니다.
color : unit	텍스트의 색상을 나타냅니다.
font : String	텍스트의 글꼴 이름을 나타내는 문자열입니다.
indent : int	왼쪽 여백에서 문단의 첫 문자까지의 들여쓰기를 나타냅니다.
italic : Boolean	텍스트가 기울임체인지에 대한 여부를 나타냅니다.
kerning : Boolean	자간 조정을 활성화 할 것인지에 대한 여부를 나타냅니다.
leading : int	문장의 행간 간격을 나타냅니다.
leftMargin : int	문단의 왼쪽 여백을 나타냅니다.
letterSpacing : Object	모든 글자사이의 간격을 나타냅니다.
rightMargin : int	문단의 오른쪽 여백을 나타냅니다.
size : int	텍스트의 크기를 나타냅니다.
target : String	하이퍼링크의 대상 페이지가 나타나는 창을 지정합니다.
underline : Boolean	텍스트에 밑줄을 그을 것인지 여부에 대한 여부를 나타냅니다.
url : String	텍스트에 하이퍼링크 된 대상 URL을 나타냅니다.

TextFormat 적용에 사용되는 TextField메서드

메서드	설명
getTextFormat(beginIndex:int=-1, endIndex:int=-1):TextFormat	지정된 텍스트에서 beginIndex와 endIndex 범위내의 텍스트의 서식을 가져옵니다.
setTextFormat(format:TextFormat,beginIndex:int=-1, endIndex:int=-1):void	텍스트 필드의 beginIndex와 endIndex 범위내의 텍스트에, 지정된 format(서식)을 적용합니다.

TextFormat 적용에 사용되는 TextField 속성

메서드	설명
defaultTextFormat : TextFormat	새로 삽입되는 텍스트에 적용할 서식을 지정합니다.
embedFonts : Boolean	포함된 글꼴을 사용하여 렌더링할 것인지의 여부를 지정합니다.

Practice 5-9
다이나믹 텍스트 필드와 대괄호 연산자 이용하여 동적인 객체명 사용하기

실습파일 5-9.fla

1. 숫자를 자동 추출하여 다이나믹 텍스트 필드에 나타나도록 할 수 있다.
2. 대괄호 연산자를 사용하여 동적인 객체명을 사용할 수 있다.

1 실습파일 5-9.fla를 열고, 텍스트툴을 이용하여 다이나믹 텍스트 필드를 그림과 같이 배치합니다.

PART 05 Action Script 3.0

각각의 텍스트 필드와 버튼의 인스턴스 네임을 'num1~num7'으로 입력합니다.

버튼의 인스턴스 네임으로 'btn'을 입력합니다.

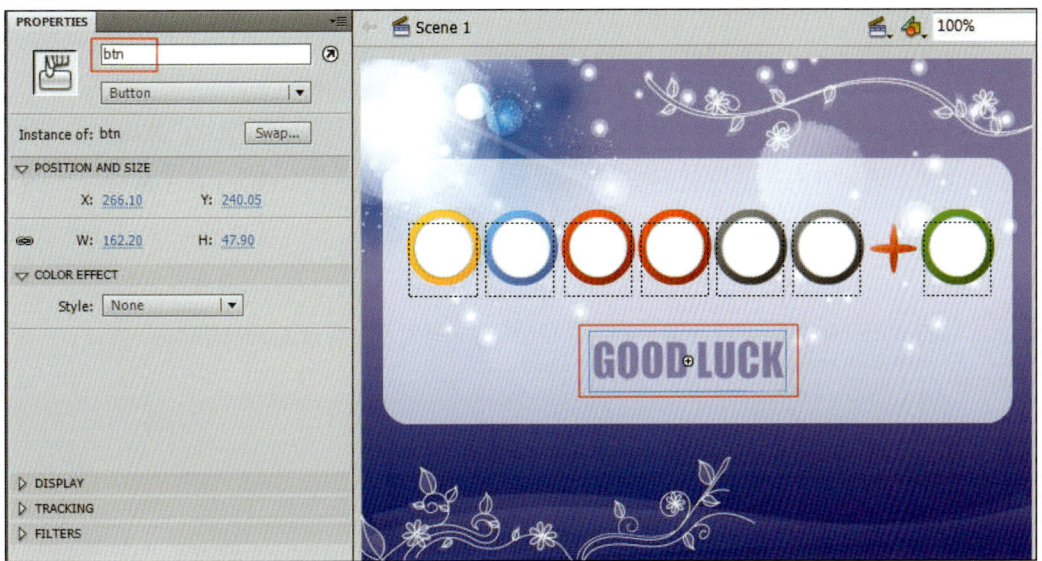

③ 다음과 같이 액션스크립트를 입력합니다.

```
import flash.events.MouseEvent;

btn.addEventListener(MouseEvent.MOUSE_DOWN,randomNum);

function randomNum(event:MouseEvent):void{
    for(var i=1; i<=7; i++){
        var number = int(Math.random()*44)+1;
        this["num"+i].text = number;
    }
}
```

line3 : 인스턴스 'btn'에 MOUSE_DOWN 이벤트가 발생하면 randomNum을 호출합니다.
line5~10 : 함수 randomNum을 선언합니다.
line6 : 변수 i가 1~7로 변하는 동안 for문의 내용을 실행합니다.
line7 : 변수 number에 무작위로 추출한 1~45 사이의 정수를 대입합니다.
line8 : 본 예제의 다이나믹 텍스트필드 인스턴스 네임이 'num1~num7'입니다. 이 때, 같은 문자("num")를 포함하고 일련번호가 있으므로, 변수 i가 1~7까지 바뀌며 line7에서 추출된 정수를 대입합니다.

 라이브러리에서 [New Font]를 선택하여 무비에서 사용된 폰트를 embed시킵니다.

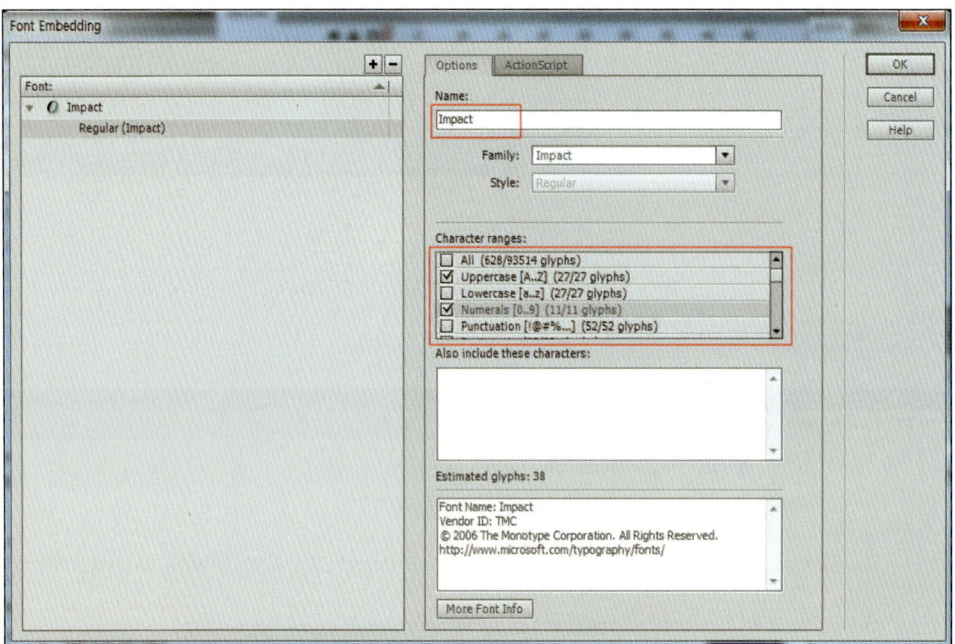

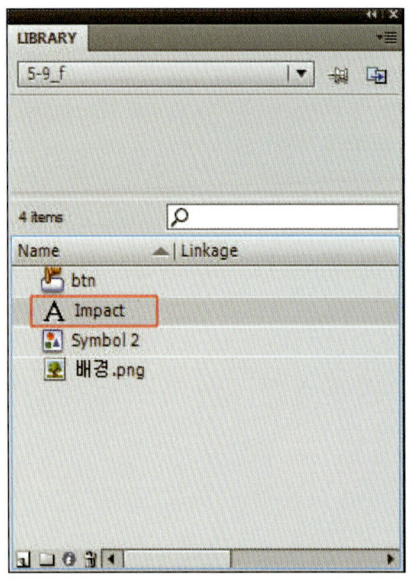

테스트 무비 Crtl+Enter 를 하여 결과를 확인하면 버튼을 누를 때마다 숫자 7개가 다르게 나타나는 것을 확인할 수 있습니다.

>>> 정리하기

대괄호 연산자(같은 이름에 일련번호가 붙은 인스턴스 네임 또는 변수명을 사용 할 때)

[ ] : 대괄호 연산자 또는 배열 연산자라고 하며 배열(array)이나 여러개의 무비클립 오브젝트를 나타낼 때 사용합니다.

본 예제에서는 인스턴스 네임을 동적으로 설정하기 위해 사용되었으며, 이름에 해당하는 부분은 " "(따옴표)로 감싸고 일련번호에 해당하는 부분은 변수를 사용하여 숫자를 증가 또는 감소하게 하며, 산술연산자 '+'를 사용하면 문자와 숫자가 합해져서 하나의 인스턴스 네임을 만들어냅니다.

 예

this["object"+i]
i가 1과 3사이의 정수일 때

현재 상태에서 object1, object2, object3를 의미함

star_obj["object"+i]
i가 1과 3사이의 정수일 때

'star_obj' 무비클립에서 object1, object2, object3를 의미함('star_obj'는 예를 들기 위한 가상의 이름임)

Practice 5-10 Grphics Class의 메서드

실습파일 5-10.fla

1 Graphics Class의 메서드를 알고 활용하여 그림판을 만들 수 있다.
2 상대경로에 대해 이해할 수 있다.(stage,this,parent 등)

1 실습파일 5-10.fla를 열고, Layer3에서 F9를 누르고 액션스크립트 패널을 열고 다음과 같이 입력합니다.

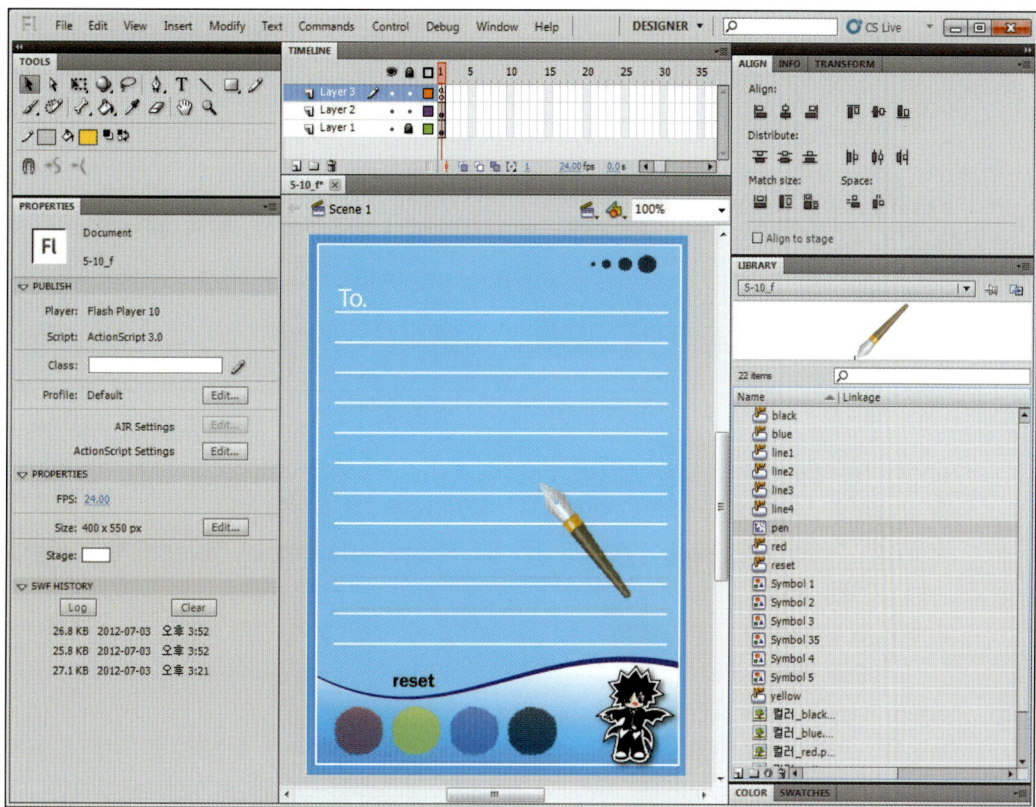

PART 05 Action Script 3.0 **225**

```
ACTIONS - FRAME

1   import flash.events.MouseEvent;
2   import flash.display.Shape;
3
4   var penColor:uint = 0x000000;
5   var penSize:int = 2;
6
7   var board:Shape = new Shape();
8   board.graphics.lineStyle(penSize,penColor);
9   this.addChild(board);
10
11  stage.addEventListener(MouseEvent.MOUSE_DOWN,down);
12  stage.addEventListener(MouseEvent.MOUSE_UP,up);
13
14  function down(event:MouseEvent):void{
15      board.graphics.moveTo(this.mouseX,this.mouseY);
16      stage.addEventListener(MouseEvent.MOUSE_MOVE,moveM);
17  }
18
19  function moveM(event:MouseEvent):void{
20      board.graphics.lineTo(this.mouseX,this.mouseY);
21      event.updateAfterEvent();
22  }
23
24  function up(event:MouseEvent):void{
25      stage.removeEventListener(MouseEvent.MOUSE_MOVE,moveM);
26  }
```

line4 : 변수 penColor를 unit 타입으로 생성하고 초기값으로 검은색(0x000000)을 설정합니다.

line5 : 변수 penSize를 int 타입으로 생성하고 초기값으로 2를 설정합니다.

line7 : 변수 board를 Shape 객체로 생성합니다. Shape객체는 DisplayObject이며 그림을 그릴 때 사용됩니다.

line8 : board 객체에 그려질 선의 스타일을 설정합니다. 선의 굵기, 선의 색상은 line4~5에서 선언한 변수를 사용합니다.

line9 : board 객체를 화면에 보이게 합니다.

line11 : 스테이지에 MOUSE_DOWN 이벤트가 발생하면, down 함수를 호출하도록 이벤트를 등록합니다.

line12 : 스테이지에 MOUSE_UP 이벤트가 발생하면, up 함수를 호출하도록 이벤트를 등록합니다.

line14~17 : 함수 down을 선언합니다.

line15 : board 객체에 그려질 선의 시작점을 정의합니다. 시작위치는 마우스를 누른 상태의 현재 좌표입니다.

line16 : 스테이지에 MOUSE_MOVE 이벤트가 발생하면, moveM 함수를 호출하도록 이벤트를 등록합니다.

line19~22 : 함수 moveM을 선언합니다.

line20 : board 객체에 선을 그립니다. 선은 마우스가 움직일 때, 바로 이전의 좌표에서 현재 좌표까지 그려집니다.
line21 : 무비의 초당 프레임수(fps)에 상관없이 화면을 업데이트하여 선이 자연스럽게 그려집니다.

line24~26 : 함수 up을 선언합니다.
line25 : MOUSE_MOVE 이벤트를 제거합니다. 더 이상 선이 그려지지 않습니다.

 테스트 무비 `Crtl + Enter` 를 하여 결과를 확인하면, 마우스를 드래그하여 선을 자유롭게 그릴 수 있습니다.

3 라이브러리에서 pen 무비클립의 썸네일을 더블클릭하여 심벌 편집창으로 들어갑니다.

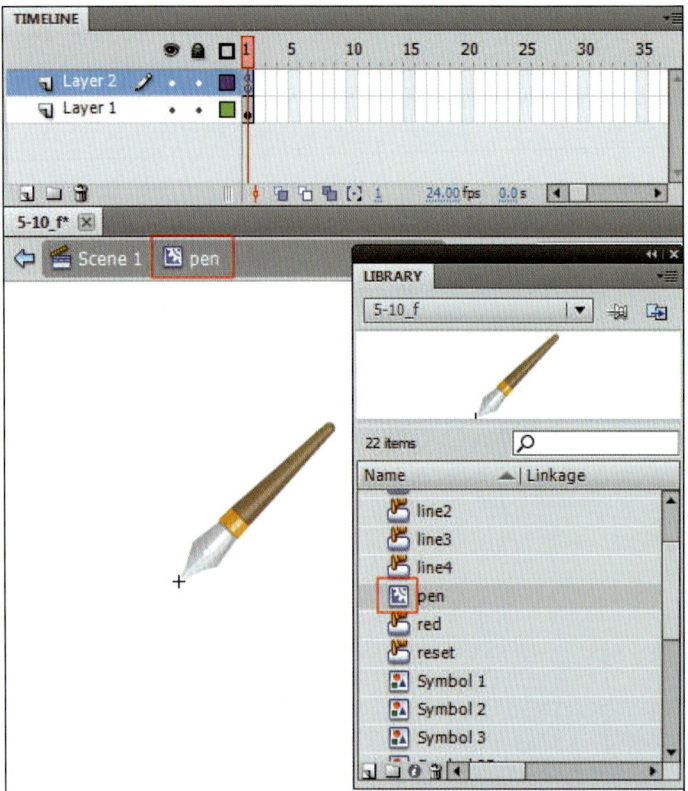

미리 입력된 액션스크립트 코드를 확인합니다.

```
import flash.events.Event;

Mouse.hide();
this.addEventListener(Event.ENTER_FRAME,moveMouse);

function moveMouse(event:Event):void {
    this.x = stage.mouseX;
    this.y = stage.mouseY;
    parent.setChildIndex(this,parent.numChildren-1);
}
```

line3 : 마우스 포인터가 나타나지 않게 합니다.
line4 : 현재 상태에서 플레이 헤드가 새프레임에 들어갈 때 moveMouse함수를 호출하도록 등록합니다. 이 때, 현재(this) 상태는 무비클립 pen의 내부입니다. 즉, this는 pen 자신이 되는 것입니다.

line6~10 : 함수 moveMouse를 선언합니다.
line7 : pen(this)의 x좌표에 스테이지에서의 마우스 X좌표값을 대입합니다.
line8 : pen(this)의 y좌표에 스테이지에서의 마우스 Y좌표값을 대입합니다.
line9 : pen객체가 상위 stage에서 다른 개체의 가장 상위에 오도록 합니다. 객체의 Index는 0부터 시작하며, numChildren은 DisplayContainer 내의 전체 객체 수입니다. 즉, 'numChildren -1'은 같은 Container내에서 가장 높은 인덱스를 의미합니다.

> pen 객체를 마우스포인터로 사용하기 위해 내부에 pen객체의 움직임에 대한 코드를 넣은 것입니다.

 이제 색상을 바꾸어 그림을 그릴 수 있도록 하기 위해 주어진 색상 버튼에 인스턴스 네임을 다음과 같이 입력합니다.

버튼	인스턴스네임
🔴	red_btn
🟡	yellow_btn
🔵	blue_btn
⚫	black_btn

이 때 각각의 버튼 심벌 편집 상태로 들어가보면, 마우스가 롤오버되었을 때 색상이 선명하게 나타날 수 있도록 up과 over상태를 서로 다르게 설정한 것을 확인할 수 있습니다.

다음과 같이 액션스크립트 코드를 추가합니다.

```
import flash.events.MouseEvent;
import flash.display.Shape;

var penColor:uint = 0x000000;
var penSize:int = 2;

var board:Shape = new Shape();
board.graphics.lineStyle(penSize,penColor);
this.addChild(board);

stage.addEventListener(MouseEvent.MOUSE_DOWN,down);
stage.addEventListener(MouseEvent.MOUSE_UP,up);
red_btn.addEventListener(MouseEvent.CLICK,redEvent);
yellow_btn.addEventListener(MouseEvent.CLICK,yellowEvent);
blue_btn.addEventListener(MouseEvent.CLICK,blueEvent);
black_btn.addEventListener(MouseEvent.CLICK,blackEvent);

function down(event:MouseEvent):void{
    board.graphics.moveTo(this.mouseX,this.mouseY);
    stage.addEventListener(MouseEvent.MOUSE_MOVE,moveM);
}
function up(event:MouseEvent):void{
    stage.removeEventListener(M...
}

function redEvent(event:MouseEvent):void{
    penColor = 0xff0000;
    board.graphics.lineStyle(penSize,penColor);
}

function yellowEvent(event:MouseEvent):void{
    penColor = 0xffff00;
    board.graphics.lineStyle(penSize,penColor);
}

function blueEvent(event:MouseEvent):void{
    penColor = 0x0000ff;
    board.graphics.lineStyle(penSize,penColor);
}

function blackEvent(event:MouseEvent):void{
    penColor = 0x000000;
    board.graphics.lineStyle(penSize,penColor);
}
```

line13 : red_btn에 CLICK 이벤트가 발생하면 함수 redEvent를 호출하도록 등록합니다.
line14 : yellow_btn에 CLICK 이벤트가 발생하면 함수 yellowEvent를 호출하도록 등록합니다.
line15 : blue_btn에 CLICK 이벤트가 발생하면 함수 blueEvent를 호출하도록 등록합니다.
line16 : black_btn에 CLICK 이벤트가 발생하면 함수 blackEvent를 호출하도록 등록합니다.

line32~36 : redEvent함수를 선언합니다. 변수 penColor에 0xff0000을 대입하여 색상이 빨간색이 되도록 합니다.
line38~42 : yellowEvent함수를 선언합니다. 변수 penColor에 0xffff00을 대입하여 색상이 노란색이 되도록 합니다.
line44~48 : blueEvent함수를 선언합니다. 변수 penColor에 0x0000ff을 대입하여 색상이 파란색이 되도록 합니다.
line50~54 : blackEvent함수를 선언합니다. 변수 penColor에 0x000000을 대입하여 색상이 검정색이 되도록 합니다.

⑤ 이번에는 선의 굵기를 바꾸어 그림을 그릴 수 있도록 하고, 그려진 그림을 지우기 위해 오른쪽 위쪽에 배치된 라인 버튼과 아래쪽의 reset 버튼에 인스턴스 네임을 다음과 같이 입력합니다.

버튼	인스턴스네임
●	line1_btn
●	line2_btn
●	line3_btn
●	line4_btn
reset	reset_btn

다음과 같이 액션스크립트 코드를 추가합니다.

```
import flash.events.MouseEvent;
import flash.display.Shape;

var penColor:uint = 0x000000;
var penSize:int = 2;

var board:Shape = new Shape();
board.graphics.lineStyle(penSize,penColor);
this.addChild(board);

stage.addEventListener(MouseEvent.MOUSE_DOWN,down);
stage.addEventListener(MouseEvent.MOUSE_UP,up);
red_btn.addEventListener(MouseEvent.CLICK,redEvent);
yellow_btn.addEventListener(MouseEvent.CLICK,yellowEvent);
blue_btn.addEventListener(MouseEvent.CLICK,blueEvent);
black_btn.addEventListener(MouseEvent.CLICK,blackEvent);
line1_btn.addEventListener(MouseEvent.CLICK,line1Event);
line2_btn.addEventListener(MouseEvent.CLICK,line2Event);
line3_btn.addEventListener(MouseEvent.CLICK,line3Event);
line4_btn.addEventListener(MouseEvent.CLICK,line4Event);
reset_btn.addEventListener(MouseEvent.CLICK,reset);

function line1Event(event:MouseEvent):void{
    penSize = 1;
    board.graphics.lineStyle(penSize,penColor);
}

function line2Event(event:MouseEvent):void{
    penSize = 2;
    board.graphics.lineStyle(penSize,penColor);
}

function line3Event(event:MouseEvent):void{
    penSize = 3;
    board.graphics.lineStyle(penSize,penColor);
}

function line4Event(event:MouseEvent):void{
    penSize = 4;
    board.graphics.lineStyle(penSize,penColor);
}

function reset(event:MouseEvent):void{
    board.graphics.clear();
    board.graphics.lineStyle(penSize,penColor);
}
```

line17 : line1_btn에 CLICK 이벤트가 발생하면 함수 line1Event를 호출하도록 등록합니다.
line18 : line2_btn에 CLICK 이벤트가 발생하면 함수 line2Event를 호출하도록 등록합니다.
line19 : line3_btn에 CLICK 이벤트가 발생하면 함수 line3Event를 호출하도록 등록합니다.
line20 : line4_btn에 CLICK 이벤트가 발생하면 함수 line4Event를 호출하도록 등록합니다.
line21 : reset_btn에 CLICK 이벤트가 발생하면 함수 reset을 호출하도록 등록합니다.

line62~65 : line1Event함수를 선언합니다. 변수 penSize에 1을 대입하여 라인의 굵기가 1픽셀이 되도록 설정합니다.
line67~70 : line2Event함수를 선언합니다. 변수 penSize에 2을 대입하여 라인의 굵기가 2픽셀이 되도록 설정합니다.
line72~75 : line3Event함수를 선언합니다. 변수 penSize에 3을 대입하여 라인의 굵기가 3픽셀이 되도록 설정합니다.
line77~80 : line4Event함수를 선언합니다. 변수 penSize에 4을 대입하여 라인의 굵기가 4픽셀이 되도록 설정합니다.
line82~85 : reset함수를 선언합니다. board 객체의 그래픽 요소들을 모두 삭제한 후, board객체의 라인 스타일을 penSize와 penColor값으로 설정합니다.

reset 버튼을 누르면, 그래픽 요소들이 모두 삭제되고, 다시 pen을 이용하여 그리기 시작하면, 마지막에 설정된 penSize 와 penColor값으로 그려집니다.

 테스트 무비 `Crtl + Enter` 를 하여 결과를 확인하면, 펜으로 자유롭게 선을 그릴 수 있으며, 색상과 라인굵기를 조절하고 리셋시킬 수도 있습니다.

하지만, 그림을 그릴 수 있는 공간이 한정 되어 있지 않아 버튼위에도 그려지는 등 화면 전체를 대상으로 그림이 그려져 지저분함을 느껴집니다. 이를 정리하기 위해 마스크를 이용해 그림이 그려지는 공간을 제한 해야 합니다.

Layer2에 다음과 같이 테두리가 없는 사각형을 그립니다. 이 때 색상은 상관 없습니다.
선이 그려져서는 안되는 곳은 다음과 같이 선택툴을 이용하여 도형을 편집하면 됩니다.

선택툴로 도형을 선택한 후, F8 을 눌러 무비클립으로 등록합니다.

도형의 인스턴스 네임을 'area_mc'로 설정하고 다음과 같이 액션스크립트 코드를 추가합니다.

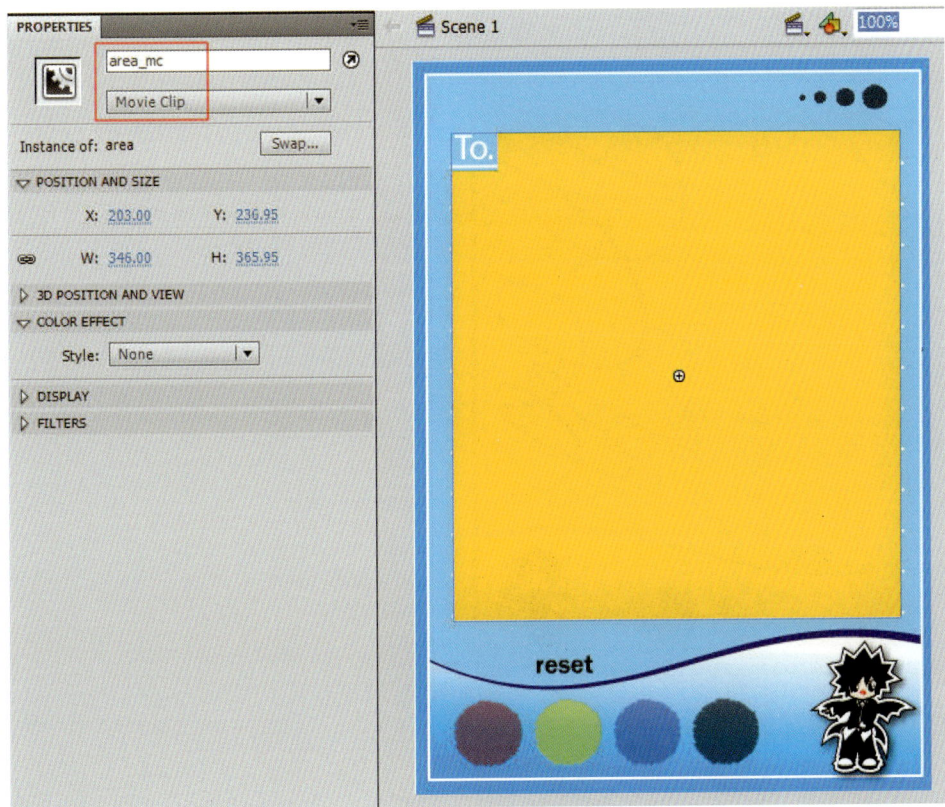

```
 7   var board:Shape = new Shape();
 8   board.graphics.lineStyle(penSize,penColor);
 9   board.mask = area_mc;
10   this.addChild(board);
```

line9 : board객체에 무비클립 area_mc를 이용하여 마스크를 적용합니다. 즉, 그려지는 영역이 area_mc만큼 제한됩니다.

테스트 무비 Crtl + Enter 를 하여 결과를 확인하면, 그려지는 영역이 제한되어 있는 것을 확인할 수 있습니다.

정 리 하 기

Graphics Class

Graphics 클래스의 메서드를 이용하면 벡터 이미지를 그릴 수 있습니다. 선그리기, 도형그리기, 색 칠하기 등을 할 수 있는 메서드를 살펴보겠습니다.

선그리기 메서드

메서드	설명
lineStyle(thickness:Number=NaN,color:unit=0,alpha:Number=1.0):void	그려질 선의 굵기, 색상, 알파값 등을 정의합니다.
moveTo(x:Number,y:Number):void	그려질 선의 처음 위치 좌표로 이동합니다.
lineTo(x:Number,y:Number):void	바로 앞의 좌표(moveTo나 lineTo에 의해 이동된 좌표)로부터 현재 메서드의 x,y좌표까지 선을 그려줍니다.
curveTo(controlX:Number,controlY:Number,anchorX:Number,anchorY:Number):void	컨트롤 좌표 x,y와 목적 좌표 x,y를 이용하여 곡선을 그립니다.
clear():void	그려진 모든 벡터 이미지를 지웁니다.

도형그리기 메서드

메서드	설명
drawCircle(x:Number,y:Number,radius:Number):void	x,y 중심점과 반지름(픽셀단위)을 이용하여 원을 그립니다.
drawEllipse(x:Number,y:Number,width:Number,height:Number):void	왼쪽 상단의 좌표 x,y와 가로, 세로길이를 이용하여 타원을 그립니다.
drawRect(x:Number,y:Number,width:Number,height:Number):void	왼쪽 상단의 좌표 x,y에서 가로길이와 세로길이를 이용하여 사각형을 그립니다.
drawRoundRect(x:Number,y:Number,width:Number,height:Number,ellipseWidth:Number,ellipseHeight:Number=NaN):void	왼쪽 상단의 좌표 x,y에서 가로, 세로길이와 둥근모서리의 가로,세로 길이를 이용하여 모서리가 둥근 사각형을 그립니다.

색 칠하기 메서드

메서드	설명
beginFill(color:unit,alpha:Number=1.0):void	선 또는 도형그리기 메서드의 앞에 위치하며 뒤에 그려지는 도형에 지정된 색을 채웁니다.
endFill():void	beginFill과 짝을 이루며, 색을 채워야하는 선 또는 도형그리기 메서드가 끝나면 색상채우기도 끝을 냅니다.

1 다음과 같이 액션스크립트 코드를 입력하면 lineTo메서드를 이용하여 사각형을 그릴 수 있습니다.

```
this.graphics.lineStyle(5,0x336600,1);
this.graphics.moveTo(10,10);
this.graphics.lineTo(540,10);
this.graphics.lineTo(540,390);
this.graphics.lineTo(10,390);
this.graphics.lineTo(10,10);
```

선이나 도형을 그리기 전에 먼저 선의 굵기, 색상, 투명도를 먼저 설정하여야 합니다.
moveTo에 의한 좌표를 시작점으로 하여 다음에 오는 lineTo의 좌표가 목표점이 되어 두 점을 연결하여 선을 그립니다. 선그리기를 계속할 경우는 lineTo를 반복하면 됩니다.

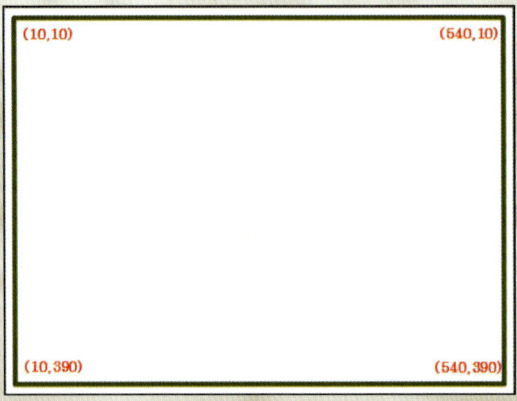

2 이번에는 다음과 같이 도형그리기 메서드를 사용하여 사각형을 그려보겠습니다.
다음과 같이 액션스크립트 코드를 추가합니다.

```
this.graphics.lineStyle(4,0xcc00ff,1);
this.graphics.drawRect(30,30,490,340);
```

결과는 다음과 같으며, 왼쪽 상단 좌표와 그리고자 하는 사각형의 가로,세로 길이를 이용하여 그립니다.

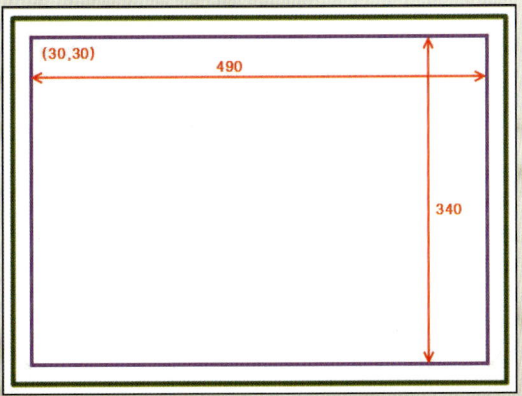

3 다음과 같이 액션스크립트 코드를 추가합니다.

```
this.graphics.lineStyle();
this.graphics.beginFill(0x000066,0.3);
this.graphics.drawCircle(stage.stageWidth/2,stage.stageHeight/2,100);
this.graphics.endFill();
```

lineStyle을 지정하지 않으면 선이 없는 도형이 그려집니다.
위의 코드는 원을 스테이지의 중앙에 배치하고 색상의 투명도는 30%입니다.

DisplayObject의 경로

root : DisplayObject의 가장 상위 객체입니다.
stage : Stage 객체로 가장 먼저 만들어지는 유일한 DisplayObject객체입니다.
this : 현재의 객체입니다.
parent : 현재 자신의 바로 상위 부모 객체입니다.

설명은 하였으나 이해하기에는 조금 어렵습니다.
경로는 내가 누군가를 부를 때에 어디에 있는 누구를 부를지를 구체적으로 지정할 때 사용한다고 생각하면 됩니다. 일단, this는 내가 어디에 있던 나 자신입니다.

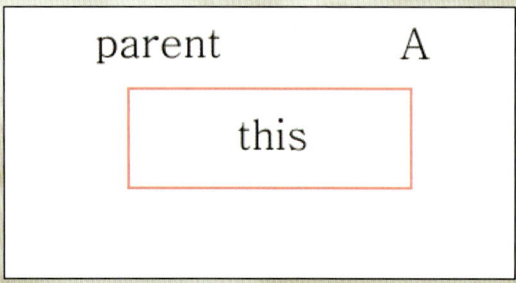

위의 그림처럼 나(this)는 빨간색 박스안에 있는데, 바로 상위의 A를 부르고 싶다면, parent.A 라고 하면 됩니다.

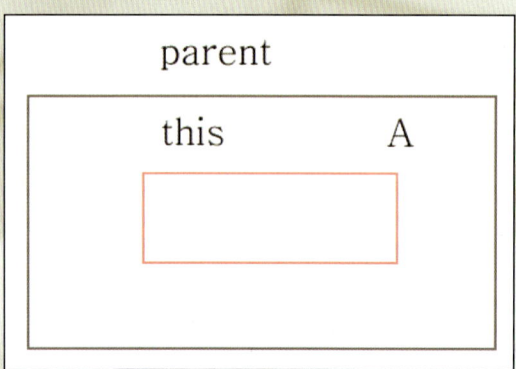

그런데, 내가 위치를 옮겨 검은색 박스안에 있다면, 나(this)는 A가 되는 것입니다.
물론, parent는 현재 나의 위치의 바로 위가 되는 것입니다. 이렇듯, this와 parent는 this의 위치에 따라 바뀌므로 상대경로라고 합니다.

root는 내가 어디에 있든 항상 가장 상위를 지칭하는 것입니다.
내가 그림처럼 빨간 박스 안에 있어도 검은색 박스에 있어도 root의 위치는 변하지 않고 항상 가장 상위에 있습니다.

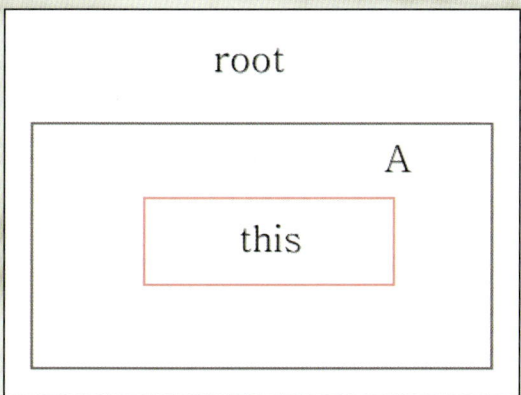 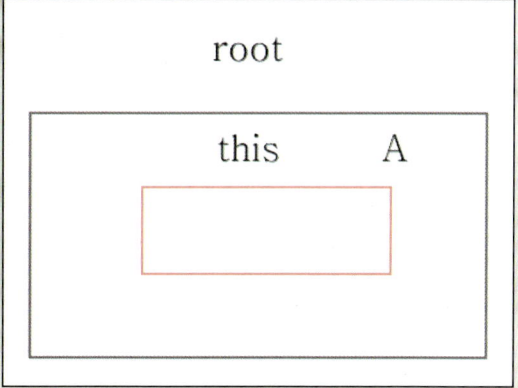

stage는 DisplayObject속성으로 화면에 보여질 때만 존재하고 플래시 플레이어가 제일 먼저 만들어내며 무비에서 딱 하나입니다. 즉, 하나의 무비에서 stage라고 지칭할 수 있는 것은 하나, 무대는 하나라는 이야기입니다. 그런데, root는 여러 개가 될 수 있습니다. 만약 Loader객체를 이용하여 swf파일을 로드할 경우는 각 swf마다 다른 root가 존재하는 것입니다.

Practice 5-11

배열(Array)와 charAt 메서드

실습파일 5-11.fla

1 일정한 규칙을 가진 무비클립의 인스턴스 네임은 배열을 이용하여 갤러리를 만들 수 있다.
2 charAt 메서드를 이용하여 인스턴스네임의 특정 문자열을 추출할 수 있다.

1 실습파일 5-11.fla를 열고, 무비클립의 인스턴스 네임을 확인해 봅니다.

작은 그림은 인스턴스 네임을 img0 ~ img7을 사용하였으며, 큰 그림은 exp0 ~ exp7을 사용하였습니다. 큰 그림은 스테이지 바깥에 겹쳐서 배치하였습니다.

F9 를 눌러 액션스크립트 패널을 열어 다음과 같이 입력합니다.

```
1  import flash.events.MouseEvent;
2
3  var num:int;
4  var imgArr:Array = [img0,img1,img2,img3,img4,img5,img6,img7];
5  var expArr:Array = [exp0,exp1,exp2,exp3,exp4,exp5,exp6,exp7];
6
7  stage.addEventListener(MouseEvent.MOUSE_OVER,img_over);
8  stage.addEventListener(MouseEvent.MOUSE_OUT,img_out);
9
10 function img_over(event:MouseEvent):void{
11     buttonMode = true;
12     num = event.target.name.charAt(3);
13     expArr[num].x = frame.x;
14     expArr[num].y = frame.y;
15 }
16
17 function img_out(event:MouseEvent):void{
18     expArr[num].x = 1200;
19     expArr[num].y = 500;
20 }
```

line3 : 변수 num을 정수형으로 선언합니다.

line4 : imgArr을 배열형 변수로 선언하고, 'img0'~'img7'을 초기값으로 설정합니다. 'img0'~'img7' 은 스테이지에 배치된 작은 그림의 인스턴스 네임입니다. 배열은 0번지부터 시작하며 대입된 초기값의 개수만큼 방이 만들어집니다.

line5 : expArr을 배열형 변수로 선언하고, 'exp0'~'exp7'을 초기값으로 설정합니다. 'exp0'~'exp7'은 스테이지 바깥에 배치된 큰 그림의 인스턴스 네임입니다.

line7 : 스테이지에 MOUSE_OVER 이벤트가 발생하면 함수 img_over를 호출합니다.

line8 : 스테이지에 MOUSE_OUT 이벤트가 발생하면 함수 img_out를 호출합니다.

line10~15 : 함수 img_over를 선언합니다.

line11 : 마우스 포인트를 버튼모드로 설정합니다.

line12 : 변수 num에 이벤트가 발생된 대상의 이름에서 4번째 글자를 추출하여 대입합니다. charAt(3)은 0번째부터 카운트하므로 4번째 글자를 추출하라는 뜻입니다. 여기에서 인스턴스 네임의 4번째 글자는 숫자(0~7)가 됩니다.

line13 : expArr배열의 num번째 방에 있는 이미지의 x좌표에 무비클립 frame의 x좌표를 대입합니다.

line14 : expArr배열의 num번째 방에 있는 이미지의 y좌표에 무비클립 frame의 y좌표를 대입합니다.

line13~14 : 큰 그림이 들어있는 배열 expArr의 num번째 방의 그림을 frame의 중간에 나오도록 합니다.

line17~20 : 함수 img_out을 선언합니다.

line18 : expArr배열의 num번째 방에 있는 이미지의 x좌표에 1200을 대입합니다.

line19 : expArr배열의 num번째 방에 있는 이미지의 y좌표에 500을 대입합니다.

line18~19 : 마우스가 OUT 되었을 때, 큰 그림의 x,y좌표를 1200,500으로 설정한 이유는 스테이지 밖으로 보내어 보이지 않게 하기 위함입니다.

 테스트 무비 `Crtl + Enter` 를 하여 결과를 확인합니다.

마우스를 작은 그림에 올리면 위쪽 프레임에 큰 그림이 나타납니다. 그런데, 마우스가 프레임 무비클립에 올라가도 그림이 나타납니다.

```
import flash.events.MouseEvent;

var num:int;
var imgArr:Array = [img0,img1,img2,img3,img4,img5,img6,img7];
var expArr:Array = [exp0,exp1,exp2,exp3,exp4,exp5,exp6,exp7];

for (var i:int=0;i<8;i++){
    imgArr[i].addEventListener(MouseEvent.MOUSE_OVER,img_over);
}

stage.addEventListener(MouseEvent.MOUSE_OUT,img_out);

function img_over(event:MouseEvent):void{
    buttonMode = true;
    num = event.target.name.charAt(3);
    expArr[num].x = frame.x;
    expArr[num].y = frame.y;
}

function img_out(event:MouseEvent):void{
    expArr[num].x = 1200;
    expArr[num].y = 500;
}
```

line7~9 : imgArr배열 0번째 방에서 7번째 방까지 차례로 마우스 이벤트가 일어났는지 체크합니다. 수정하기 전에는 작은 그림뿐만 아니라 스테이지에 있는 모든 무비클립에 이벤트가 발생하면 함수 img_over를 호출했지만, for문을 사용하여 배열 imgArr에 들어 있는 작은 그림만을 하나씩 체크하여 이벤트 발생 여부를 살펴 함수 img_over를 호출하도록 합니다.

5 테스트 무비 `Crtl + Enter`를 하여 결과를 확인하면, 큰 그림이 나타나는 프레임 무비클립에는 마우스가 올라가도 그림이 나타나지 않도록 수정되어 있음을 확인할 수 있습니다.

> > > 정리하기

Array(배열)

배열은 하나의 이름을 가진 여러개의 방을 가진 변수입니다.
자세한 설명은 '용어 정리'를 참고하시기 바랍니다.

만약, 위의 예제에서 배열을 이용하지 않았다면 다음과 같습니다.

```
import flash.events.MouseEvent;

img0.addEventListener(MouseEvent.MOUSE_OVER,img0_over);
img1.addEventListener(MouseEvent.MOUSE_OVER,img1_over);
img2.addEventListener(MouseEvent.MOUSE_OVER,img2_over);
img3.addEventListener(MouseEvent.MOUSE_OVER,img3_over);
img4.addEventListener(MouseEvent.MOUSE_OVER,img4_over);
img5.addEventListener(MouseEvent.MOUSE_OVER,img5_over);
img6.addEventListener(MouseEvent.MOUSE_OVER,img6_over);
img7.addEventListener(MouseEvent.MOUSE_OVER,img7_over);
stage.addEventListener(MouseEvent.MOUSE_OUT,img_out);

function img0_over(event:MouseEvent):void{
    buttonMode = true;
    exp0.x = frame.x;
    exp0.y = frame.y;
}
function img1_over(event:MouseEvent):void{
    buttonMode = true;
    exp1.x = frame.x;
    exp1.y = frame.y;
}
function img2_over(event:MouseEvent):void{
    buttonMode = true;
    exp2.x = frame.x;
    exp2.y = frame.y;
}
function img3_over(event:MouseEvent):void{
    buttonMode = true;
    exp3.x = frame.x;
    exp3.y = frame.y;
}
```

```
function img4_over(event:MouseEvent):void{
    buttonMode = true;
    exp4.x = frame.x;
    exp4.y = frame.y;
}
function img5_over(event:MouseEvent):void{
    buttonMode = true;
    exp5.x = frame.x;
    exp5.y = frame.y;
}
function img6_over(event:MouseEvent):void{
    buttonMode = true;
    exp6.x = frame.x;
    exp6.y = frame.y;
}

function img7_over(event:MouseEvent):void{
    buttonMode = true;
    exp7.x = frame.x;
    exp7.y = frame.y;
}

function img_out(event:MouseEvent):void{
    exp0.x = 1200;
    exp0.y = 500;
    exp1.x = 1200;
    exp1.y = 500;
    exp2.x = 1200;
    exp2.y = 500;
    exp3.x = 1200;
    exp3.y = 500;
    exp4.x = 1200;
    exp4.y = 500;
    exp5.x = 1200;
    exp5.y = 500;
    exp6.x = 1200;
    exp6.y = 500;
    exp7.x = 1200;
    exp7.y = 500;
}
```

이렇듯 같은 작업을 반복해야 하는 경우, 인스턴스네임, 변수, 파일명 등을 일련번호를 주는 방식으로 설정한 후, 배열을 이용하면 반복되는 작업을 줄여 프로그램의 효율성을 높일 수 있습니다.

charAt() 메서드

String Class의 메서드로 문자열의 특정 위치의 값을 가져옵니다.

```
var char:String = "computer";
char = char.charAt(3);
trace(char);
```

결과값 : p

char:String

```
c o m p u t e r
0 1 2 3 4 5 6 7
```

문자열의 위치는 0부터 시작하므로 charAt(3) 의 결과는 'computer' 의 4번째 문자인 'p' 가 됩니다.

Practice 5-12

import된 사운드 재생을 위한 클래스

실습파일 5-12.fla

1 라이브러리의 사운드를 재생할 수 있다.
2 사운드를 재생하기 위해 필요한 클래스의 종류와 사용법을 알 수 있다.

1 실습파일 5-12.fla는 실습5-7의 완성파일입니다. 실습파일을 열고 File-Import-Import to Library를 선택하여 사운드 파일을 라이브러리로 가져옵니다.

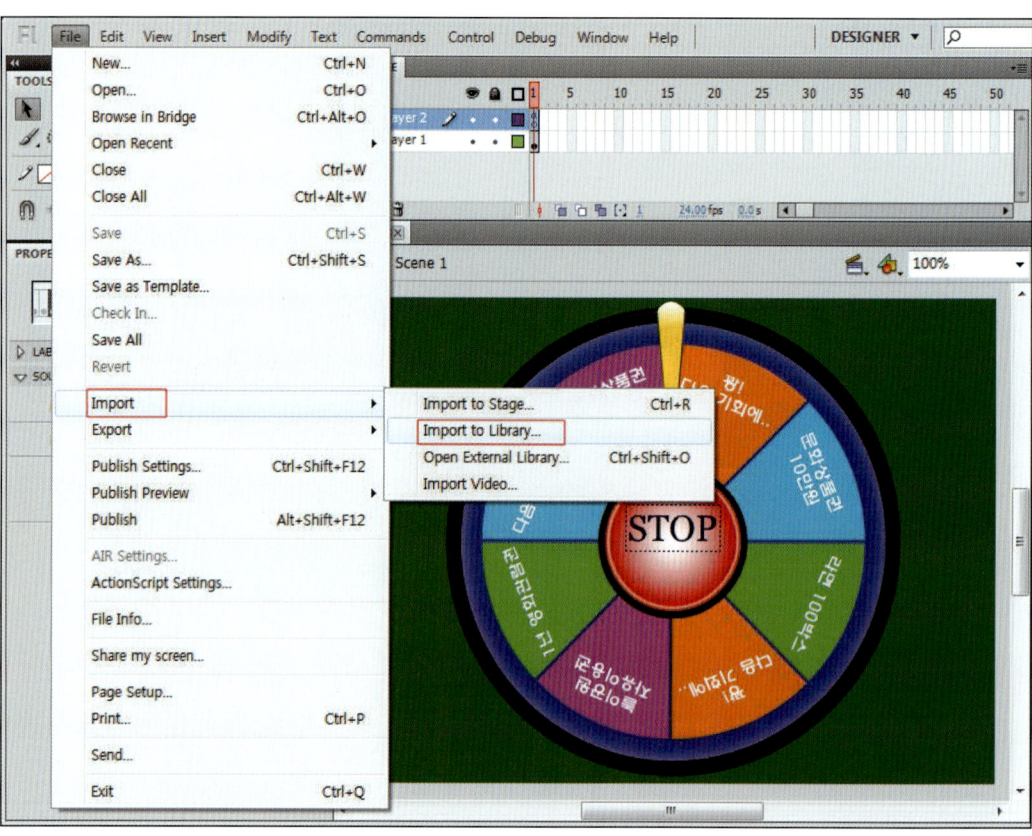

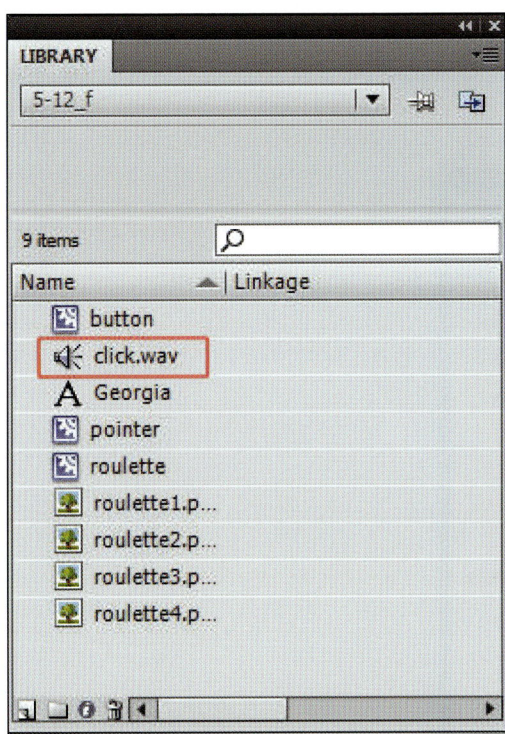

② 라이브러리의 사운드 파일에서 오른쪽 버튼을 누른 후, Properties를 선택합니다.

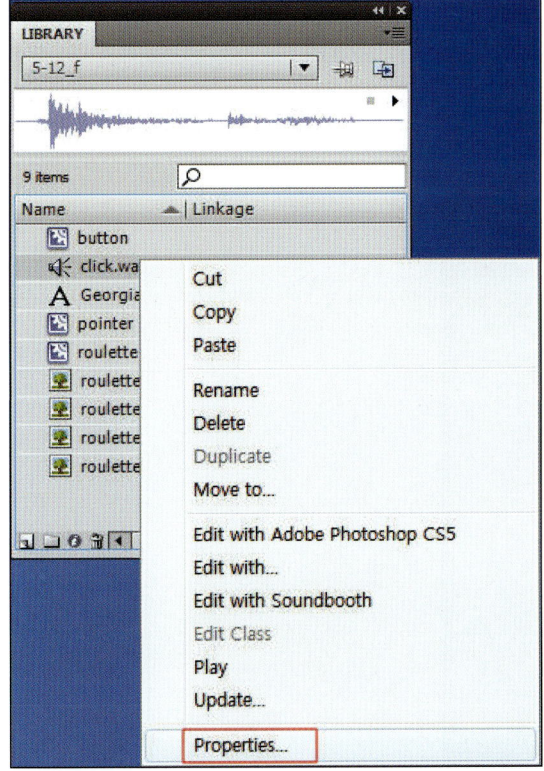

Sound Properties 창이 뜨면, 그림과 같이 [Export for ActionScript]를 체크한 후, Class 명('Click')을 입력합니다. 'OK' 버튼을 누르고 라이브러리를 확인하면 사운드파일 옆에 Class가 만들어진 것을 확인할 수 있습니다.

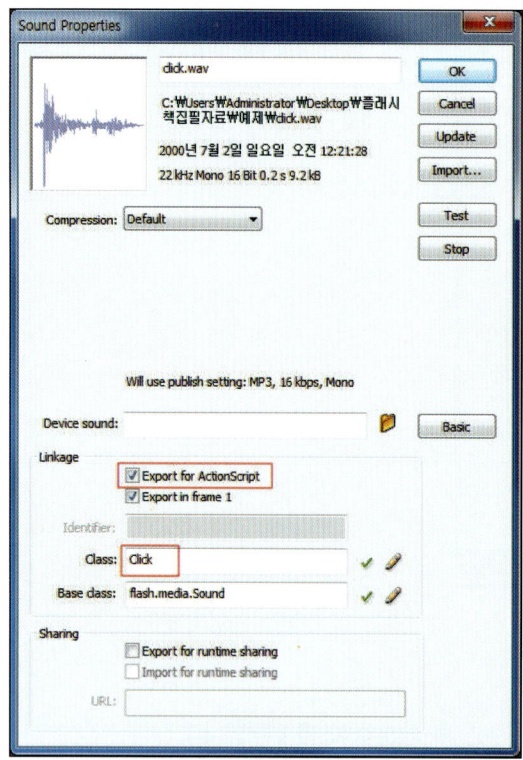

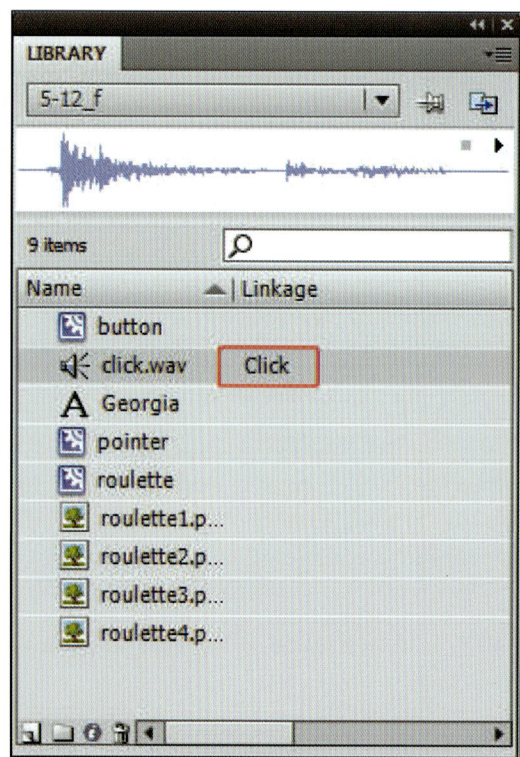

❸ 액션 스크립트 패널을 열고 다음과 같이 코드를 추가합니다.

```
import flash.events.Event;
import flash.events.MouseEvent;
import flash.media.Sound;
import flash.media.SoundTransform;

rotationBoard.addEventListener(Event.ENTER_FRAME,rotate);

function rotate(event:Event):void{
    rotationBoard.rotation += 15;
}

changeButton.buttonMode = true;

changeButton.addEventListener(MouseEvent.CLICK,changeRotation);

function changeRotation(event:MouseEvent):void{
    var snd:Sound = new Click();
    var sndT:SoundTransform = new SoundTransform();
    sndT.volume = 0.2;
    snd.play(0,1,sndT);
    if(txt.text == "PLAY"){
        txt.text = "STOP";
        rotationBoard.addEventListener(Event.ENTER_FRAME,rotate);
    }
    else{
        txt.text = "PLAY";
        rotationBoard.removeEventListener(Event.ENTER_FRAME,rotate);
    }
}
```

line3~4 : Sound Class와 SoundTransform Class를 사용하기 위해 media Package의 해당 클래스를 가져옴을 선언합니다.

line17 : 라이브러리에 만든 Click클래스 객체를 snd에 생성합니다.

line18 : sndT에 SoundTransform 객체를 생성합니다.

line19 : sndT의 볼륨에 0.2를 대입합니다. 이는 볼륨의 크기가 20%임을 나타냅니다.

line20 : snd에 생성된 사운드 객체, 즉 라이브러리에 있는 소리 파일(Click)이 한 번만 재생됩니다. 볼륨은 sndT의 값에 따라 20% 크기로 재생됩니다.

테스트 무비 Crtl + Enter 를 하여 결과를 확인합니다.

정리하기

사운드 재생을 위한 Class

실습파일 5-12_정리.fla

Sound Class
사운드를 재생하는 기능을 가지고 있습니다. 사운드 클래스는 음원을 연결 또는 로딩하는 기능만 있으며 볼륨 조절 등의 컨트롤 기능은 SoundChannel Class의 기능을 사용하여야 합니다.

```
import flash.media.Sound;

var sound:Sound = new Click();
sound.play();
```

SoundTransform Class
사운드의 볼륨, 좌우 밸런스 등의 정보를 제공합니다. 예를 들면, 사운드의 볼륨을 50%로 하고 싶다면 볼륨이 50%라는 정보를 가지고 있는 객체를 생성하고 이를 SoundChannel객체에 전달합니다.

```
import flash.media.SoundTransform;

var soundT:SoundTransform = new SoundTransform();
soundT.volume = 0.5;
```

SoundChannel Class
Sound Class의 play()메서드를 이용하여 사운드를 재생하면 사운드를 컨트롤할 수 있는 SoundChannel 객체가 자동 생성됩니다. 볼륨 정보를 가진 SoundTransform 객체 정보를 전달받아 다음과 같이 볼륨을 조절 할 수 있습니다.

```
import flash.media.SoundChannel;
import flash.media.SoundTransform;
import flash.media.Sound;

var sound:Sound = new Click();
var channel:SoundChannel = sound.play();
var soundT:SoundTransform = channel.soundTransform;
soundT.volume = 0.5;
channel.soundTransform = soundT;
```

Practice 5-13 | 외부 사운드 파일 재생과 load() 메서드

실습파일 외부사운드 예제/ 5-13.fla

1 load() 메서드를 이용하여 외부 사운드 파일을 재생할 수 있다.

1 실습파일 5-13.fla을 열어 무비에 배경음악이 재생되도록 다음과 같이 액션스크립트 코드를 입력합니다. 이 때 음악파일(back_sound.mp3)은 5-13.fla와 같은 경로에 있어야 합니다.

```
import flash.media.Sound;
import flash.net.URLRequest;
import flash.media.SoundTransform;
import flash.media.SoundChannel;

var sound:Sound = new Sound();
var soundT:SoundTransform = new SoundTransform();
var req:URLRequest = new URLRequest();
var channel:SoundChannel = new SoundChannel();

req.url = "back_sound.mp3";
soundT.volume = 0.2;
sound.load(req);
channel = sound.play(0,2,soundT);
```

line6 : 변수 sound에 Sound 객체를 생성합니다. 즉, sound는 음원을 연결하는 기능을 하는 것입니다.
line7 : 변수 soundT에 soundTransform 객체를 생성합니다. 즉, soundT는 사운드를 콘트롤 할 수 있는 정보를 가진 객체가 됩니다.
line8 : 변수 req에 URLRequest 객체를 생성합니다. 즉, 외부파일의 경로정보를 가지고 있습니다.
line9 : 변수 channel에 SoundChannel 객체를 생성합니다. 즉, 해당 사운드를 콘트롤 할 수 있습니다.
line11 : 변수 req의 url속성에 "back_sound.mp3"를 대입합니다.
line12 : 변수 soundT의 volume 속성에 0.2를 대입합니다. soundT에 볼륨 20%의 정보가 들어있습니다.
line13 : 변수 sound에 req의 파일경로를 로드합니다.
line14 : 로드되는 sound에 있는 음악을 재생합니다. 두 번 반복하며, 볼륨은 20%입니다. 변수 channel에는 재생되는 음악의 객체가 참조됩니다.

 테스트 무비 Crtl + Enter 를 하면, 배경 음악이 흘러 나오는 것을 확인할 수 있습니다.

사운드 재생은 음원을 파일에 포함시키는 방법과 음원 파일을 외부파일로 따로 두고 필요할 때 Load하는 방법이 있습니다. 음원이 용량이 작고 한 번만 사용하는 경우는 포함시키지만, 용량이 큰 경우에는 파일의 용량이 커지고 이에 따라 swf파일이 로드되는데 그만큼 영향을 주게 됩니다.
반면, 음원 파일은 포함시키지 않고 로드하면, 실시간으로 로드되므로 swf 파일의 용량에 영향을 주지 않으며, 음원이 로드되는 시간도 짧아집니다.

Practice 5-14

Array Class와 Loader Class를 이용한 외부파일 재생

실습파일 외부사운드 예제/5-14.fla

1 Array Class를 사용하여 swf파일을 저장하여 불러올 수 있다.
2 Loader Class를 사용하여 외부 파일인 swf, sound 등을 로드할 수 있다.

1 실습파일 5-14.fla을 열어 각 객체의 인스턴스 네임을 확인합니다.

객체	인스턴스네임
	container
	prev_btn
	next_btn

파일의 경로를 확인해 봅니다.
실습파일 5-14.fla와 로드할 swf 파일, 사운드 파일이 같은 경로에 있습니다.

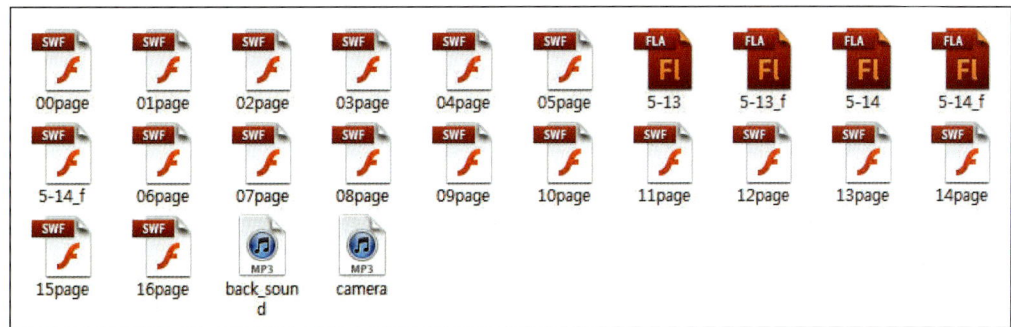

② 배열에 로딩할 파일명을 배치하기 위해 다음과 같이 액션스크립트 코드를 입력합니다.

```
import flash.media.Sound;
import flash.net.URLRequest;
import flash.media.SoundTransform;
import flash.media.SoundChannel;

var sound:Sound = new Sound();
var soundT:SoundTransform = new SoundTransform();
var req:URLRequest = new URLRequest();
var channel:SoundChannel = new SoundChannel();
var url:Array = new Array();

req.url = "back_sound.mp3";
soundT.volume = 0.2;
sound.load(req);
channel = sound.play(0,2,soundT);

for(var i:int=0;i<=16;i++){
    if(i<10){
        url.push("0"+i+"page.swf");
    }else{
        url.push(i+"page.swf")
    }
}

trace(url);
```

line10 : 변수 url에 Array 객체를 생성합니다. 즉, url은 배열로 선언된 것입니다.

line17~23 : 변수 i 가 0~16까지 바뀌며 url 배열에 순서대로 파일명을 추가합니다.
line18 : 변수 i가 10 미만이면 아래의 명령문을 수행합니다.
line19 : url 배열에 숫자 '0'으로 시작하며 '[0~9까지의 숫자]+[page.swf]' 파일명을 순서대로 10개 추가합니다.

배열 번호는 0부터 시작합니다. 그래서 파일명도 00부터 시작하도록 정리하였으며, 파일 개수가 10개가 넘으므로 숫자의 자릿수를 맞추기 위해 00~09로 파일명을 정했으며, if 문에서 10이 안되는 수와 10 이상인 수를 구분하여 체크하도록 하였습니다.

배열 인덱스	파일명
url[0]	00page.swf
url[1]	01page.swf
url[2]	02page.swf
url[3]	03page.swf
url[4]	04page.swf
url[5]	05page.swf
url[6]	06page.swf
url[7]	07page.swf
url[8]	08page.swf
url[9]	09page.swf

line20 : line18의 조건에 만족하지 않는 경우, 즉 i가 10이상인 경우 아래의 명령문을 수행합니다.
line21 : url 배열에 '[10~16까지의 숫자]+[page.swf]' 파일명을 순서대로 7개 추가합니다. 각 배열에 추가된 파일명은 다음과 같습니다.

배열 인덱스	파일명
url[10]	10page.swf
url[11]	11page.swf
url[12]	12page.swf
url[13]	13page.swf
url[14]	14page.swf
url[15]	15page.swf
url[16]	16page.swf

line25 : 배열에 배치된 값을 OUTPUT에 출력합니다.

3 테스트 무비 `Crtl + Enter`를 하면 배경음악이 나오고 다음과 같이 출력되는 것을 확인할 수 있습니다.

```
OUTPUT
00page.swf,01page.swf,02page.swf,03page.swf,04page.swf,
05page.swf,06page.swf,07page.swf,08page.swf,09page.swf,
10page.swf,11page.swf,12page.swf,13page.swf,14page.swf,
15page.swf,16page.swf
```

url 배열의 각 방에 로드해야할 파일명이 바르게 들어가 있음을 확인할 수 있습니다.

위의 코드에서 trace(url);은 삭제하고 다음과 같이 액션스크립트 코드를 추가합니다.

```
26
27  var pageNum:int = 0;
28  var loader:Loader = new Loader();
29
30  loader.x = 120;
31  loader.y = 100;
32
33  next_btn.addEventListener(MouseEvent.MOUSE_DOWN,nextM);
34  prev_btn.addEventListener(MouseEvent.MOUSE_DOWN,prevM);
35
36  function nextM(event:MouseEvent):void{
37      loader.load(new URLRequest(url[pageNum]));
38      container.addChild(loader);
39      if(pageNum<16){
40          pageNum++;
41      }else{
42          pageNum=0;
43      }
44  }
45
46  function prevM(event:MouseEvent):void{
47      loader.load(new URLRequest(url[pageNum]));
48      container.addChild(loader);
49      if(pageNum>0){
50          pageNum--;
51      }else{
52          pageNum=16;
53      }
54  }
```

line27 : 변수 pageNum을 정수형으로 선언하고 초기값 0을 대입합니다.
line28 : 변수 loader에 Loader객체를 생성합니다. 즉 loader는 URLRequest를 이용하여 가져온 배열 url의 내용 정보를 가지고 있습니다.

line30~31 : 로드되는 swf무비가 나타나는 위치를 조정하기 위한 좌표입니다. 화면의 중앙에 나타나게 하기 위해 좌표 정보를 대입한 것입니다. 이는 line38, line48에서 무비클립 container 에 무비가 나타나도록 addChild 했으므로 좌표는 무비클립 기준의 좌표가 됩니다.
line30 : loader 객체의 x좌표에 120을 대입합니다.
line31 : loader 객체의 y좌표에 100을 대입합니다.

line33 : 인스턴스 next_btn 에 MOUSE_DOWN 이벤트가 발생하면 함수 nextM을 호출하도록 등록합니다.
line34 : 인스턴스 prev_btn 에 MOUSE_DOWN 이벤트가 발생하면 함수 prevM을 호출하도록 등록합니다.

line36~44 : 함수 nextM을 선언합니다.
line37 : 배열 url[pageNum]에 있는 내용을 로드하여 변수 loader에 가지고 있습니다. line27에서 pageNum의 초기값이 0이므로 처음 next_btn이 눌러졌을 때는 url[0]에 들어 있는 값,

'00page.swf'가 로드됩니다.

line38 : 타임라인의 '배경' 레이어에 있는 무비클립 인스턴스 'container'에 line37의 loader 내용이 나타납니다.

line39 : 변수 pageNum의 값이 16보다 작으면 다음에 오는 명령문을 실행합니다.

line40 : 변수 pageNum의 값을 현재값에서 1 증가 시킵니다.

line41 : 변수 pageNum의 값이 16보다 작지 않으면, 즉 16이 되면 다음에 오는 명령문을 실행합니다.

line42 : 변수 pageNum의 값에 0을 대입합니다.

line46~54 : 함수 prevM을 선언합니다.

line47 : 배열 url[pageNum]에 있는 내용을 로드하여 변수 loader에 가지고 있습니다.

line48 : 타임라인의 '배경' 레이어에 있는 무비클립 인스턴스 'container'에 line47의 loader 내용이 나타납니다.

line49 : 변수 pageNum의 값이 0보다 크면 다음에 오는 명령문을 실행합니다.

line50 : 변수 pageNum의 값을 현재값에서 1 감소 시킵니다.

line51 : 변수 pageNum의 값이 0보다 크지 않으면, 즉 0이 되면 다음에 오는 명령문을 실행합니다.

line52 : 변수 pageNum의 값에 16을 대입합니다.

❺ 테스트 무비 `Crtl + Enter`를 하여 next_btn 과 prev_btn을 눌러 swf 무비가 로드되는 것을 확인합니다. 위의 코드에서 pageNum을 0부터 16까지 증가 또는 감소시키며 배열 url의 각 방에 저장된 파일명을 로드하여 이와 같은 결과가 나오는 것입니다.

6 버튼을 누를 때마다 소리가 나도록 하기 위해 다음과 같이 코드를 추가합니다.

```
import flash.media.Sound;
import flash.net.URLRequest;
import flash.media.SoundTransform;
import flash.media.SoundChannel;
import flash.display.Loader;
import flash.events.MouseEvent;

var sound:Sound = new Sound();
var soundT:SoundTransform = new SoundTransform();
var req:URLRequest = new URLRequest();
var channel:SoundChannel = new SoundChannel();
var url:Array = new Array();

var btnSound:Sound = new Sound();
var btnSoundT:SoundTransform = new SoundTransform();
var btnReq:URLRequest = new URLRequest();

req.url = "back_sound.mp3";
soundT.volume = 0.2;
sound.load(req);
channel = sound.play(0,2,soundT);

btnReq.url = "camera.mp3";
btnSoundT.volume = 0.1;
btnSound.load(btnReq);
```

line14~16 : 버튼을 누를 때 소리가 나게 하기 위해 사운드를 재생하고 컨트롤 할 수 있도록 클래스를 사용하여 객체를 생성합니다.
line14 : 변수 btnSound에 Sound객체를 생성합니다.
line15 : 변수 btnSoundT에 SoundTransform객체를 생성합니다.
line16 : 변수 btnReq에 URLRequest객체를 생성합니다.

line23 : btnReq의 url속성이 음원 파일의 경로정보를 가지고 있습니다.
line24 : btnSoundT에 볼륨 0.1(10%) 정보를 가지고 있습니다.
line25 : btnSound에 파일 정보가 로드되어 있습니다.

버튼 이벤트가 일어나면 소리가 나도록 하기 위해 다음과 같이 코드를 추가합니다.

```
40
41    next_btn.addEventListener(MouseEvent.MOUSE_DOWN,nextM);
42    prev_btn.addEventListener(MouseEvent.MOUSE_DOWN,prevM);
43
44    function nextM(event:MouseEvent):void{
45        btnSound.play(0,1,btnSoundT);
46        loader.load(new URLRequest(url[pageNum]));
47        container.addChild(loader);
48        if(pageNum<16){
49            pageNum++;
50        }else{
51            pageNum=0;
52        }
53    }
54
55    function prevM(event:MouseEvent):void{
56        btnSound.play(0,1,btnSoundT);
57        loader.load(new URLRequest(url[pageNum]));
58        container.addChild(loader);
59        if(pageNum>0){
60            pageNum--;
61        }else{
62            pageNum=16;
63        }
64    }
```

line45,56 : btnSound의 정보를 볼륨10%로 1번 재생합니다.

테스트 무비 [Crtl + Enter]를 하여 버튼을 눌러가며 swf 무비가 순서대로 로드되어 재생되는지 확인합니다.
배경음악과 버튼 이벤트에 따른 사운드 재생도 확인합니다.

확인 결과, 로드되는 무비에 보이지 않아야 할 부분도 보입니다.
그리고, 배경음악이 2번만 반복되도록 되어 있어 중간에 배경음악이 끊어집니다.
이 두가지 문제를 해결하기 위해 다음의 과정을 진행합니다.

⑧ 라이브러리의 '마스크' 무비클립을 '마스크' 레이어로 가져와 배치합니다. 위치는 x:275 y:230 으로 설정하고 인스턴스 네임은 'area'로 설정합니다.

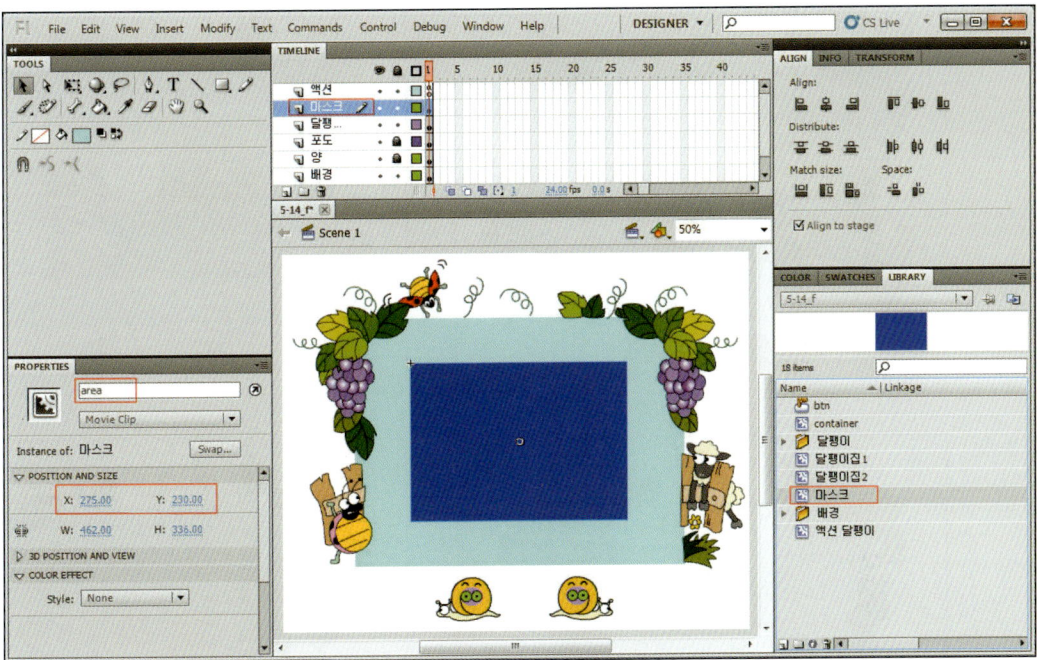

⑨ 액션스크립트 코드를 다음과 같이 추가하고 수정합니다.

```
18  req.url = "back_sound.mp3";
19  soundT.volume = 0.2;
20  sound.load(req);
21  channel = sound.play(0,100,soundT);
22
23  btnReq.url = "camera.mp3";
24  btnSoundT.volume = 0.1;
25  btnSound.load(btnReq);
26
27  for(var i:int=0;i<=16;i++){
28      if(i<10){
29          url.push("0"+i+"page.swf");
30      }else{
31          url.push(i+"page.swf")
32      }
33  }
34
35  var pageNum:int = 0;
36  var loader:Loader = new Loader();
37
38  loader.x = 120;
39  loader.y = 100;
40  loader.mask = area;
41
```

line21 : 사운드의 반복 횟수를 2에서 100으로 수정하여 계속 재생되도록 합니다. 더 큰 숫자를 적용하여 무한반복 되는 것처럼 보이도록 할 수 있습니다.

line40 : loader 객체에 무비클립 area를 마스크로 적용합니다. 로드되는 swf 무비가 area 영역만큼 보여지게 됩니다.

PART 05 Action Script 3.0 **267**

테스트 무비 Crtl + Enter 를 하여 결과를 확인합니다.

정리하기

Loader Class

DisplayObject를 상속받은 클래스로 외부 자원(swf, image)을 로드하여 보여주는 기능이 있습니다. URLRequest 객체를 이용하여 외부 자원의 정보를 Loader 클래스의 load() 메서드에 전달합니다.

```
import flash.display.Loader;
import flash.net.URLRequest;

var loader:Loader = new Loader();
var req:URLRequest = new URLRequest("파일명");
loader.load(req);
```

로드된 파일을 제거하려면 unload() 또는 unloadAndStop() 메서드를 사용합니다.

```
loader.unload();
loader.unloadAndStop();
```

unload() 메서드가 실행되면 load된 객체는 loader에서 빠져나가지만, 객체의 사운드, 비디오, 무비클립 타임라인 재생 등은 유지됩니다. 그래서 동작을 멈추는 별도의 코드를 사용하거나 unloadAndStop() 메서드를 사용합니다.

PART 06
Document Class

6-1 도큐먼트 클래스와 switch문을 사용법

ActionScript 2.0은 객체지향 언어(OOP)의 개념을 도입하긴 했지만, 프로그램 언어로서는 부족한 부분이 많았습니다. 이러한 점을 보완하여 ActionScript 3.0은 제대로 된 프로그래밍적 형식과 구조를 갖추게 되었습니다.

지금까지 예제에서는 ActionScript 2.0에서 사용하던 방식 그대로 메인타임라인에 코딩을 하였습니다. 아무래도 프로그램에 대한 이해가 부족한 상황에서는 메인타임라인 코딩 방식이 덜 생소할 수 있습니다.

이번 장에서는 프로그래밍에 대한 개념을 조금이나마 익혀 둔다면, 도움이 되리라 생각하며 도큐먼트 클래스를 작성하는 방법을 익혀 보도록 하겠습니다.

Practice 6-1 도큐먼트 클래스와 switch문을 사용법

실습파일 도큐먼트 클래스 예제 6-1.fla

1 도큐먼트 클래스를 작성할 수 있다.
2 switch문을 사용하여 여러 가지 경우에 따라 다른 실행결과를 얻을 수 있다.

실습파일 5-11 예제와 같은 갤러리를 도큐먼트 클래스를 작성하여 만들어보겠습니다.

 폴더 [6-1]의 실습파일 6-1.fla를 열어 각 객체의 인스턴스 네임을 확인합니다.

로드될 이미지 파일의 경로를 확인합니다.(이미지는 'img0.jpg ~ img7.jpg'입니다.)

② PROPERTIES에 Document Class 이름을 그림과 같이 입력한 후, 편집 버튼 을 누릅니다.
이 때, gallery는 패키지명, Main은 클래스명이 됩니다.

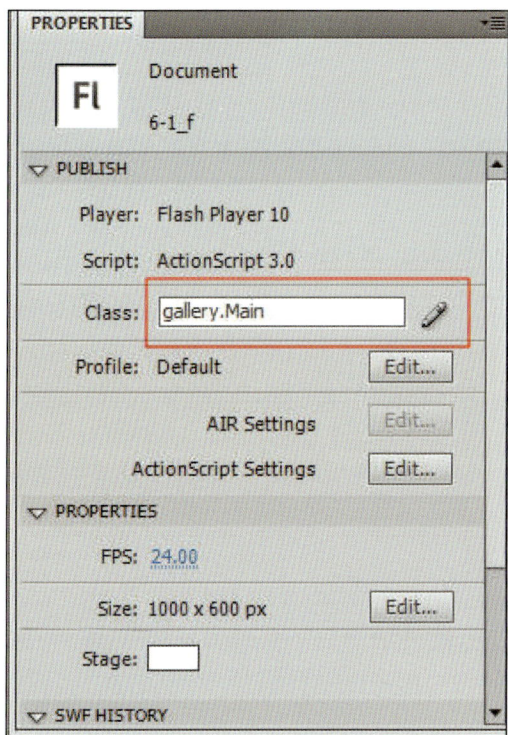

Flash Builder 4가 설치되어 있다면, 편집 툴 선택 패널이 나타나며 Flash Professional을 선택합니다.

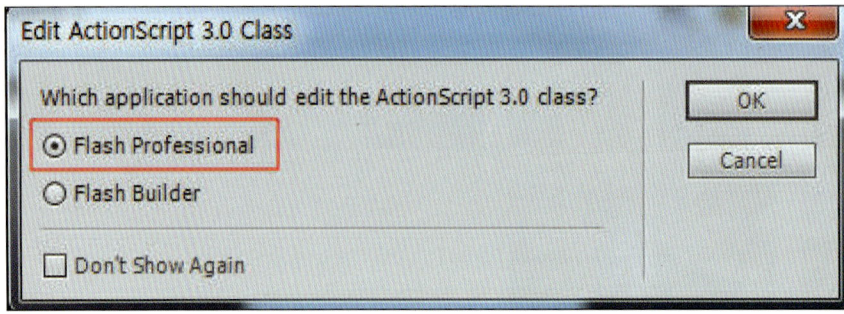

액션스크립트 코드가 자동 생성되는 것을 확인할 수 있습니다.

```
package gallery {

    import flash.display.MovieClip;


    public class Main extends MovieClip {


        public function Main() {
            // constructor code
        }

    }

}
```

❸ 6-1.fla 파일과 같은 폴더 내에 'gallery'의 이름으로 폴더를 만든 후 Script 파일을 지정된 파일명 'Main.as'로 저장합니다. 위에서 패키지명을 gallery로 지정했으므로 클래스 Main은 gallery 폴더내에 위치하여야 합니다.

❹ 상위 클래스를 MovieClip에서 Sprite로 수정합니다.

```
package gallery {

    import flash.display.Sprite;


    public class Main extends Sprite {


        public function Main() {
            // constructor code
        }
    }
}
```

line1 : ②에서 도큐먼트 클래스를 'gallery.Main'으로 등록했으므로 자동으로 생성되는 코드에 패키지명이 'gallery'로 코딩되어 있습니다. 패키지명은 클래스가 저장되는 폴더명과 일치하여야 합니다.
line3 : display 패키지의 Sprite 클래스의 속성과 메서드를 사용할 수 있도록 선언합니다.
line6 : Main 클래스는 Sprite 클래스의 모든 속성과 메서드를 상속 받았음을 의미합니다. 도큐먼트 클래스를 시각화하여 화면에 보이도록 하여야 하므로 displayObject의 MovieClip이나 Sprite 클래스를 상속 받아야 합니다. 타임라인을 사용할 경우는 MovieClip을 상속 받지만, 본 예제와 같이 1프레임만 사용할 경우는 Sprite를 상속받습니다.
line9 : 클래스 Main()을 선언합니다.

> **public (전역)**
> 모든 위치에서 참조할 수 있다는 뜻입니다.

 배열을 선언하여 외부 이미지 파일의 이름을 저장하기 위해 다음과 같이 액션스크립트 코드를 입력합니다.

```
package gallery {

    import flash.display.Sprite;


    public class Main extends Sprite {
        private var img:Array;

        public function Main() {
            img = new Array();
            for (var i:int=0;i<=7;i++){
                img.push("img"+i+".jpg");
            }trace(img);
        }
    }

}
```

line7 : img를 배열형 private(지역) 변수로 선언합니다.

> **private(지역)**
> 같은 클래스 내에서만 참조할 수 있다는 뜻입니다.

line9~15 : 클래스 Main()의 내용입니다.
line10 : 변수 img에 Array 객체를 생성합니다.
line11 : 변수 i가 0~7사이일 때 1씩 증가하면서 아래의 명령을 수행합니다. 즉, 외부 이미지 파일이 8개이므로 갯수만큼 파일명을 배열 img의 각 방에 넣는다는 의미입니다.
line12 : img 배열에 파일명(img0.jpg ~ img7.jpg)을 차례로 추가합니다.
line13 : 배열의 내용을 화면으로 출력하여 실행결과를 확인하고자 trace를 사용했습니다. 확인 후, 결과가 바르게 나오면 삭제하면 됩니다.

Main.as 파일을 저장한 후 테스트 무비(Ctrl+Enter)를 하여 OUTPUT에서 8개의 파일명이 출력됨을 확인할 수 있습니다.

```
img0.jpg,img1.jpg,img2.jpg,img3.jpg,img4.jpg,img5.jpg,
img6.jpg,img7.jpg
```

클래스 파일의 코드를 수정한 경우는 반드시 저장한 후 테스트 무비 하시기 바랍니다. fla 파일에서 클래스 파일을 연결하여 호출하므로 클래스 파일의 내용이 수정된 경우, 저장하지 않으면 실행 결과에 반영되지 않습니다.

버튼 심벌인 작은 그림을 클릭하면, 이미지가 로드되어 나타나도록 하기 위해 다음과 같이 액션스크립트 코드를 추가합니다.(line13의 trace 문은 테스트용이므로 삭제하면 됩니다.)

```
package gallery {
    import flash.display.Sprite;
    import flash.display.Loader;
    import flash.net.URLRequest;
    import flash.display.SimpleButton;
    import flash.events.MouseEvent;

    public class Main extends Sprite {
        private var img:Array;
        private var loader:Loader;
        private var req:URLRequest;

        public function Main() {
            img = new Array();
            for (var i:int=0;i<=7;i++){
                img.push("img"+i+".jpg");
            }
            createLoader();
            btnEvent();
        }
        private function createLoader():void{
            loader = new Loader();
            req = new URLRequest();
            loadImage(0);
        }
        private function loadImage(num:int):void{
            req.url = img[num];
            loader.load(req);
            loader.x = 25;
            loader.y = 25;
            frame.addChild(loader);
        }
        private function btnEvent():void{
            for(var i:int=0;i<img.length;i++){
                var btn:SimpleButton = this["btn"+i];
                btn.addEventListener(MouseEvent.CLICK,btnClick);
            }
        }
        private function btnClick(event:MouseEvent):void{
            switch(event.currentTarget){
                case btn0:loadImage(0);break;
                case btn1:loadImage(1);break;
                case btn2:loadImage(2);break;
                case btn3:loadImage(3);break;
                case btn4:loadImage(4);break;
                case btn5:loadImage(5);break;
                case btn6:loadImage(6);break;
                case btn7:loadImage(7);break;
            }
        }
    }
}
```

line3~6 : Loader, URLRequest, simpleButton, MouseEvent 클래스의 속성과 메서드를 사용할 수 있도록 선언합니다. Flash CS5 이상의 버전인 경우, import문은 따로 입력하지 않아도 코드 입력 중에 자동으로 생성됩니다.

line10 : 변수 loader을 Loader형으로 선언합니다.
line11 : 변수 req를 URLRequest형으로 선언합니다.

line18 : 메서드 createLoader()를 호출합니다.
line19 : 메서드 btnEvent()를 호출합니다.

line21~50 : Main클래스 내의 메서드 내용입니다.
line21~25 : createLoader()
    line22 : 변수 loader에 Loader객체를 생성합니다. 즉, 로드된 내용을 가지고 있는 객체가 loader라는 이름으로 만들어진 것입니다.
    line23 : 변수 req에 URLRequest 객체를 생성합니다. 즉, 파일의 경로 정보를 가지고 있는 객체가 req라는 이름으로 만들어진 것입니다.
    line24 : 메서드 loadImage(0)을 호출합니다. line26~32를 참고하면, 배열 img의 0번째 방의 이미지파일('img0.jpg')을 로드하여 화면에 나타나게 합니다.
line26~32 : loadImage(num)
    line27 : 변수 req의 url속성에 배열 img의 num번째 방에 있는 파일 경로를 대입합니다.
    line28 : 변수 loader에 line27의 req 에 해당하는 이미지 파일을 로드합니다.
    line29 : loader의 x 좌표에 25를 대입합니다. loader객체에는 이미지 파일이 로드된 상태입니다. 이 이미지가 나타나야할 위치를 지정하기 위해 좌표를 지정합니다.
    line30 : loader의 y 좌표에 25를 대입합니다.
    line31 : 무비클립 인스턴스 frame에 loader의 내용을 화면에 나타나게 합니다. 위의 line29~30에서 지정한 x,y 좌표 (25,25)는 무비클립 인스턴스(frame)에 나타나도록 하기 위한 무비클립 기준의 좌표입니다.
line33~38 : btnEvent()
    line34 : 변수 i가 0부터 배열 img의 길이보다 작을 때까지 i의 값을 증가시키면서 명령을 수행합니다. img.length는 배열 img의 인덱스 개수(방의 개수)를 의미합니다. 본 예제에서 img.length는 line13~17의 결과로 8이 됩니다. 그래서 for문은 i가 0에서 7까지 증가하는 동안 명령을 수행하게 되는 것입니다.
    즉, 아래의 line35~36을 수행하는데, btn0일 때, CLICK이벤트가 일어났는지 체크하고, 다음으로 btn1일 때, btn2일 때, btn3일 때, 그리고 계속하여 btn7이 될 때까지 체크합니다. 그래서, 이들 중 하나에 이벤트가 발생하면 바로 btnClick을 호출하도록 등록하는 것입니다.
    line35 : 변수 btn을 SimpleButton으로 선언하고 for문에 의해 'btn0~ btn7'이 변수 btn에 대입됩니다.
    line36 : btn에 CLICK이벤트가 발생하면, btnClick를 호출합니다.
line39~50 : btnClick(event)
    line40~49 : 이벤트가 발생한 버튼에 따라 각각의 이미지를 로드합니다.
    line40 : 현재 이벤트가 발생한 객체를 switch문의 조건식에 사용합니다.

line41 : btn0이 클릭되면 loadImage(0)이 실행됩니다. 즉, 'img0.jpg'를 로드하여 화면에 보여주고 switch문이 종료됩니다.
line42 : btn10이 클릭되면 loadImage(1)이 실행됩니다. 즉, 'img1.jpg'를 로드하여 화면에 보여주고 switch문이 종료됩니다.
line43~48 : 각 버튼이 클릭될 때마다 해당하는 이미지를 로드하여 화면에 보여주고 switch문이 종료됩니다.

SimpleButton 클래스
InterActiveObject의 서브 클래스입니다. 마우스의 조작에 의해 버튼처럼 작동하도록 하기 위해 사용합니다.

8 테스트 무비 [Crtl + Enter]를 하여 결과를 확인합니다.

정 리 하 기

switch문

조건문의 하나인 if문은 5-5에서 다뤘습니다. if문의 경우는 조건문이 소량일 때 많이 사용합니다. 비교 대상이 공통적인 내용으로 대량이라면, switch문을 사용하는 것이 좋습니다.

사용 형식은 다음과 같습니다.

```
switch(비교대상){
    case 비교값1:비교대상과 비교값1이 일치할 때 실행할 명령어;
        break;
    case 비교 값2:비교대상과 비교값2가 일치할 때 실행할 명령어;
        break;
    case 비교 값3:비교대상과 비교값3이 일치할 때 실행할 명령어;
        break;
    case 비교 값n:비교대상과 비교값n이 일치할 때 실행할 명령어;
        break;
    default:비교대상이 case의 값들과 일치하는 것이 없을 때 실행할 명령어;
}
```

switch 의 비교대상과 각 case의 비교값을 비교하여 값이 같으면, 해당 case문 내의 명령어를 실행한 후, break문에 의해 switch 문을 종료합니다.
만약, break문이 없다면, 해당 case내의 명령어를 실행하고, 다음의 case를 체크하여 계속 실행하게 됩니다. default는 비교대상과 비교값이 일치하는 것이 없을 경우, default의 명령어를 실행합니다.

용어 정리

변수(Variable)
배열(Array)
데이터 타입
연산자
함수(function)
객체(object)
클래스(class)
메서드(method)
패키지(package)

용어정리

변수(Variable)

'변할 수 있는 수' 라고 생각하면 됩니다. 숫자 자체를 의미하는 것이 아니고, 숫자 뿐만 아니라 다양한 형태의 데이터가 들어갈 수 있습니다. 하지만 방(변수) 하나에는 같은 유형의 데이터가 들락달락 할 수 있도록 데이터형을 선언합니다.
이 때 방(변수)의 이름으로 액션스크립트에서 이미 예약된 이름은 사용할 수 없습니다.

변수의 개념 이해를 위해 다음의 예를 들어보겠습니다.

$$3 + 5 = \boxed{8}$$

3과 5를 더해서 답을 구하는 일을 하려고 합니다. 답은 8이 나올 것입니다.
그런데, 만약 '4+6'을 계산해야할 일이 생긴다면 어떻게 해야 할까요?
수식 '3+5' 를 '4+6'으로 바꿔야 합니다. 즉, 수식 전체를 고쳐야 하며, 다시 다른 숫자를 계산해야할 경우 같은 방법으로 숫자를 바꿔야 하는 것입니다. 이는 계산해야할 숫자가 딱 하나로 정해져 있어서 일어나는 일입니다.

다음과 같이 계산하면 어떨까요?

$$\boxed{4} \quad \boxed{6} \quad \boxed{10}$$
A(정수형)　B(정수형)　결과값

방을 만드는 것입니다. A라는 이름의 방을 만들고 이 방에는 정수형의 숫자만 들어올 수 있다고 정합니다. 그리고 B라는 이름의 방을 만들어 이 방도 정수형의 숫자만 들어올 수 있다고 정합니다. 이렇게 방을 만들어 둔다면 A와 B의 방에는 계산하고자 하는 값이 바뀌기만 하면 됩니다.
간단하게 예를 들었지만, 프로그램에서도 데이터의 값이 바뀌던가 바뀔 것을 예측하고 주로 방(변수)을 만들어 사용합니다. 주로 프로그램의 앞부분에 변수를 모아서 선언하는 형식을 많이 취합니다.

다음은 액션스크립트에서 변수를 선언하는 방법입니다.

> var 변수명 : 데이터타입 = 변수의 초기값

데이터타입은 아래 데이터타입 에서 설명한 것을 참고하면 됩니다.

```
var i:int = 0;
var str:String = "Polytech";
var n:Number
변수 선언 예
```

변수의 초기값을 대입하지 않은 경우는 빈 방(변수)만을 만들어 둔 경우입니다.

배열(Array)

변수는 하나의 이름에 한 개의 방을 만들어 한 가지 타입의 데이터가 들어갈 수 있다면, 배열은 이름은 하나이지만 방을 여러 개 만들어 한 번에 여러 개의 데이터를 넣고 뺄 수 있습니다.

배열을 선언하고 데이터를 넣는 방법은 다음과 같습니다.

방법1

A

| 1 | 2 | 3 | 4 |

```
var A:Array = new Array();
A[0] = 1;
A[1] = 2;
A[2] = 3;
A[3] = 4;
```

방법2

B

```
var B:Array = ["사과","딸기","수박","바나나"];
```

➡ 문자 데이터인 경우는 따옴표로 감싸서 입력합니다.

방법3

C

| 100 | 200 | 300 | 400 |

```
var C:Array = new Array(100,200,300,400);
```

방법4

Array Class의 메서드를 이용하여 데이터를 추가하거나 삭제할 수 있습니다.

메서드	설명

concat(parameters,...):Array	배열의 내용을 합칩니다.
	var arr:Array = new Array();
	var arr1:Array = [1,2,3,4];
	var arr2:Array = [5,6,7];
	arr = arr.concat(arr1,arr2);
	trace(arr);
	
	결과 : 1, 2, 3, 4, 5, 6, 7

push(parameters,....):unit	배열의 마지막에 데이터를 추가합니다.
	var arr1:Array = [1,2,3,4];
	arr1.push("배열");
	trace(arr1);
	
	결과 : 1, 2, 3, 4, 배열

unshift(parameters,....):unit	배열의 맨 앞에 데이터를 추가합니다.
	var arr1:Array = [1,2,3,4];
	arr1.unshift("배열");
	trace(arr1);
	
	결과 : 배열, 1, 2, 3, 4

pop():Array	매개변수가 없으며, 배열의 제일 마지막 데이터를 삭제합니다.
	var arr1:Array = [1,2,3,4];
	arr1.pop();
	trace(arr1);
	
	결과 : 1, 2, 3

shift():Array	매개변수가 없으며, 배열의 맨 앞 데이터를 삭제합니다.
	var arr1:Array =[1,2,3,4];
	arr1.shift();
	trace(arr1);
	
	결과 : 2, 3, 4

splice(parameters,...):Array	삭제할 데이터의 위치와 개수를 지정하고 그 자리에 다른 데이터를 삽입할 수 있습니다.
	splice(삭제를 할 데이터의 시작위치,삭제할 데이터의 개수, 삭제된 위치에 삽입할 데이터,.....삽입할 데이터)
	var arr1:Array =[1,2,3,4,5,6];
	arr1.splice(2,3,100,200);
	trace(arr1);
	
	결과 : 1, 2, 100, 200, 6

delete	배열의 데이터를 삭제합니다. 방(인덱스) 자체를 삭제하지는 못합니다.
	var arr1:Array =[1,2,3,4,5,6];
	delete arr1[1];
	trace(arr1);
	
	결과 : 1, , 3, 4, 5, 6

데이터타입

액션스크립트에서 사용되는 데이터의 유형입니다.

null : 값이 없다는 뜻입니다.

int : -2,147,483,648 ~ 2,147,483,647 사이의 **정수**값을 의미합니다.

Number : -9,007,199,254,740,992 ~ 9,007,199,254,740,992 사이의 **실수**값을 의미합니다.

unit : 0 ~ 4,294,967,295 사이의 정수값입니다. 즉, **양의 정수값**을 의미합니다.

Boolean : true, false 로 나타내는 **논리값**을 의미합니다.

String : 16비트 문자열을 의미하며, 대입하는 값은 ""로 감싸야 합니다.

Array : 하나의 이름을 가지면서 여러개의 방을 순서대로 가지고 있는 데이터 리스트를 의미하며 **배열**이라고 합니다.

연산자

프로그램에서 계산에 필요한 기호들을 의미하며, 종류와 의미는 다음과 같습니다.

대입연산자

연산자	사용 예	설명
=	A = C	C를 A에 대입합니다.

산술연산자

연산자	사용 예	설명
+	C = A + B	A와 B를 더한 값을 C에 대입합니다.
-	C = A - B	A에서 B를 뺀 값을 C에 대입합니다.
*	C = A * B	A와 B를 곱한 값을 C에 대입합니다.
/	C = A / B	A를 B로 나눈 값을 C에 대입합니다.
%	C = A % B	A를 B로 나눈 나머지 값을 C에 대입합니다.

복합연산자 산술연산자를 빈칸없이 붙여서 사용합니다.

연산자	사용 예	설명
++	A ++	A값을 1 증가시킵니다. A+=1, A=A+1과 같습니다.
--	A --	A값을 1 감소시킵니다. A-=1, A=A-1과 같습니다.

복합대입연산자 산술연산자와 대입연산자를 빈칸 없이 붙여서 사용합니다.

연산자	사용 예	설명
+=	A += B	A와 B를 더한 값을 A에 대입합니다. A=A+B와 같습니다.
-=	A -= B	A에서 B를 뺀 값을 A에 대입합니다. A=A-B와 같습니다.
*=	A *= B	A와 B를 곱한 값을 A에 대입합니다. A=A*B와 같습니다.
/=	A /= B	A를 B로 나눈 값을 A에 대입합니다. A=A/B와 같습니다.
%=	A %= B	A를 B로 나눈 나머지 값을 A에 대입합니다. A=A%B와 같습니다.

비교연산자 왼쪽 값과 오른쪽 값을 비교하여 참(true) 또는 거짓(false) 값을 돌려줍니다.

연산자	사용 예	설명
>	A > B	A가 B보다 크면 참(true)입니다.
<	A < B	A가 B보다 작으면 참(true)입니다.
>=	A >= B	A가 B보다 크거나 같으면 참(true)입니다.
<=	A <= B	A가 B보다 작거나 같으면 참(true)입니다.
==	A == B	A와 B가 같으면 참(true)입니다.
!=	A != B	A와 B가 같지 않으면 참(true)입니다.

논리연산자

연산자	사용 예	설명
&&	A>B && A<C	A가 B보다 크고 A가 C보다 작으면 참(true)입니다.(AND)
||	A>B || A>C	A가 B보다 크거나 A가 C보다 크면 참(true)입니다.(OR)

비트연산자

연산자	사용 예	설명
<<	A << B	A의 비트값을 왼쪽으로 B만큼 이동시킵니다.
>>	A >> B	A의 비트값을 오른쪽으로 B만큼 이동시킵니다.

함수(function)

어떤 작업을 위한 코드들을 하나의 이름으로 묶어 놓은 것입니다. 각 작업 단위로 함수를 만들어 필요할 때 함수이름을 호출하여 사용합니다.

객체(object)

생성되어 보여지거나 제어를 할 수 있는 실체라고 생각하면 됩니다. 객체는 클래스(Class)에 의해 생성됩니다.

다음은 Smart 클래스로 만든 smart 무비클립 객체입니다.

```
var smart:MovieClip = new Smart();
```

클래스(class)

객체(object)를 생성하기 위한 기본 속성값, 메서드(method), 이벤트 등을 포함하고 있는 집합체라 할 수 있습니다. 이러한 속성, 메서드(method), 이벤트를 이용하여 객체를 생성하는 것입니다.

클래스는 상속의 개념을 가지고 있습니다. 즉, 하위 클래스는 상위 클래스의 속성과 메서드를 그대로 물려 받습니다.

다음은 클래스의 상속 관계도입니다.
Object 클래스는 모든 클래스의 최상위 클래스입니다. 즉, 모든 클래스는 Object 클래스를 상속 받아 만들어집니다.

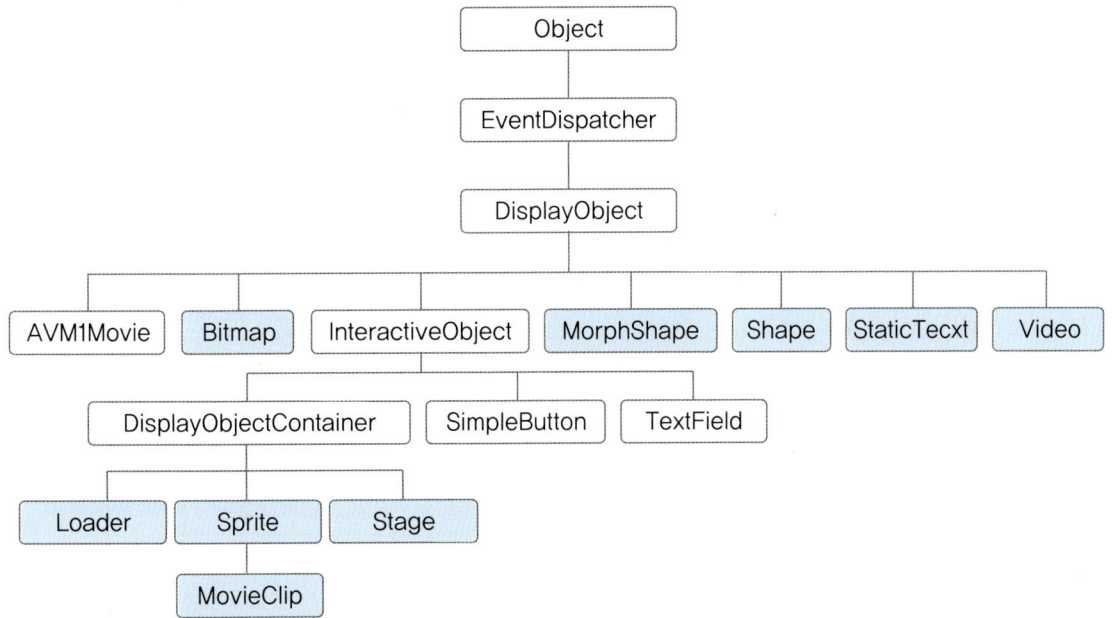

무비클립을 예로 들어 보겠습니다.

무비클립은 EventDispatche 클래스를 상속 받았으므로 이벤트 기능이 있습니다. 또한 시각화할 수 있는 모든 객체를 포함하는 **DisplayObject 클래스**를 상속 받아 화면에 표시되며, 객체의 기본속성(크기, 위치, 알파값 등)을 가집니다.

마우스 및 키보드와 상호 작용이 가능한 **InteractiveObject 클래스**, 다른 DisplayObject를 자신의 컨테이너에 넣을 수 있는 **DisplayobjectContainer 클래스**의 기능을 모두 상속 받아, 생성된 무비클립은 상호 작용이 가능하도록 할 수 있으며, 무비클립이 무비클립, 또는 버튼 등을 포함할 수도 있습니다.

한편, Bitmap, MorphShape, Shape, StaticText, Video 등은 시각화 속성(DisplayObject클래스에서 상속 받은 기능)만 가질 뿐 DisplayObjectContainer를 상속 받지 않았으므로, 자신의 하위에 또 다른 개체를 포함할 수가 없습니다.

메서드(method)

클래스에 포함된 함수입니다. 이는 클래스 간의 상속에 의하여 상위 클래스의 메서드를 사용할 수 있습니다.

패키지(package)

클래스의 모음입니다. 비슷한 사용 목적에 따라 그룹화 한 것을 패키지라 합니다.

예를 들어 MovieClip은 flash패키지의 display 패키지에 있고, MouseEvent 클래스는 flash패키지의 events패키지에 속해 있습니다.

그래서 서로 다른 패키지에 속한 클래스에 접근하려면, import 문을 사용하여야 합니다.

```
import flash.display.Sprite;
import flash.display.MovieClip;
import flash.net.URLRequest;
import flash.events.MouseEvent;
```

아래의 그림은 각 클래스들이 그룹을 형성으로 패키지로 묶여 있는 것을 도식화 한 것입니다.

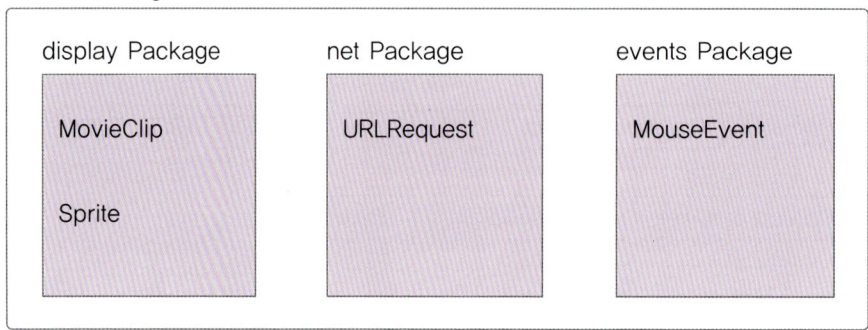

저자

김효정 (한국폴리텍대학 모바일콘텐츠과 교수)

❖ 부록CD 웹하드운용(www.webhard.co.kr)에서 다운로드 받으세요

ID : guminmedia
pass : gumin

처음 시작하는 Flash CS5
따라하면서 마스터하기

2013년 3월 5일 초판 인쇄
2013년 3월 10일 초판 발행

지은이 김효정
발행인 조규백
발행처 도서출판 구민사
         (150-034) 서울특별시 영등포구 영등포4가 104-1번지 동서빌딩 604호
전화 (02) 701-7421(~2)
팩스 (02) 3273-9642
홈페이지 www.kuhminsa.co.kr
등록 제14-29호 (1980년 2월 4일)

ISBN 978-89-7074-724-8 13560

값 21,000원

이 책은 구민사가 저작권자와 계약하여 발행했습니다.
본사의 서면 허락 없이는 어떠한 형태나 수단으로도
이 책의 내용을 이용할 수 없음을 알려드립니다.